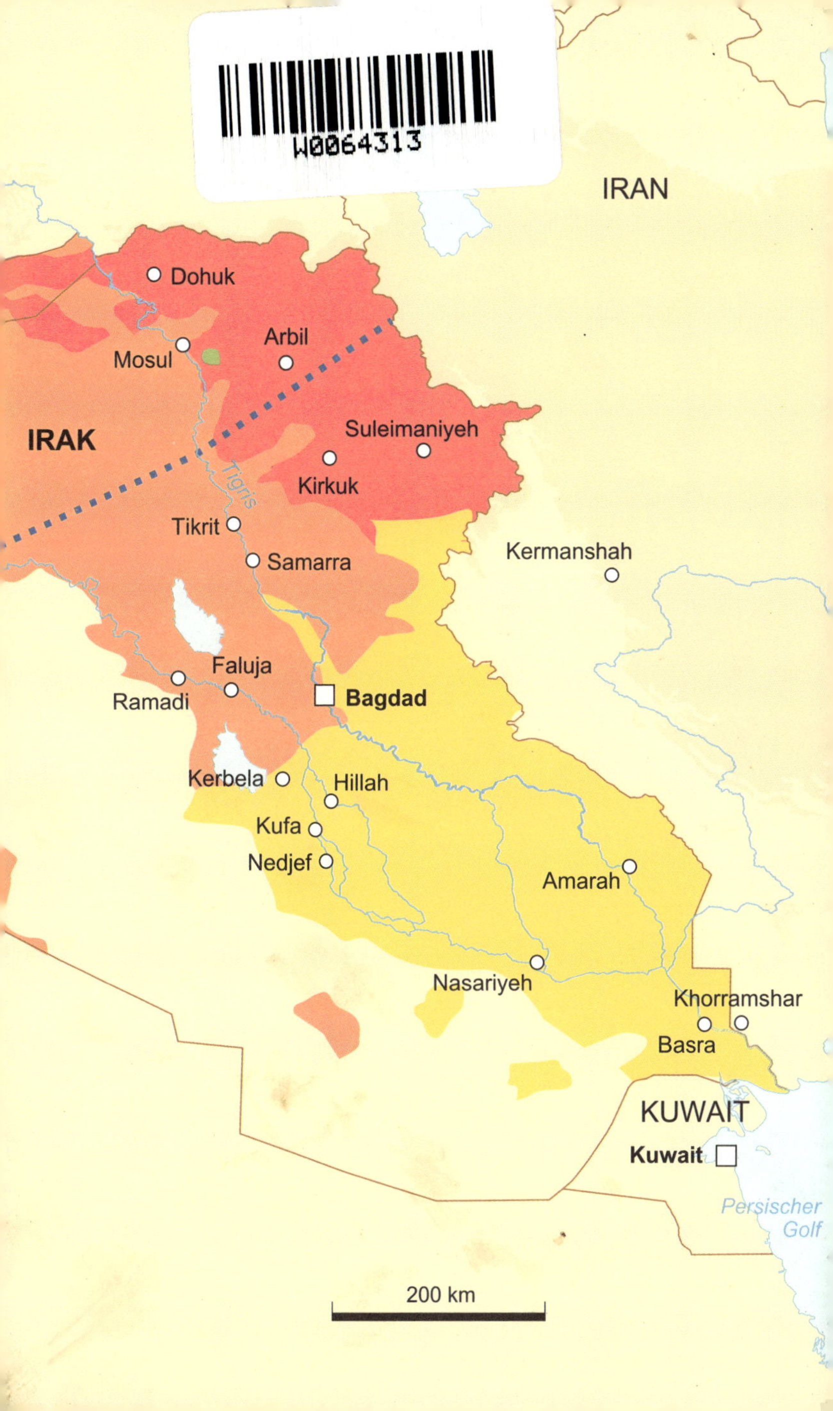

IRAN

IRAK

○ Dohuk

○ Mosul   ○ Arbil

Tigris

○ Suleimaniyeh

Kirkuk

Tikrit ○

○ Samarra

Kermanshah ○

Faluja

Ramadi ○   □ **Bagdad**

Kerbela ○   ○ Hillah

Kufa ○

Nedjef ○

Amarah ○

Nasariyeh ○

Khorramshar

Basra ○ ○

KUWAIT

Kuwait □

Persischer Golf

200 km

ullstein

Das Buch

Bürgerkrieg in Syrien, der Vormarsch des IS im Irak und Instabilität in anderen Ländern des Vorderen Orients: Wie keine zweite ist diese Region gebeutelt durch jahrzehntelange politische und militärische Interventionen des Westens, die allesamt mehr Fluch als Segen waren. Aber auch die Einmischung iranischer Schiiten wie saudischer Wahabiten in die Konflikte der Region nimmt zu. Eindringlich schildert Peter Scholl-Latour, dem diese Länder seit sechzig Jahren vertraut waren und die er erst jüngst wieder bereist hatte, das Durcheinander ethnischer, religiöser und ideologischer Konflikte, die die Völker zwischen Levante und Golf nicht zur Ruhe kommen lassen.

Ausführlich beleuchtet Scholl-Latour auch den immer unkontrollierbareren Konflikt in der Ost-Ukraine, dessen Ursachen er nicht zuletzt in der fragwürdigen Politik des Westens gegenüber Rußland seit dem Zusammenbruch der Sowjetunion sieht. Als Bündnispartner gegen die wachsende islamistische Bedrohung, aber auch als Gegengewicht zur aufstrebenden Weltmacht China sollte Putins Rußland, so Scholl-Latour, in die geostrategischen Überlegungen der USA und ihrer europäischen Partner eingebunden werden.

Der Autor

Peter Scholl-Latour, geboren 1924 in Bochum. Seit 1950 arbeitete er als Journalist, unter anderem viele Jahre als ARD-Korrespondent in Afrika und Indochina, als ARD-Studioleiter in Paris, als Fernsehdirektor des WDR, als Herausgeber des *Stern*. Seit 1988 war er als freier Publizist tätig. Seine TV-Sendungen über die Brennpunkte des Weltgeschehens fanden höchste Einschaltquoten und Anerkennung, seine Bücher sind allesamt Bestseller. Peter Scholl-Latour ist am 16. August 2014 gestorben.

Von Peter Scholl-Latour sind in unserem Hause bereits erschienen:

Die Welt aus den Fugen · *Der Tod im Reisfeld*
Arabiens Stunde der Wahrheit · *Die Angst des weißen Mannes*
Der Weg in den neuen Kalten Krieg · *Zwischen den Fronten*
Rußland im Zangengriff · *Koloß auf tönernen Füßen*
Weltmacht im Treibsand · *Kampf dem Terror - Kampf dem Islam?*

Peter Scholl-Latour

Der Fluch der bösen Tat

Das Scheitern des Westens im Orient

Ullstein

Besuchen Sie uns im Internet:
www.ullstein-taschenbuch.de

Aus Gründen der Diskretion habe ich die Namen meiner Gesprächspartner gelegentlich geändert. Das gilt nicht für Personen des öffentlichen Lebens und deren Aussagen, die exakt wiedergegeben werden. Bei der Transkription von Ausdrücken aus fremden Sprachen habe ich mich an die übliche, allgemeinverständliche Schreibweise gehalten.

MIX
Papier aus verantwor-
tungsvollen Quellen
FSC® C083411

Ungekürzte Ausgabe im Ullstein Taschenbuch
1. Auflage November 2015
© Ullstein Buchverlage GmbH, Berlin 2014/Propyläen Verlag
Umschlaggestaltung: ZERO Werbeagentur, München, unter
Verwendung einer Vorlage von Morian & Bayer-Eynck, Coesfeld
Lektorat: Cornelia Laqua
(Karten: Thomas Hammer)
Titelabbildung: © Alexander Hein
Satz: LVD GmbH, Berlin
Gesetzt aus der Janson
Druck und Bindearbeiten: CPI books GmbH, Leck
Printed in Germany
ISBN 978-3-548-37622-6

»Das eben ist der Fluch der bösen Tat,
daß sie, fortzeugend, immer Böses muß gebären.«

Friedrich Schiller, Wallenstein

Inhalt

GEFANGENE
DER EIGENEN LÜGEN

Sarajewo im Donbass

Vor einem Jahr noch konnte die Welt mit Gelassenheit auf
das anstehende Jahr 2014 blicken. Eine kriegerische Konfrontation auf europäischem Boden schien nicht mehr vorstellbar. Man redete sich ein, aus den schrecklichen Lektionen des Ersten Weltkrieges gelernt zu haben. Heute sind
diese Illusionen zerplatzt, und wir sehen uns mit einer ganzen
Serie von weltweiten Konflikten konfrontiert, die den Regierenden ein schändliches Zeugnis ausstellen. Alte Wunden,
von denen man annahm, sie seien längst verheilt, brechen
wieder auf.

Der absurdeste Territorialkonflikt spielt sich in der Ukraine ab, und das Blutvergießen erreicht seinen Höhepunkt präzis in einer Region, die im Zweiten Weltkrieg zu den blutigsten Schlachtfeldern gehörte. Noch ist es hoffentlich zu früh,
von »Sarajewo im Donbass« zu sprechen. Der Wunsch der
ost-ukrainischen Provinzen Lugansk und Donezk, sich aus
der Bevormundung durch Kiew zu lösen, zumindest einen gewissen Grad an Autonomie zu erreichen, wäre vielleicht auf
diplomatischem Wege zu regeln gewesen. Aber da passierte
der tragische Absturz der Malaysian-Airways-Maschine
MH 17, der den bislang kontrollierbaren Widerstreit voll-
kommen aus dem Ruder laufen ließ. Es lag bestimmt nicht im

Interesse Wladimir Putins, eine solche Tragödie heraufzubeschwören. Das dramatische Ereignis, das Rußland sofort der allgemeinen Verurteilung aussetzte, war für den russischen Staatschef ein schwerer Rückschlag. Wenn eine Regierung ein Interesse daran hatte, eine solche Eskalation zu vermeiden, dann diejenige im Kreml. Aber der Schuldspruch war schon gefällt.

Durch einen grausamen Zufall wurden am gleichen Tag die Furien des Krieges in unmittelbarer Nachbarschaft Europas entfesselt. Der israelische Regierungschef Benjamin Netanjahu gab seiner Armee den Befehl, in den Gaza-Streifen einzurücken und die dort tief eingebunkerten Tunnel der palästinensischen Widerstandsbewegung zu sprengen. Der israelische Mossad hatte den Grad der Aufrüstung seiner Gegner wohl sträflich unterschätzt, und ein staunendes Publikum mußte sich fragen, auf welche Weise die Vielzahl von Raketen in diesem Gebiet konzentriert werden konnte, das in etwa der Größe des Stadtstaates Bremen entspricht. Die Verluste unter der palästinensischen Zivilbevölkerung waren entsetzlich und trugen dazu bei, daß die Weltöffentlichkeit, die bislang Israel zuneigte, in Protest und sogar Abscheu gegen den Judenstaat umschlug.

Andererseits stellt sich die Frage, wie der Staat Israel unter dem ständigen Beschuss eine halbwegs normale Existenz weiterführen kann, auch wenn die meisten Raketen aus einem schier unerschöpflichen Arsenal durch das Abwehrsystem »Iron Dome« schon im Anflug vernichtet werden können. Eine einzige Rakete, die in der Nähe des Flugplatzes Ben Gurion einschlug, drohte die Verbindung Israels mit der Außenwelt zu strangulieren. Für die zwei Millionen Menschen, die im Küsten-Fetzen von Gaza zusammengepfercht leben, schlägt die Stunde der totalen Verzweiflung.

Aber mit Palästina ist es ja nicht getan. In ihrem verbissenen Versuch, das Assad-Regime von Damaskus zu stürzen, hatten sich die seltsamsten Koalitionen gebildet. Hamas, so heißt es, steht den Muslimbrüdern nahe, die wiederum werden von der ägyptischen Militärclique Fattah el-Sisis als ihre Todfeinde betrachtet. Der Gipfel der Absurdität ist erreicht, wenn sich die Offiziere von Kairo eher mit Israel verständigen als mit ihren arabischen Brüdern der Qassem-Brigaden von Hamas. Aber die reformerische Bewegung der Muslimbrüder ist ja nicht nur den Ägyptern ein Dorn im Auge. Sowohl Saudi-Arabien als auch die Golf-Emirate fühlen sich durch den revolutionären Impetus der Ikhwan bedroht und stehen – was vor kurzem noch völlig undenkbar war – der israelischen Abschnürung von Gaza zur Seite. In Syrien hat sich die »Freie Syrische Armee«, mit der die Amerikaner ein westlich orientiertes System installieren wollten, als kampfuntauglich erwiesen. Die gelieferten Waffen kamen den Jihadisten zugute, die über die türkische Grenze eingedrungen waren. Unter diversen Etiketten – Jibhat el-Nusra oder Ahrar es-Sham – gerierten sie sich als unversöhnliche Gotteskrieger, die eine integrale Anwendung der Scharia verlangten.

Ein bodenloser Abgrund öffnete sich, als neben diesen radikalen Islamisten wie aus dem Nichts eine kriegerische Formation auftauchte, die zunächst einen »Islamischen Staat im Irak und in Syrien« proklamierte, um ihn dann unter der Bezeichnung »Islamischer Staat« auf die ganze islamische Umma auszuweiten. Von nun an zitterte der gesamte Orient vor einem Prediger, der sich den Namen Abu Bakr el-Baghdadi zulegte, dessen geistliche wie auch weltliche Autorität von Marokko bis Indonesien reichen sollte. In einem sensationellen Blitzfeldzug erwies sich dieser »Islamische Staat« allen anderen kämpfenden Formationen überlegen. Es handelte sich um eine »Grüne Legion«, deren Freiwillige ihr Kriegshandwerk auf sämtlichen Schauplätzen des Jihad erworben hatten und durch ihr bloßes Auftauchen die Regierungsarmee des Ministerpräsidenten Nuri el-Maliki in panische Flucht versetzten, unter Zurücklassung ihres gewaltigen Waffenarsenals.

Den spektakulärsten Erfolg erzielten diese Takfiri, als sie die zweitgrößte Stadt des Irak, die nördliche Metropole Mossul, im Handstreich eroberten. Der Pseudo-Kalif el-Baghdadi trat nunmehr unter dem schwarzen Turban der Nachfahren des Propheten auf. Von Mossul aus bildeten die IS-Kämpfer ein zusammenhängendes Territorium, in dem die schiitische Bevölkerung von Ausrottung bedroht war. Die gleiche Unerbittlichkeit galt auch für die dort lebenden Christen und die geheimnisvolle Religion der Yeziden, die ihren Ursprung angeblich auf die ferne Lehre Zarathustras zurückführt.

Die Armee des Kalifen näherte sich Bagdad. Und Barack Obama sah sich endlich gezwungen, gegen diese Geißel Gottes mit Waffengewalt vorzugehen. Als die Sanktuarien der schiitischen Bevölkerungsmehrheit des Irak, ihre ehrwürdigsten Heiligtümer von Nedjef und Kerbela durch die Fanatiker des »Islamischen Staates« von Schändung und Vernichtung bedroht waren, gab der schiitische Groß-Ayatollah Ali es-Sistani endlich seine quietistische Zurückhaltung auf und forderte seine Anhängerschaft durch eine gebieterische Fatwa zum Widerstand auf. Bei meinem letzten Aufenthalt 2012 in Nedjef und Kerbela als Gast der dortigen schiitischen Hausa hatten mir die höchsten Wortführer noch versichert, sie verließen sich in diesem konfessionellen Erbstreit zwischen Sunniten und Schiiten allein auf den Schutz Allahs. Das hat sich gründlich geändert. Die diversen Milizen, die bislang von dem schiitischen Ministerpräsidenten Nuri el-Maliki in Schach gehalten wurden, verwandelten sich nunmehr in den einzig wirksamen Abwehrschild gegen den Ansturm der

IS-Kämpfer. Dabei konnten sie sich auf die verbündete Elite-formation der iranischen Pasdaran stützen.

Die Amerikaner, die geschworen hatten, sich nicht noch einmal mit Bodentruppen im »Fruchtbaren Halbmond« zu engagieren, zögerten immer noch, zumindest ihre Air Force gegen die schier unbesiegbaren Horden el-Baghdadis einzu-setzen. Als diese tollwütigen Sunniten jedoch dazu übergin-gen, systematisch Massaker unter den Andersgläubigen oder Abtrünnigen zu veranstalten, genehmigte Barack Obama das militärische Eingreifen seiner Luftwaffe mit dem Argument, es müsse ein Genozid der Christen und Yeziden verhindert werden.

In der Zwischenzeit war die Islamische Republik Iran na-türlich nicht untätig geblieben. Die elitäre Quds-Brigade hatte die schiitischen Milizen ausgebildet und aufgerüstet, und es ergab sich die paradoxe Situation, daß nach mehr als dreißig Jahren gegenseitiger Verfemung und Todfeindschaft Amerikaner und Iraner plötzlich in eine gemeinsame Ziel-richtung gedrängt wurden. Bislang hatten sich die arabischen Petro-Monarchien als die unentbehrlichen Verbündeten, als die solide Plattform der amerikanischen Geostrategie in je-nem Gewässer empfunden, das die einen den »Persischen«, die anderen den »Arabischen Golf« nennen. Diese Zuversicht wurde nunmehr erschüttert, und die Vorstellung eines oppor-tunistischen Umschwenkens der USA zugunsten der Islami-schen Republik Iran, der einzig stabilen Regionalmacht, die sich in diesem Durcheinander behauptet hatte, weckte in Er Riad und Dubai den Verdacht eines Frontwechsels, ja des Verrats.

Der maßlose Fanatismus des »Islamischen Staates« drohte ja auch bei der aufsässigen arabischen Jugend zwischen Jorda-nien und Jemen die gellende Forderung nach einer utopi-schen Rückkehr zu den islamischen Wurzeln auszulösen. Die saudische Dynastie erinnerte sich sehr wohl an den Aufruhr und die vorübergehende Besetzung der Heiligen Kaaba von Mekka durch einen gewissen Juhaiman al-Utaibi im Jahr 1979 – ein Anfall von religiöser Verzückung, der nur mit Unterstützung ausländischer Hilfstruppen, zumal französischer Gendarmen niedergeschlagen werden konnte.

Die arabische Welt, deren Schwankungen und Exzesse kaum zu erklären sind, hat sich in einen Zustand begeben, der sie schon unmittelbar nach dem Tod des Propheten heimgesucht hatte – in die innere Spaltung und Zerrissenheit, die Fitna. Bemerkenswert bleibt der Umstand, daß – während die Amerikaner mit ihren Lufteinsätzen zögerten – die Russische Föderation der irakischen Regierung el-Maliki zu Hilfe kam, während zur gleichen Zeit in der Ost-Ukraine der Stellvertreterkrieg zwischen den USA und Rußland einem gefährlichen Höhepunkt zutrieb.

Das Tohuwabohu hat solche Ausmaße erreicht, daß im ganzen Orient die Klage des Propheten Jesaja zu erklingen scheint: »Die Sendboten des Friedens weinen bitterlich; die Straßen sind verwaist; alle Menschen sind von den Pfaden verschwunden; die Erde trauert und stöhnt; der Orient ist zutiefst verwirrt und durch schwarze Flecken entstellt.«

Ein Problem überlagert das andere, und es schien einen Moment, als könnte der festgefügte autonome Kurdenstaat im Nordirak dem mörderischen Wahn el-Baghdadis widerstehen. Doch auch hier drohen die divergierenden Kräfte allen Hoffnungen ein Ende zu setzen. Präsident Erdogan hatte ein großes Risiko auf sich genommen, als er den Teilstaat des Kurdenführers Massud Barzani duldete, seine Peschmerga sogar zur Besetzung des immens reichen Erdölreviers von Kirkuk ermutigte. In Ankara muß man sich Gedanken darüber machen, ob das Verlangen nach Unabhängigkeit die weitaus stärkste Kurdengruppe in Ostanatolien nicht bald wieder dem Kampfruf ihres unversöhnlichen Inspirators Abdullah Öcalan folgen läßt.

Wir sind längst nicht am Ende aller Widersprüche angelangt. Während Barack Obama alle Schuld für den ukrainischen Bürgerkrieg der Kreml-Führung anlastet – vielleicht um seine berechtigte Kritik an Benjamin Netanjahu etwas milder gestalten zu können –, scheinen der Abzug von ISAF aus Afghanistan und die ungelösten Machtverhältnisse am Hindukusch völlig aus den Schlagzeilen verschwunden. Dabei bleibt der endgültige Abzug dieser letzten ISAF-Kräfte auf die wohlwollende Logistik der Russischen Föderation angewiesen und infolgedessen jeder Erpressung ausgesetzt. Putin wiederum muß dem Tag mit bangen Ahnungen entgegensehen, an dem Afghanistan von fremden Truppen total geräumt ist und die konfessionellen wie auch die ethnischen Spannungen beinahe zwangsläufig auf Usbekistan und Tadschikistan übergreifen.

Wenn die Volksrepublik China, die bei anderer Gelegenheit die russische Karte spielt, sich im Streit um den Donbass und die dortigen separatistischen Bestrebungen zurückhält, so ist das wohl auf die Tatsache zurückzuführen, daß die westliche Provinz Xinjiang, deren uigurische Bevölkerung den Namen »Ost-Turkestan« beansprucht, ebenfalls vom Virus der Abspaltung betroffen ist.

»Fuck the EU!«

Ein paar Monate, bevor zwischen Don und Tigris die Reiter der Apokalypse losstürmten, hatte ich aus der damaligen Sicht der Dinge die unterwürfige Haltung der europäischen

Nationen gegenüber ihrem amerikanischen Hegemon aufzuzeichnen versucht. Das konnte damals noch in einem relativ lockeren, fast ironischen Ton erfolgen. Das Zerschellen der Malaysian-Airways-Maschine läßt ironische Bemerkungen nicht mehr zu. Trotzdem will ich, auch um die fürchterliche Beschleunigung und Unberechenbarkeit unserer Zeit zu dokumentieren, die damals niedergeschriebenen Zeilen zitieren. Man möge sich durch den Untertitel »Fuck the EU!« nicht schockieren lassen. Er ist einem Artikel der seriösen »Frankfurter Allgemeine Zeitung« vom 7. Februar 2014 entnommen. Man wird einwenden, das sei ja lange her, aber·die Beschimpfung der Europäischen Union durch die Abteilungsleiterin für Europafragen im State Department wirft ein grelles Licht auf die geringe Wertschätzung, ja die Verachtung, mit der man in Washington an höchster Stelle die transatlantischen Verbündeten wahrnimmt. Victoria Nuland, so lautet der Name der führenden amerikanischen Diplomatin, die sich dieses rauhen Vokabulars bediente, soll den Neo-Cons und dem ehemaligen Vizepräsidenten Dick Cheney nahe stehen, was die Frage aufwirft, wie es zur Berufung einer solcherart engagierten Person zur amerikanischen Sachwalterin der intimen Partnerschaft zwischen Washington und Brüssel kommen konnte.

Die Reaktion der europäischen Behörden beschränkte sich auf ein eingeschüchtertes »no comment«. Würde man in Brüssel auch nur über eine Unze Selbstbewußtsein verfügen und sich in Augenhöhe mit den amerikanischen Alliierten wähnen, hätte man den GI-Jargon der einflußreichen amerikanischen Beamtin mit einem ebenso deftigen Ausdruck beantwortet und ihr ein fröhliches »fuck off« zugerufen.

Das sind alte Querelen, wird man sagen, doch sie tauchen in einem wirren Zusammenhang auf, der die Politik des Westens bei seinem Vorgehen im ukrainischen Konflikt extrem dubios erscheinen läßt. Es ist wohl der »Fluch der bösen Tat«, daß die globalen Spionage- und Bespitzelungsaktionen der National Security Agency und der Central Intelligence Agency durch die Entschlüsselungsfähigkeit ihrer Kontrahenten bloßgestellt, daß die Kommunikation zwischen Victoria Nuland und dem amerikanischen Botschafter in Kiew, Geoffrey Pyatt, abgehört und publik gemacht werden konnte. Demnach erteilte das State Department seinem Repräsentanten in der Ukraine die Weisung, dafür zu sorgen, daß bei der Bildung einer Übergangsregierung in Kiew nach der Maidan-Revolte und der unrühmlichen Flucht des amtierenden Präsidenten Janukowitsch das Amt des Ministerpräsidenten dem Oppositionspolitiker Arsenij Jazenjuk zufiel. Dieser genoß offenbar das Wohlwollen der USA und verfügte über die unentbehrliche CIA-Connection.

Gemessen an einer solch krassen Einmischung in die Machtverteilung eines souveränen Staates, die ja vor der Ukraine in einer Vielzahl anderer Fälle weltweit durch Washington vorexerziert worden war, erschienen das zögerliche Engagement und die Skrupel der Europäer als Mangel an Courage, als spießiges Verharren in altmodischen Vorstellungen eines unzeitgemäßen Völkerrechts. Kurzum, die Brüsseler Behörden und sogar die sonst so gefügige Lady Ashton verdienten einen rüden Ordnungsruf aus Washington.

*

Ich bin mir bewußt, daß ich mich mit dieser Einführung dem Vorwurf des Antiamerikanismus aussetze. Aber wir erliegen spätestens seit dem zweiten Irak-Feldzug einer umfassenden Desinformation, die in den USA, Großbritannien und Israel durch perfekt organisierte Institutionen betrieben wird und im Grunde ebenso ernst zu nehmen ist wie die allgegenwärtige Überwachung durch die NSA. Wieder einmal erweist sich Helmut Schmidt, der angesehenste Staatsmann Deutschlands, als einsamer Rufer in der Wüste, wenn er sich in der Bild-Zeitung darüber wundert, daß »manche der westlichen Politiker und viele Medien zur Zeit ganz anders schreiben, als die Deutschen denken. Die Deutschen«, so stellt der Alt-Bundeskanzler fest, »sind bei weitem friedfertiger als die Leitartikler in der ›Welt‹, der ›FAZ‹, der ›Bild‹ und auch meiner eigenen Zeitung, der ›Zeit‹«.

Der dümmste Ausdruck, der den deutschen Kommentatoren in den vergangenen Monaten eingefallen ist, um jene Stimmen zu diffamieren, die ein Minimum an Objektivität bei der Beurteilung der russischen Diplomatie anforderten, lautet »Putin-Versteher«. Ob man nun den Präsidenten Rußlands als glühenden und schmerzlich gedemütigten Patrioten oder als machtbesessenen, expansionssüchtigen Autokraten einordnet, eines sollte doch das oberste Gebot einer vernünftigen Beurteilung sein, nämlich die möglichst genaue Kenntnis der charakterlichen Veranlagung sowie der strategischen Zielsetzung dieses ehemaligen KGB-Offiziers. Wenn es schon schwerfällt, die Mentalität des befreundeten Hegemon Barack Obama zu ergründen, wie viel notwendiger ist es dann, durch analytische Kenntnis die Absichten eines potentiellen neuen Feindes des Westens zu durchschauen.

Was meinen angeblichen Antiamerikanismus betrifft – meine Schwester hatte einen Amerikaner geheiratet und meine Mutter nach langem Aufenthalt bei ihrer Tochter in Minneapolis ebenfalls die US-Staatsangehörigkeit erworben –, so erinnere ich an den amerikanischen Vietnam-Feldzug, dem ich schon bei der Landung der ersten Marines in Danang einen tragischen Ausgang voraussagte. Das führte zu einer Demarche des damaligen Außenministers Schröder bei meinem Sender, dem WDR, der in meiner Berichterstattung einen Verstoß gegen die atlantische Solidarität zu entdecken glaubte. Dieser Zensur-Vorstoß war seinerzeit am Standvermögen des Intendanten Klaus von Bismarck gescheitert. Dieser hochdekorierte ehemalige Frontoffizier befragte mich zwei Stunden lang zu den Prognosen, die sich auf meine persönlichen Erfahrungen im französischen Indochina-Krieg stützten, und gab mir kurz und preußisch die Weisung: »Machen Sie weiter!«

Ich behaupte, mit meiner Warnung vor dem vietnamesischen »Quagmire« dem gemeinsamen Interesse der Allianz besser gedient zu haben als jene deutschen Hurra-Schreier der ersten Stunde, die später – nach den ersten Rückschlägen – mit dem idiotischen Sprechchor »Ho-Ho-Ho-Chi Minh« durch die Straßen der Bundesrepublik und West-Berlins zogen. Das wurde mir übrigens in einem freundschaftlichen Gespräch mit einem notorischen Hardliner der amerikanischen Außenpolitik, dem Senator McCain, bestätigt, als dieser nach einem gemeinsamen Rückblick auf die französische Niederlage in Indochina feststellte: »Wir Amerikaner hätten uns vor unserem Einsatz mit der Niederlage unserer gallischen Verbündeten in Fernost vertraut machen und Bernard Falls Buch ›Street Without Joy‹ gründlich studieren sollen.«

Der frühere US-Botschafter in Berlin John Kornblum hat mich 2003 bei einer öffentlichen Anhörung zum zweiten Irak-krieg als Feind der USA bezeichnet, um mir nach dem Desaster von Bagdad und dem Zerplatzen der Illusionen eines amerikanischen »nation building« im arabischen Raum unter vier Augen zuzugestehen, daß ich am Ende ja Recht behalten hätte. Der Verzicht auf das mesopotamische Abenteuer hätte den USA einen fatalen Prestigeverlust, eine hohe Anzahl von gefallenen und verkrüppelten GIs sowie die Verschwendung gewaltiger Milliardensummen erspart. Wo lag also der wahre Freundschaftsdienst? Bei den Anhängern einer utopischen

19

Vorstellung demokratischer Neuordnung des arabischen Orients oder bei den als Kassandra verschrienen Realisten, die auf die fatale Verirrung in einem fremden Kulturkreis hinwiesen?

Zu den in Vietnam kämpfenden GIs – Marines First Cav, Green Berets, 82. Airborne –, mit denen ich die Gefahren der ersten Linie teilte, hatte ich stets ein herzliches, an Waffenbrüderschaft grenzendes Verhältnis gepflegt, solange die Truppe noch nicht durch Drogen, Prostitution und die eigene Unfähigkeit, der Tücken des ostasiatischen Partisanenkrieges auch unter Einsatz von ungeheuerlichem Menschen- und Materialaufwand Herr zu werden, demoralisiert war. Bei den späteren Feldzügen in Mesopotamien oder am Hindukusch konnte eine solche Vertrautheit nicht aufkommen. Das amerikanische Oberkommando hatte sich eingeredet, das Desaster von Saigon sei auf eine zu großzügige Vertrautheit mit den Medien zurückzuführen gewesen. Nachdem die Attentate auf das World Trade Center und das Pentagon die mächtigste Nation der Welt in einen Zustand kollektiver Hysterie versetzt und die Absenz imperialer Gelassenheit oder römischer Tugenden im Befehlszentrum der Neuen Welt bloßgelegt hatten, kapselten sich die amerikanischen Stäbe im »Broader Middle East« beinahe feindselig gegen jede objektive Lagebeurteilung ab und setzten die Gängelungstricks des »embedding« gegen die stets verdächtigen Korrespondenten ein.

*

Zwischen der Niederschrift dieser Zeilen und der Veröffentlichung des Buches »Der Fluch der bösen Tat« bleibt das strategische Spiel um die Ukraine einer Reihe von Unwägbarkeiten ausgesetzt. Einige düstere Vorgänge der Vergangenheit sollten dennoch berücksichtigt sein. Man kommt dabei nicht umhin, die patriotische Grundstimmung einer großen Mehrheit der Russen zu berücksichtigen, die sich nach der Auflösung der Sowjetunion mit einer ganzen Serie von Enttäuschungen und Demütigungen konfrontiert sahen. Was war die Rechtfertigung für den aus Amerika gesteuerten »Drang nach Osten« der Atlantischen Allianz, der schon bei der Orangen Revolte des Jahres 2004 mit Hilfe subversiver NGOs und obskurer Finanzmächte eine Ausweitung der amerikanischen Militärpräsenz in der Ukraine, in Weißrußland, in Georgien, ja sogar im zentralasiatischen Kirgistan anstrebte? Ich habe diese Manöver in dem Buch »Rußland im Zangengriff«, das auf Russisch mit dem seltsamen Titel »Rossiya Putina« erschien, zu beschreiben versucht. Einer sentimentalen Rußland-Vorliebe kann man mich wirklich nicht bezichtigen, zumal ich in meiner vierteiligen Fernsehdokumentation »Unter Kreuz und Knute« eine schonungslose Chronik der bluttriefenden Geschichte des Zarenreichs entworfen hatte.

Wer hätte geahnt, daß ein Vierteljahrhundert nach der feierlichen Bereinigung des Ost-West-Konflikts, nach dem Zusammenbruch der Sowjetunion die Gegnerschaft zwischen Washington und Moskau sich an der Ukraine neu entzünden würde und daß die Europäer unfähig wären, diesen Rückfall in den Kalten Krieg zu verhindern? Die Russische Föderation wurde auf die Grenzen zurückgeworfen, die der deutsche Generalstab im März 1918 dem bolschewistischen Revolutionär Lenin diktiert hatte. Rußland, das unter ungeheuerlichen Verlusten mit dem Vormarsch der Roten Armee von Stalingrad bis Berlin die wesentliche Voraussetzung für den alliierten Sieg im Mai 1945 erkämpft hatte, sah sich durch die ideologisch oder wie auch immer begründete Verdrängungsstrategie der Atlantischen Allianz in die Rolle eines Kriegsverlierers versetzt. Der unselige Konflikt entzündete sich vollends, als die »Westliche Gemeinschaft«, die den Beitritt der Ukraine in die von Moskau gesteuerte »Eurasische Union« zu hintertreiben suchte, eine wirtschaftliche Assoziation mit der Europäischen Gemeinschaft anbot.

Dabei wäre es ja nicht geblieben. Helmut Kohl kann bestätigen, daß die westliche Allianz bei der Preisgabe der DDR dem Generalsekretär der KPdSU Michail Gorbatschow die feierliche Zusage machte, ein Beitritt der Staaten des ehemaligen Warschauer Pakts zur NATO bliebe ausgeschlossen, was allerdings nicht schriftlich dokumentiert wurde. In der Euphorie der deutschen Wiedervereinigung, und erst recht, nachdem Boris Jelzin die rote Flagge der Sowjetunion über dem Kreml durch die weiß-blau-rote Trikolore des Zarenreiches ersetzt und die Teilrepubliken der Sowjetunion ermutigt hatte, für sich so viel Souveränität wie möglich zu beanspruchen, konnte niemand damit rechnen, daß die USA unter der Präsidentschaft George W. Bushs diese Absprache in den Wind schlagen würden.

»Deutschland, wir reichen Dir die Hand, wir kehren zurück ins Vaterland«, so hatte ein Chor der Roten Armee – von einem betrunkenen Jelzin dirigiert – auf der großen Truppenverabschiedungs-Veranstaltung in Berlin gesungen. Der Kreml, der eine halbe Million Soldaten für ein finanzielles Linsengericht und ohne den geringsten Zwischenfall aus der ehemaligen DDR abzog, hatte vermutlich erwartet, daß das wiedervereinigte Deutschland mit Dankbarkeit, zumindest mit Anerkennung reagieren würde. Doch aus Berlin ertönte nicht der geringste Einwand, als die ultrakonservative Mannschaft von Präsident George W. Bush – nachdem die Orange Revolution von 2004 in Kiew nicht zum Ziel geführt hatte – die früheren Ostblock-Staaten von Estland bis Bulgarien in das Atlantische Bündnis integrierte und somit die USA unmittelbar an die Grenzen des noch verbliebenen russischen

Machtbereichs in Europa heranschob. Zur offenen Verstimmung kam es, als das Pentagon in diesem neuen Areal einen Raketenzaun, ein Abwehrsystem feindlicher Lenkwaffen plante, das angeblich gegen die Islamische Republik Iran gerichtet war.

Als Boris Jelzin aus dem Kreml schied und die Regierungsgewalt an den bislang unbekannten Wladimir Putin übertrug, erwartete man offenbar in Washington, daß sich dieser Newcomer den westlichen Vorstellungen von parlamentarischer Demokratie und kapitalistischer Marktwirtschaft unterwerfen würde. Sobald jedoch deutlich wurde, daß Putin mit autoritären Methoden sein Vaterland aus der entsetzlichen Misere herausführen wollte, in der er es vorgefunden hatte, zeigte man sich am Potomac enttäuscht und empört. Schon setzte eine systematische Kampagne der Diffamierung ein. Aber die neue Führung Rußlands konnte darauf verweisen, daß in der post-sowjetischen Phase des Übergangs das russische Volk bereits eine extrem ernüchternde, negative Erfahrung mit den sogenannten freiheitlichen Werten des Westens gemacht hatte, die man ihm aus Washington oktroyieren wollte. Nur wer zur Zeit von Perestroika und Glasnost, zur Zeit der Verschleuderung des Staatsvermögens an unersättliche Oligarchen an Ort und Stelle war, kann sich eine Vorstellung machen von dem Massenelend, von der ausufernden Kriminalität, die damals über Rußland hereinbrachen. Im Zentrum der Hauptstadt verhökerten die um jedes Einkommen betrogenen Bevölkerungsschichten ihr letztes Hab und Gut für ein paar Dollar. Jede Zugreise war von kriminellen Übergriffen bedroht. Prostitution und Drogenkonsum breiteten sich aus.

Kurzum, die »Lichtgestalt Gorbi«, der die Deutschen ihre reibungslose Wiedervereinigung verdanken, nachdem sie das Honecker-Regime in den Abgrund gestoßen hatte, wirkte sich für ihre Heimat katastrophal aus. Rußland taumelte in eine neue »Smuta«, in einen Verfall, wie er seit Boris Godunow und der polnischen Eroberung Moskaus nicht mehr über das Zarenreich hereingebrochen war. Das alles hatte sich im Zeichen einer chaotischen Übernahme westlicher Regierungs- und Wirtschaftsvorstellungen vollzogen. Diesen Verwerfungen ist Wladimir Putin nicht als »lupenreiner Demokrat«, sondern als Autokrat entgegengetreten. Vielleicht bedurfte es eines Eingeweihten der sowjetischen Geheimdienste, um Schritt für Schritt die Ordnung wiederherzustellen, die Macht der »neuen Bojaren«, der Oligarchen, zu zügeln und in die Trümmer der zerfallenen Sowjetunion den Keim eines neuen russischen Selbstbewußtseins zu pflanzen.

Damit setzte sich der neue Zar einer systematischen Kampagne durch die ferngesteuerten Medien Europas und deren politische Einflüsterer aus, die die strategische Konsolidierung der immer noch furchterregenden Atommacht Rußland durch interne Subversion und Verhängung von Sanktionen zu hintertreiben suchten. Daß Sanktionen wenig bewirken und ein höchst unmoralisches Instrument der Einschüchterung sind, mußte sich seit den schrecklichen Folgen der US-Blockade gegen den Irak Saddam Husseins herumgesprochen haben. Aber in Berlin und Paris pochte man auf die Verhängung dieser heimtückischen Zwangsmaßnahmen selbst auf Kosten der eigenen ökonomischen Interessen.

Man muß kein »Putin-Versteher« sein, um nachzuempfinden, daß das Angebot einer Wirtschaftsassoziation der Ukraine mit der Europäischen Union im Kreml als Vorstufe einer Ausdehnung der NATO nach Osten über den Dnjestr und Dnjepr hinaus empfunden wird. Die Ukraine war aus Moskauer Sicht als europäische Verankerung der »Eurasischen Union« auserkoren, mit der Putin sein vom westöstlichen »Zangengriff« bedrohtes Rest-Imperium abzuschirmen suchte. Die Erwartung, daß Barack Obama den Geboten der neuen weltpolitischen Multipolarität Rechnung trüge, erwies sich als Illusion. Die Einverleibung der Halbinsel Krim, der Streit über die Kontrolle dieser eminent wichtigen strategischen Bastion am Schwarzen Meer, sollte zu einer Eskalation der Gegensätze führen, der die Europäer rat- und hilflos zusahen. Das Atlantische Bündnis richtete sich auf die Kraftsprüche seines Generalsekretärs Rasmussen aus, der sich offenbar in der Pudel-Rolle eines neuen Tony Blair gefiel.

Die Voraussage Donald Rumsfelds, das junge, dynamische Europa, das sich mit Schwerpunkt Polen dem territorialen Expansionswillen Wladimir Putins entgegenstemmte, würde das alte, verbrauchte, kraftlose Europa der Gründerstaaten auf einen gefügigen Kurs gegenüber Washington ausrichten, schien sich zu erfüllen. In London, Berlin und Paris war man unfähig, sich in die Perspektive eines russischen Patrioten zu versetzen, der es als unerträglich empfinden mußte, daß über Estland die US Air Force in unmittelbarer Nachbarschaft von Sankt Petersburg ihre Übungsflüge veranstaltete und daß nach Ablauf des ukrainisch-russischen Vertrages über die Krim die Flugzeugträger der US Navy vor der glorreichen Festung Sewastopol ankern würden.

Wie stichhaltig ist eigentlich die überall verbreitete Version, Putin habe sich durch die Annexion der Krim einer flagranten Verletzung des Völkerrechts schuldig gemacht? Die Krim war 1954 durch eine willkürliche Entscheidung des damaligen Generalsekretärs der KPdSU Nikita Chruschtschow der Ukraine »geschenkt« worden. Aber in der Stunde der Entfremdung zwischen Moskau und Kiew hatte die dortige Bevölkerung eindeutig für ihren Verbleib bei Rußland votiert. Was nun das Schicksal der Gesamt-Ukraine betrifft, so weigerten sich die europäischen Tugendprediger anzuerkennen, daß hier – unter der hemmungslosen Herrschaft allmächtiger Oligarchen – ein historischer Konflikt ausgetragen wurde zwischen dem einst österreichischen, griechisch-katholischen Ostgalizien im Westen und dem zutiefst russischen und – um mit Samuel Huntington zu sprechen – byzantinisch geprägten Proletariat des Donbass, daß also allenfalls eine lockere Föderation diese flagranten Widersprüche überbrücken könnte.

Ich erinnere an die zwielichtigen Zustände, die während des Zweiten Weltkrieges in Ost-Galizien, im ehemals österreichischen und polnischen Teil der heutigen West-Ukraine vorherrschten. Mit äußerster Vorsicht zitiere ich dabei den amerikanischen Historiker Timothy Snyder und seinen französischen Kollegen Christian Ingrao. Der Zeitung »Le Monde«, die derzeit an der Spitze der Anti-Putin-Kampagne in Frankreich steht, entnehme ich folgendes Zitat: »Die Nazis waren der Ansicht, die westlich des Dnjepr lebende Bevölkerung assimilieren zu können. Östlich davon führten sie einen Vernichtungskrieg … Im Westen der Ukraine wurden die Deutschen oft als Befreier empfangen.« Dort haben sich, so schreibt Ingrao, »150 000 ukrainische Nationalisten in die Waffen-SS oder Verteidigungsmilizen gemeldet … sie waren unentbehrlich für die Ausführung der Shoa. Im Lager Belzec (600 000 Opfer) gab es nur fünfzehn bis zwanzig deutsche Soldaten.« Nach der deutschen Kapitulation hatte dort der Widerstand gegen die Sowjetarmee bis 1950 mit extremer Heftigkeit angedauert.

Es berührt seltsam, wenn Warschau und Kiew heute eine enge Verbrüderung feiern. Marschall Pilsudski, der nach dem Ersten Weltkrieg die Wiedergeburt der polnischen »Respospolita« vollzog, hatte vorübergehend Kiew besetzt und die ukrainische Hauptstadt für seinen Staat reklamiert. Während der Maidan-Unruhen 2014 brachen aus der Umgebung von Lemberg, das die Polen Lvov und die Ukrainer Lwiw nennen, militärisch organisierte Stoßtrupps auf, die sich bei ihrem Kampf für ein nach Westen ausgerichtetes Regime auf den Nationalhelden Stepan Bandera beriefen, obwohl dieser zur Zeit des von den Nazis eingerichteten Generalgouvernements Jagd auf Polen, Russen und Juden gemacht hatte. Aber an dieser düsteren Vergangenheit, die die Moskauer Propagandisten zu dem Vorwurf aktueller faschistischer Umtriebe nutzen, wagt im Westen offenbar niemand zu rühren.

Viel Feind, viel Ehr

Wer geglaubt hatte, im Weißen Haus – sei es nun George W. Bush oder Barack Obama – habe man von der einsamen Hegemonialvorstellung der USA Abschied genommen und das Aufkommen einer multipolaren Welt akzeptiert, wurde eines anderen belehrt. Statt die Existenz divergierender Kulturkreise anzuerkennen, die mit den vorbildlichen Vorstellungen des Westens nicht zu vereinbaren waren, griff man blindlings auf die obsoleten Thesen Fukuyamas zurück, der einst »das Ende der Geschichte« proklamiert hatte. Amerika präsentierte sich wieder als die »unentbehrliche Nation« und unterteilte die internationalen Akteure in »good and bad guys«. Daß diese Bewertung sehr oft nach heuchlerischen Maßstäben vollzogen wurde – man denke nur an die Bevorzugung der reaktionären und repressiven Petro-Monarchien der Arabischen Halbinsel oder der Putsch-Diktatur des Generals Abdel Fattah el-Sisi in Ägypten –, wurde schlicht ignoriert.

Der angelsächsische Kapitalismus geriet seinerzeit in die Kritik nicht nur der kontinentalen Europäer, die durch hemmungslose Kasino-Spekulation und den Bankencrash von Lehman Brothers in eine schwere Finanz- und Wirtschaftskrise gestoßen wurden. Papst Franziskus verwahrte sich nachdrücklich gegen die Vergötzung des »Goldenen Kalbs«. Die soziale Marktwirtschaft der Europäischen Union drohte bereits zu einer Plutokratie zu entarten. Was nun die Überlegenheit der »westlichen Werte« betrifft, auf die bei uns niemand verzichten möchte, so läßt sich dieses Modell eben nicht beliebig exportieren. Schon spricht man von einer »moralischen Keule«, mit der Washington seine jeweiligen Interventionen zu rechtfertigen sucht. Die endlosen politischen Grabenkämpfe einer Großen Koalition, wie sie in Berlin ausgetragen werden, würden einen gigantischen, auf Erneuerung und wirtschaftliche Expansion bedachten Staat wie die Volksrepublik China unweigerlich der Anarchie ausliefern. Wer der trostlosen Kastengesellschaft Indiens als »größte Demokratie der Welt« huldigt, weil dort dem Stimmzettel-Fetischismus durch die unwissenden Massen Genüge getan wird, muß von Blindheit geschlagen sein. Sämtliche von außen ermutigten Revolten des Arabischen Frühlings zu Gunsten von Meinungsfreiheit und Parteienvielfalt strandeten ja in Militärdiktatur, Bürgerkrieg oder islamistischer Intoleranz.

Gewiß, die Vereinigten Staaten sind weiterhin die weitaus mächtigste Nation. Der American Way of Life wird insgeheim selbst von seinen Gegnern bewundert und übernommen. Ein tugendhaftes Vorbild sind die USA jedoch längst nicht mehr, seit sie mit ihrer globalen »Counter-Insurgency« gegen den Terrorismus den Weg zum »dirty war« der Zukunft beschritten haben, zum Einsatz mörderischer Drohnen, skrupelloser Söldnertrupps und der Folterexzesse des »water boarding«. Es klingt doch allzu heuchlerisch, wenn man sowohl Rußland als auch China durch einen Cordon sanitaire einzuschnüren sucht, seinen potentiellen Gegnern aber gleichzeitig vorwirft, sich durch ein strategisches Glacis schützen zu wollen.

Inzwischen haben auch die deutschen Kommentatoren entdeckt, daß Amerika seit dem grandiosen Sieg im Zweiten Weltkrieg nur noch militärische Rückschläge erlitten hat. Mir war es vergönnt, als »Gefährte des Rückzugs« diese Serie des Versagens an Ort und Stelle zu erleben, von der Pattsituation in Korea bis zum Stellvertreterkrieg in Syrien, der den Horden des islamistischen Terrorismus den Zugang zum Nahen und Mittleren Osten öffnete. Im schonungslosen Rückblick erscheinen die USA als dubioser, ja gefährlicher Partner. Die Falschmeldung über einen angeblichen Überfall im Golf von Tonking benutzte der Präsident Johnson 1964 als Rechtfertigung für die Bombardierung Nordvietnams. Eine zweideutige Aussage der amerikanischen Botschafterin in Bagdad, April Glaspie, verleitete Saddam Hussein 1990 zu der Annahme, er könne Kuwait ohne eine vernichtende Gegenoffensive des westlichen Bündnisses besetzen und annektieren. Der flagrantesten Irreführung machte sich George W. Bush schuldig, als er seinen Außenminister Colin Powell zwang, vor den Gremien der UNO eine von Bagdad ausgehende Bedrohung Europas durch ein gewaltiges Arsenal von Giftstoffen und Lenkwaffen vorzutäuschen, von denen er wußte, daß sie gar nicht existierten. Die schamlose Überwachung der führenden Staats- und Regierungschefs der eigenen Allianz durch die NSA hat sogar die eingeschworenen Amerikafans bedenklich gestimmt.

Die bitteren Erfahrungen des Arabischen Frühlings haben den jetzigen US-Präsidenten zu der Erkenntnis gebracht, daß überstürztes Eingreifen sich weit negativer auswirken kann als zögerliches Abwarten. Die US Army wird in Zukunft nur in Fällen unmittelbarer Bedrohung eigener Interessen ihren Soldaten befehlen, »to put the boots on the ground«. Eine bewaffnete Auseinandersetzung der USA mit Rußland oder China oder auch nur der Islamischen Republik Iran ist kaum noch vorstellbar. Den europäischen Verbündeten, deren Politiker sich im Ukraine-Konflikt als Maulhelden decouvrierten, wird aus Washington zu verstehen gegeben, sie sollten ihre völlig unzulängliche militärische Kapazität ausbauen, während Amerika die »Führung aus dem Hintergrund – leading from behind« übernähme.

*

Die deutsche Kanzlerin hat auf ihrem Schreibtisch ein Porträt der Zarin Katharina der Großen aufgestellt. Dann wird es Wladimir Putin wohl erlaubt sein, sein Büro mit dem Bild Peters des Großen zu schmücken. Ist sich Angela Merkel bewußt, wenn sie dem russischen Staatschef beim Streit um die Ukraine mit der Miene einer Oberlehrerin die Leviten liest, daß die große Katharina lediglich nach außen ihren Ruf als Monarchin der Aufklärung und Toleranz entfaltete? Die gebürtige Prinzessin von Anhalt-Zerbst hat sich ihrem Volk gegenüber als reaktionäre Autokratin verhalten, die die erdrückenden Adelsprivilegien zusätzlich ausweitete und eine imperiale Expansion betrieb, die die Grenzen ihres Reichs über den Kaukasus hinweg bis ins heutige Aserbaidschan ausgreifen ließ.

Vor allem war sie es, die dem treu ergebenen Günstling Potemkin den Befehl erteilte, die heutige Ukraine vom Tataren-Joch, von der Unterwerfung unter die Osmanische Pforte zu befreien. Sie hat die Krim als vorgeschobene Festung russischer Macht im Schwarzen Meer erobert und im Raum zwischen Dnjestr und Don die Annexion riesiger Steppen und fruchtbarer Schwarzerde-Acker verfügt, für die Potemkin den heute wieder aktuellen Ausdruck »Nowaja

Rossiya« prägte. Aber anstatt die dort lebende slawische Bevölkerung zu emanzipieren, führte sie die Leibeigenschaft
ein. Sie bediente sich der prawo-slawischen Orthodoxie, um
in »Neurußland« die letzten Spuren einer islamischen Vorherrschaft zu löschen, unter der das europäische Rußland seit
der Eroberung Kiews durch die mongolischen Reiterhorden
brutal unterdrückt wurde und bis zum heutigen Tag traumatisiert bleibt.

Die »Zarin aus der Uckermark« gilt heute als »die mächtigste Frau der Welt«. Deshalb glauben wohl die Emissäre
Berlins bei ihren Auslandsauftritten, ihren »unterentwickel-
ten« Gastgebern Mängel an Demokratie und Meinungsfreiheit vorwerfen zu müssen. Man verschone die junge deutsche
Generation vor der Selbstzerknirschung der »Moralkeule des
Holocaust«, wie Martin Walser es nannte. Aber was berechtigt ausgerechnet jenes Volk, das sich im Wahn seiner Rassen-
ideologie der scheußlichsten Greueltaten europäischer Geschichte schuldig machte, als Sittenwächter und Künder
einer freiheitlichen Ordnung aufzutreten, die ihr erst durch
die amerikanische Besatzung oktroyiert wurde? Etwas mehr
Zurückhaltung wäre geboten.

Wenn der britische Thronfolger Prinz Charles den russischen Staatschef als »neuen Hitler« beschimpft, kann man
sich nur dazu beglückwünschen, daß die Geschicke unseres
Kontinents heute nicht mehr wie 1914 durch die Verbalexzesse monarchischer »Schlafwandler« gefährdet werden.
Was soll man andererseits von der Unverfrorenheit eines
amerikanischen Präsidenten halten, dessen Spionageapparat
jedes Individuum weltweit bis in die letzten Regungen durch-
leuchten kann, wenn er fünf chinesische Militärs verbotener
Cyber-Tätigkeit bezichtigt und behauptet, die Omnipräsenz
der amerikanischen Geheimdienste diene lediglich der Ver-
hinderung von Terroranschlägen? Washington hat inzwi-

schen zugegeben, die deutsche Kanzlerin – wie auch eine Vielzahl anderer Staats- und Regierungschefs – elektronisch belauscht und überwacht zu haben. Dank der Überlegenheit ihrer anonymen »Spooks« ist den USA jedes Detail des Wirtschafts-, Finanz- und Forschungsstandes ihrer Freunde und Feinde bekannt. Wie unter diesen Umständen eine ausgewogene Einigung über die angestrebte Atlantische Freihandelszone zustande kommen kann, muß von den deutschen Befürwortern einer solchen Liberalisierung erst noch erklärt werden.

*

Barack Obama hält offenbar nicht viel von den Europäern. Er mag dabei durch die koloniale Demütigung seines afrikanischen Vaters, durch die Arroganz britischer Siedler in Kenia beeinflußt worden sein. Auch die unbeschwerte Jugend auf Hawaii und in Indonesien dürfte ihn bewogen haben, die bislang atlantisch ausgerichtete Diplomatie und Strategie der USA durch eine prioritäre Ausrichtung auf den Pazifischen Ozean abzulösen. Doch mit den Erben Mao Zedongs ist nicht gut Kirschen essen. Statt einen freundschaftlichen Ausgleich mit China zu erzielen, weckt Amerika durch seine unverhohlenen Einkreisungsmanöver, die im Verbund mit Japan, den ASEAN-Staaten und Australien stattfinden, die alten Ressentiments des Reiches der Mitte, die Erinnerung an die Demütigung durch den Opiumkrieg und die darauf folgenden Jahrzehnte einer unerträglichen Knechtung.

Andererseits lassen sich heute die roten Mandarine von Peking durch die ewigen Hinweise des Westens auf die Tragödie am Platz des Himmlischen Friedens kein schlechtes Gewissen mehr einreden. Die chinesische Jugend hat diese Wirren inzwischen ebenso verdrängt wie die Greuel der maoistischen Kulturrevolution. Das Aufkommen für vorbildlich gehaltener Kulturvisionen verlagert sich offenbar auf unserem Erdball im Laufe der Jahrhunderte. Wer weiß heute in Europa noch, daß die französischen und deutschen Aufklärer des 18. Jahrhunderts, die sich gegen die Auswüchse einer verkrusteten Feudalgesellschaft auflehnten, die konfuzianische Staatsform Chinas, seine Meritokratie, seinen Verzicht auf metaphysische Spekulationen und seine Suche nach Harmonie zwischen Himmel und Erde als nachahmenswert empfanden? Wer kann in der heutigen Generation historischer Ignoranz schon die Bedeutung der Chinoiserien im Schloß Charlottenburg, in Sanssouci und so vielen anderen europäischen Orten deuten?

Die Staatsmänner und Politiker der Atlantischen Allianz, die sich über den »Expansionismus« Wladimir Putins und sein Projekt der »Eurasischen Union« entrüsten, erweisen sich als unfähig, die asiatische, die defensive Dimension dieses lockeren Zusammenschlusses zu erkennen. Gerade in Deutschland wird das Geschwätz über die Globalisierung allzu oft von Provinzialismus und Ignoranz gegenüber den außereuropäischen Zusammenhängen begleitet. Nach zwölf Jahren eines zutiefst enttäuschenden Einsatzes am Hindukusch wollen sich die deutschen Verteidigungspolitiker immer noch nicht eingestehen, daß die ISAF-Truppe in Afghanistan eine blamable Schlappe erlitten hat. Man nimmt es als selbstverständlich hin, daß die Bundeswehr für ihren Rückzug aus Zentralasien auf die mächtigen Antonow-Maschinen der russischen Luftwaffe und den Transit über russische Schienenstränge angewiesen bleibt.

Gewiß kann das transkontinentale Konstrukt, bei dem Zar Putin nur über die zögerliche Gefolgschaft Weißrußlands und Kasachstans verfügt, als verzweifelter Kraftakt gewertet werden, den NATO-Ambitionen an seiner Westgrenze mit imperialer Allüre entgegenzutreten und die neuen Satelliten

Washingtons einzuschüchtern. Die wirkliche Sorge des Kremls dürfte sich jedoch auf die Revolte der Autonomen Republiken am Nordrand des Kaukasus und mehr noch auf den unsicheren Großraum zwischen Ural und Pamir-Gebirge richten.

Solange die Präsenz der westlichen Allianz das revolutionäre Ungestüm islamistischer Kräfte in Afghanistan – wie immer sie sich nennen mochten – in Schach hielt, waren die sogenannten GUS-Länder, die ehemaligen Sowjetrepubliken Zentralasiens, vom aufrührerischen Impuls der Umma halbwegs abgeschirmt. Unter der diktatorialen Herrschaft ehemaliger Spitzenfunktionäre der KPdSU, die sich über Nacht in orientalische Emire und Sultane verwandelt hatten, blieb er einer bleiernen Überwachung unterworfen. Spätestens ab 2016 dürften jedoch die Ufer des Amu-Daria zum Einfallstor von Jihadisten nach Usbekistan und Tadschikistan werden. Die usbekischen Ausbildungslager der pakistanischen Taleban in den »tribal areas« bereiten eine solche Aktion bereits vor, und über das ruhelose Fergana-Tal ist ihr Vordringen nach Kirgisistan bereits vorprogrammiert.

Eine existentielle Bedrohung der föderativen Stabilität Rußlands zeichnet sich heute schon am Mittellauf der Wolga ab, wo in Kazan, der Hauptstadt der Autonomen Republik Tatarstan, die unförmige Kul-Scharif-Moschee den von Iwan dem Schrecklichen nach seinem Sieg über die muslimischen Unterdrücker errichteten Kreml weit überragt. Noch herrscht Ruhe in der benachbarten Autonomen Republik Baschkortostan, doch ein Blick auf die Landkarte zeigt, daß diese zu mehr als der Hälfte turanisch und islamisch bevölkerte Region des Südural nur durch einen schmalen Schlauch rein russischen Territoriums von der unabhängigen Republik Kasachstan getrennt ist.

Wäre die Ukraine Bestandteil der russischen Einflußsphäre geblieben, hätte sich der slawische Bestandteil der Eurasischen Union um vierzig Millionen vermehrt. Nunmehr ist der dramatisch schrumpfende europäische Bevölkerungsanteil Rußlands der Geburtenexplosion von mehr als zwanzig Millionen Staatsbürgern ausgesetzt, die sich zur koranischen Lehre bekennen und jenseits des Ural das entstehende Vakuum zu füllen drohen. War es nicht eine Fehlentscheidung historischen Ausmaßes, eine fatale Mißachtung der Geographie und der ethnischen Realitäten, daß die Strategen Washingtons und ihre europäischen Trabanten zum Konfrontationskurs gegenüber Rußland antraten, wo doch der Kampf gegen den Terrorismus, das heißt die Eindämmung des fanatischen und gewalttätigen Islamismus, ein gemeinsames Anliegen von Russen, Amerikanern und Europäern hätte sein müssen?

»Viel Feind, viel Ehr«, hieß es einmal im wilhelminischen Deutschland. Der amerikanische Rundumschlag unserer Tage erinnert an diese Verblendung. Man zwingt geradezu den russischen Widerpart, der mit bösen Ahnungen auf das erdrückende Übergewicht Chinas in Fernost blickt, eine enge Allianz mit Peking anzustreben, um sich den Gefahren einer Zweifronten-Situation zu entziehen. Wer dächte da nicht an das Nichtangriffsabkommen, das Stalin im April 1941 mit dem General Tojo in Tokio vereinbarte, was der Sowjetunion erlaubte, ihre sibirischen Divisionen zur Rettung Moskaus an die westliche Front zu werfen. Den Japanern wurde damit der Rücken freigemacht für ihren Angriff auf Pearl Harbor und die Eroberung Südostasiens.

Im Schatten des chinesischen Giganten

Wieder einmal muß ich den Spagat vornehmen zwischen der Schilderung aktueller Ereignisse, die sich in rasantem Ablauf überschlagen, und dem Rückblick auf politische und militärische Verwirrungen, die ich im Verlauf von siebzig Jahren an Ort und Stelle registrierte. Dabei habe ich die Selbstauflösung der Sowjetunion zwischen Bug und westlicher Pazifikküste mindestens ebenso schonungslos geschildert wie den viel zu früh angekündigten »decline and fall« des amerikanischen Imperialismus. Ganz zu Schweigen von dem schmerzlichen Verzicht der Europäer auf ihre globale Kolonialherrschaft.

Frappierend ist die Tatsache, daß die USA zwar dank ihrer perfekten Spionagetechnologie in der Lage sind, jedes vertrauliche Gespräch abzuhören, jeden potentiellen Gegner exakt zu positionieren, jedoch auf Grund des Mangels an »human intelligence«, ihrer Unfähigkeit, sich in die Mentalität fremder Kulturen zu versetzen, einen Rückschlag nach dem anderen einstecken mußten. Es ist einfach unverzeihlich, daß im sogenannten Arabischen Frühling sämtliche Prognosen der professionellen »Spooks« als grobe Irrtümer entlarvt wurden oder daß man auf den Sturz Bashar el-Assads so intensiv eingeschworen war, bis man in Langley endlich wahrnahm, daß sich in der syrischen Wüste die Gespensterarmee des Kalifen Abu Bakr el-Baghdadi formierte und jedes politische Kalkül über den Haufen warf.

Die deutschen Atlantiker verharren trotz des Snowden-Skandals und einer ganzen Serie amerikanischer Fehltritte in einer durchaus verständlichen Bewunderung des großen transatlantischen Partners. Das sei ihnen unbenommen. Doch sie sollten die Warnung Friedrich Nietzsches beherzi-

gen, wonach Staaten die »kältesten aller kalten Ungeheuer«
sind. Die weltumspannende Desinformationskampagne amerikanischer Propagandainstitute, der es gelungen ist, die europäische Medienlandschaft gründlich zu manipulieren, mag
durchaus berechtigt erscheinen, wenn es darum geht, den
Feind zu täuschen. Sie mag sogar bei der Koordinierung von
Bündnispartnern nützlich sein. Doch sie wird zum Verhängnis, wenn ihre Autoren sich im Netz der eigenen Lügen und
Zwangsvorstellungen verstricken, wenn sie ihren eigenen
Phantasmen erliegen.

Bei dem Bemühen, jenseits der europäischen Kleinstaa-
terei die kolossalen Dimensionen Ostasiens bei meiner geo-
politischen Analyse zu berücksichtigen, werde ich auf den
akuten Territorialkonflikt verwiesen, der im südchinesischen
Meer zwischen Peking und Hanoi um den Besitz der Para-
cel-Inseln ausgetragen wird. Es drängen sich Bilder aus dem
März 1946 auf, dem Zeitpunkt meiner ersten Begegnung mit
dem Reich der Mitte. Die Vorhut des französischen Expedi-
tionskorps war damals präzis in diesem Raum gegen den spo-
radischen Widerstand der trotz des Waffenstillstandsabkom-
mens eingedrungenen Kuomintang-Truppen Tschiang Kai
Scheks an Land gegangen. Konfuzius hatte dem Soldaten die
unterste der untersten Stufe der gesellschaftlichen Rangord-
nung zugewiesen. Damit gewann »Meister Kong« bei den
Aufklärern des Abendlandes, die des eitlen Waffengeklirrs
einer dekadenten Feudalgesellschaft überdrüssig waren, zusätzliches Ansehen. Es war deshalb ein Erlebnis historischen
Ausmaßes, als ich – nachdem ich im Jahr 1946 auf die maro-
dierenden Horden einer plündernden und verachteten Soldateska getroffen war – fünfzig Jahre später Zeuge einer revolutionären Umwälzung wurde, die der maßlosen Glorifizierung
des Kriegshandwerks huldigte.

Das China unserer Tage sieht nicht nur in der Anhäufung

positiver Handelsbilanzen und gewaltiger Devisenreserven eine Voraussetzung, dem Übergewicht der USA im Westpazifik zu begegnen. Weit schwerer wiegt die Vorbereitung der Volksbefreiungsarmee auf den Cyber War. In Zukunft wird ja nicht mehr die Zahl der Flugzeugträger in einem hypothetischen Konflikt den Ausschlag geben, sondern die elektronischen Zaubertricks, mit denen Chinas Strategen den amerikanischen Einkreisungsring, der sich von Japan bis Australien erstreckt, zu lähmen und zu durchbrechen suchen. Schließlich könnte das Reich der Mitte mit dieser Strategie an die vorübergehende maritime Machtentfaltung der frühen Ming-Dynastie anknüpfen, deren gigantisches Flottenaufgebot die Karavellen der iberischen Konquistadoren als Nußschalen erscheinen ließ.

Während ich mich im Frühjahr 2014 noch diesen fernöstlichen Reminiszenzen und Spekulationen widmete, wurde ich mit einem Schlag in das grelle, grausame Licht der Gegenwart versetzt. In dem nah- und mittelöstlichen Raum, den man den »Fruchtbaren Halbmond« nennt, hatte sich die Büchse der Pandora geöffnet. Die staatliche Ordnung, die sich noch auf die artifizielle Grenzziehung des britisch-französischen Sykes-Picot-Abkommens aus dem Ersten Weltkrieg stützte, löste sich auf. In dem entstandenen Vakuum entfaltete sich ein Flächenbrand, ein Chaos bislang unvorstellbarer Grausamkeit. Dieses Mal ging es für die Atlantische Allianz, zumal für die Europäer, nicht darum, »Deutschland am Hindukusch« zu verteidigen. Die Tragödie spielte sich nicht in irgendeiner trostlosen Region Zentralasiens ab. Die konfessionellen und politischen Gegensätze eines undurchsichtigen Stellvertreterkrieges erreichten die Küste des Mittelmeeres, das bei den Römern einst als »Mare nostrum« galt.

In der »Grünen Legion« des selbsternannten Kalifen Abu Bakr el-Baghdadi sammelten sich Todesmutige und skrupellose Veteranen des Jihad, die bereits in Afghanistan und Bosnien, in Kaschmir und Algerien, in Pakistan und im nigerianischen Borno, ja in der ganzen islamischen Umma zur Verwirklichung eines supranationalen Gottesstaates angetreten waren.

Wieder sollte jenseits der unerträglichen Bruderzwiste im slawischen Osteuropa oder im Nahen und Mittleren Osten der Blick auf die weltweiten Dimensionen des aktuellen Geschehens gerichtet werden. Es ist ja nicht so, als wären die pazifischen Räume von den europäischen Querelen nicht betroffen. So berührt es seltsam, daß ein renommierter japanischer Politologe, Norihiro Kato, der sich der Remilitarisierung Nippons durch die Regierung Shinzo Abe entgegenstellt, die Parallele herstellt zwischen dem »schlafwandlerischen« Kriegsbeginn in Europa im Jahr 1914 und den Gewitterwolken, die sich heute zusammenbrauen. Man könne durchaus einen Vergleich anstellen zwischen der damaligen und der heutigen Situation. Vor hundert Jahren sei die Weltlage gekennzeichnet gewesen durch eine allgemein anerkannte Weltmacht, nämlich Großbritannien, die sich bedroht sah durch das stürmische Aufkommen eines ehrgeizigen Rivalen, nämlich Deutschland, während sich Frankreich bereits einem schleichenden Niedergang zuneigte. Heute sei die Welt gekennzeichnet durch die trügerische Allmacht Amerikas, durch den stürmischen Machtwillen Chinas und das Verblassen der japanischen Ansprüche. Bei diesem Beharren auf nationalistischen Prärogativen bestehe die wachsende Gefahr eines »Sarajevo Type Incident«, der plötzlich nicht mehr zu kontrollieren wäre.

Zur Illustration dieser These seien zwei Anekdoten erwähnt, die ein fahles Licht auf den realen Zustand unserer zerrissenen Gegenwart werfen. Nicht in Wladimir Putin, sondern in dem chinesischen Staatschef und ersten Parteisekretär Xi Jinping ist den USA der wirkliche Herausforderer entstanden, ein Anwärter auf den ersten Platz unter der Sonne. Bei seinem kurzen Aufenthalt in Berlin im März 2014 hatte ich die Gelegenheit, den kommunistischen Sohn des Drachens aus der Nähe zu beobachten. Der Mann bestach durch seine Gelassenheit und sein Selbstbewußtsein. In Gegenwart von Richard von Weizsäcker und Helmut Schmidt ließ er sich auf einen Dialog mit der Körber-Stiftung ein. Der zweifellos vorher vereinbarten Frage nach Meinungsfreiheit und Demokratie in China begegnete er mit souveränem Lächeln und dem wohlwollenden Eingeständnis, man sei sich in Peking der noch existierenden diesbezüglichen Mängel wohl bewußt. Ich richtete mein Augenmerk auf die Gattin des Staatschefs, die als Sängerin in China große Beliebtheit genoß. Die attraktive Frau hatte die lächelnde Maske der gebotenen Höflichkeit aufgesetzt, aber aus ihren Augen sprach tiefe Verachtung für die anmaßenden Barbaren, die dem Sohn des Himmels Lektionen erteilen wollten.

Was nun das Russland Putins betrifft, so bleibt mir ein Gespräch mit dem damaligen Verteidigungsminister Sergej Iwanow aus dem Jahre 2007 in Erinnerung. Von einem deutschen Korrespondenten nach der Möglichkeit eines russischen Beitritts zur NATO befragt, hatte dieser ehemalige Geheimdienstchef mit grimmigem Humor und einem Anflug von Geringschätzung geantwortet: Rußland wolle doch den Deutschen nicht zumuten, in Befolgung des Artikels V des NATO-Paktes Moskau in Fernost eines Tages gegen Nordkorea beizustehen. In Wirklichkeit war damit die erdrückende Nachbarschaft Chinas gemeint.

*

Jeder halbwegs gebildete Europäer kennt den Vers aus dem West-östlichen Divan von Johann Wolfgang Goethe: »Gottes ist der Orient! Gottes ist der Okzident!« Es handelt sich dabei um die Übersetzung eines Koranzitats: »Wa lillahi el Maschreq, wa lillahi el Maghreb.« Dieser edle und erhabene Wunsch ist in sein diabolisches Gegenteil verzerrt worden. Heute könnte man in einer grausigen Verzerrung des heiligen Textes eine gegenteilige Behauptung aufstellen, wenn man an die Greuel von Libyen über Syrien und Irak bis zu den entfesselten Piraten von Abu Sayyaf auf den Süd-Philippinen denkt.

Man könnte meinen, die Kräfte des Bösen hätten zwischen Orient und Okzident ihre Herrschaft angetreten, die gesamte islamische Umma gerate unter die Herrschaft des »gesteinigten Teufels«, des »Scheitan al rahman«. Die erhabene Botschaft des Propheten Mohammed sei verdrängt worden durch die Einflüsterungen des Bösen, und das hehre Bekenntnis Mohammeds, das unzählige Male die Barmherzigkeit und das Wohlwollen Allahs auf seine Gläubigen niederruft, sei in sein Gegenteil verkehrt.

Barbara und die Alawiten

»Laudate Dominum omnes gentes«

Wie eine Festung, ein Bollwerk der Wehrhaftigkeit erhebt sich das Hotel »Ottoman Palace« inmitten einer fruchtbaren Ebene von Olivenhainen und Getreidefeldern. Von der Provinzhauptstadt Antakya, die früher den Namen Antiochia trug, ist diese klotzige Herberge etwa zehn Kilometer entfernt. Schon das Portal wirkt grimmig und kriegerisch. Es wird von zwei überdimensionalen, buntbemalten Janitscharen aus Gips oder Holz bewacht. Sie strecken dem Besucher ihre Lanzen entgegen und erinnern daran, daß diese Elitetruppe des Osmanischen Reiches unter den Knaben der christlichen Balkanvölker zwangsrekrutiert und verschleppt wurde. Nach einem unerbittlichen islamischen Drill sollten sie sich als die fanatischsten Kämpfer des Sultans und Kalifen bewähren. Das Innere des Hotels soll wohl den glanzvollen Luxus widerspiegeln, in dem sich die islamischen Herrscher von Istanbul sonnten, deren Imperium sich einst von Marokko bis zum Persischen Golf, von der ukrainischen Küste des Schwarzen Meeres bis zum Bab-el-Mandeb am südlichen Ausgang des Roten Meeres erstreckte.

Bei näherem Zusehen erweist sich jedoch die üppige Ausstattung der riesigen Empfangshalle mit ihrer goldstrotzenden Ornamentik und ihrem wuchtig verschnörkelten Mobiliar als kitschige Imitation verflossener Herrlichkeit. Bezeichnend für die historische Rückbesinnung des Erdogan-Regimes von Ankara ist die Dekoration der zahllosen Säulen der Lobby. Jede ist mit dem Porträt eines osmanischen Sultans geschmückt. Den großen Eroberern ist in dieser dynastischen Folge ein Ehrenplatz zugewiesen: Mehmet II., Fatih, der Konstantinopel bezwang, Selim I., der Strenge oder Grausame genannt, der Syrien, Mesopotamien und weite Teile Nordafrikas seinem Reich einverleibte, Suleiman der Prächtige, der bei seinen Untertanen »Kanuni« oder Gesetzgeber hieß, die heute noch bestehenden Befestigungen Jerusalems ausbaute und nach der Niederwerfung Ungarns die Habsburger Metropole Wien, den »Goldenen Apfel« des Heiligen Römischen Reichs, belagerte. Grandiose Wandgemälde verklären das Militäraufgebot des Padischah, vor dem einst das Abendland zitterte.

Das Personal des Ottoman Palace ist in alttürkische Pluderhosen kostümiert. Zwar wird auch Kemal Pascha, der sich später Atatürk nennen ließ, in einer heldischen Attitüde bei der Schlacht um die Dardanellen dargestellt, die er 1915 gegen den Ansturm der Australier und Briten siegreich beendete. Aber hier war offenbar kein Raum mehr für die grenzenlose Verehrung, die dem Gründer der türkischen Republik noch unlängst zuteil wurde. Nach dem Zusammenbruch des morschen osmanischen Imperiums im Ersten Weltkrieg hatte er das verbliebene Territorium Anatoliens und Ost-Thrakiens auf ein strikt europäisches Staatsmodell ausgerichtet und die ehrwürdigen Institutionen des islamischen Kalifats ausgemerzt.

Im Sommer 1957 hatte ich schon einmal – in Begleitung eines befreundeten französischen Offiziers – die Vilayet Hatay und deren Hauptstadt Antakya bereist. Wir befanden uns hier am levantinischen Knick des Mittelmeers, der auf alten

Atlanten als Sandschak von Alexandrette oder Iskenderun ausgewiesen war. Häufig wurden wir von Einheimischen mit der Beteuerung begrüßt: »Ana Ibn el Arab«, womit sie zu verstehen geben wollten, daß sie arabischen Ursprungs seien und nicht jener turanischen Rasse angehörten, die Atatürk auf das zwingende Bekenntnis eingeschworen hatte: »Jeder schätze sich glücklich, der von sich sagen kann: ›Ich bin ein Türke.‹« Erst später sollte ich erfahren, daß diese arabische Minderheit von Hatay, fast die Hälfte der dortigen Bevölkerung, sich auch konfessionell von den sunnitischen Türken unterschied. Sie gehörte überwiegend der esoterischen Sekte der Alawiten an, die von den rechtgläubigen Jüngern der koranischen Lehre als abscheuliche Ketzer geschmäht werden und die im gegenwärtigen Bürgerkrieg Syriens eine entscheidende Rolle spielen.

Am Rande der Stadt Antakya hatten wir damals den ersten Bischofssitz des Apostels Petrus aufgesucht, der in eine Felsausbuchtung eingelassen ist. Mein französischer Freund äußerte seine Entrüstung darüber, daß die Politiker der Dritten Republik, die wohl dem Einfluß der Freimaurer erlegen seien, am Vorabend des Zweiten Weltkrieges den Sandschak von Alexandrette, der bis 1939 integrierter Bestandteil des französischen Mandatsgebietes Syrien war, an die Türkei abgetreten hatten, um die Erben Kemal Paschas davon abzuhalten, mit dem Deutschland Adolf Hitlers gemeinsame Sache zu machen. Es sei feige und charakterlos gewesen, so meinte der Capitaine, diese heilige Geburtsstätte des Christentums den ungläubigen Sarazenen auszuliefern, zumal die Stadt Antiochia beim Vordringen der Kreuzfahrer auf Jerusalem eine tragische Berühmtheit erlangt hatte.

An den mächtigen Mauern der Festung schien die Angriffskraft der christlichen Ritter der Abendlandes zu erlahmen. Da geschah das Wunder. Bohemund von Tarent, der

Befehlshaber der »Croisés«, habe, so lautet die Legende, die mythische Lanze entdeckt, mit der der Leichnam Christi von einem römischen Legionär durchbohrt worden war. Das christliche Heer habe daraufhin – von todesverachtender, heiliger Inbrunst beseelt – den Widerstand der Muselmanen überrannt, und Antiochia fiel der Vernichtung anheim. Mit der überstürzten Auslieferung dieser frühen Weihestätte der römischen Kirche, dieses ruhmreichen Schlachtfeldes der »gesta Dei per Francos« an die Erbfeinde unter dem Halbmond, so beteuerte der in katholischer Frömmigkeit erzogene Hauptmann, habe sich bereits der erbärmliche Defätismus des Pariser Parteienklüngels offenbart und Zeichen gesetzt für die schändliche Niederlage Frankreichs im Jahr 1940.

*

Als ich im Frühjahr 2013 nach Anatolien aufbrach, beabsichtigte ich, der bei Kahramanmaras stationierten Einheit der Bundeswehr, deren Patriot-Raketen auf Syrien gerichtet waren, einen Besuch abzustatten. Das Einsatzführungskommando von Potsdam hatte großes Entgegenkommen gezeigt, und ich verspürte einen Anflug von schlechtem Gewissen, als ich nach meiner Ankunft in Ankara meine Planung änderte und das Reiseziel auf die Provinz Hatay verlagerte. An der Grenze Syriens hoffte ich – weit mehr als im rückwärtig gelegenen Kahramanmaras – präzisen Einblick in die levantinische Konfrontation zu gewinnen, die die Gegend zwischen Aleppo und Deraa in ein grauenhaftes Blutbad getaucht hatte.

Die deutschen Patriot-Raketen, das wurde mir in der türkischen Hauptstadt bestätigt, waren auf Antrag der Regierung von Ankara in Stellung gebracht worden, um Solidarität mit dem türkischen Bündnispartner zu bekunden. Holländer und Amerikaner hatten sich in ähnlicher Form engagiert, aber jedermann war sich bewußt, daß es sich dabei um eine ziemlich überflüssige Beistandsgeste handelte. Die Abwehr-Raketen wurden so weit in das Innere Anatoliens verlagert, daß bei den skeptischen Veto-Mächten des Weltsicherheitsrates – Rußland und China – kein Verdacht aufkommen konnte, die westlichen NATO-Alliierten beabsichtigten, ein Flugverbot, eine »no fly zone« über den syrischen Luftraum zu verhängen, so wie das seinerzeit bei der Niederkämpfung des libyschen Oberst Qadhafi geschehen war.

Im Übrigen erschien es recht absurd, wenn die westliche Allianz vorgab, das Territorium der Türkei gegen eventuelle offensive Übergriffe des arabischen Nachbarn von Damaskus abschirmen zu wollen. Das Übergewicht, über das der Generalstab von Ankara verfügte, war so enorm, daß die türkische Armee – falls sie wirklich einer Herausforderung durch Präsident Bashar el-Assad entgegentreten wollte – in kürzester Frist mit ihren Divisionen bis zur Hauptstadt Damaskus vorrücken könnte. Der Patriot-Einsatz der NATO in Anatolien – so wurde gespöttelt – entspräche einer hypothetischen Krisensituation am Rio Grande, die die europäischen Verbündeten veranlassen würde, die Supermacht USA gegen feindliche Absichten der militärisch bedeutungslosen Republik Mexiko in Schutz zu nehmen.

Als Grund oder als Vorwand für die Anforderung dieser Abwehrbatterien hatte Ankara auf ein paar Granaten verwiesen, die nördlich der von den syrischen Rebellen als Waffen- und Nachschubschleuse geöffneten Grenze der Türkei explodiert waren, ohne übrigens irgendwelche Opfer zu verursachen. Im Zuge einer systematischen Desinformationskampagne hatten sich die Politiker und die Medien des Westens darauf geeinigt, daß es sich bei jedwedem völkerrechtswidrigen Übergriff nur um terroristische Absichten des syrischen Assad-Regimes handeln könne. Die durchaus glaubhaftere Hypothese, daß die vom Westen unterstützten Rebellen größtes Interesse daran hätten, solche Zwischenfälle zu inszenieren, um die internationale Meinung und vor allem die Regierung Erdogan zusätzlich gegen das verfemte Regime von Damaskus aufzubringen, wurde offenbar in NATO-Kreisen nicht ernsthaft erwogen. Die elementare Frage »cui bono« – wer profitiert davon? – wurde nicht gestellt.

Es war ein eigenartiger Zufall, daß deutsche Soldaten dabei in eine Gegend verpflanzt wurden, die seit Jahrtausenden von grauenhaften Einfällen heimgesucht wurde. Bis in die jüngste Vergangenheit wurden hier ethnische und religiöse Gegensätze ausgetragen, die weit nach Europa hineinhallten. Über die realen Zustände im maroden Osmanischen Reich des 19. Jahrhunderts liegen die Brief- und Tagebuchnotizen des preußischen Offiziers Helmuth von Moltke vor, des späteren Siegers von Königgrätz und Sedan, der in den Jahren 1836 bis 1839 als Militärberater des Sultans und Kalifen präzis im Umkreis von Kahramanmaras tätig war.

*

Die Vilayet Hatay verfügt über einen geräumigen und gepflegten Flugplatz, wie überhaupt die Modernisierung und der wachsende Wohlstand der Türkei, die nach dem kargen Staatsdirigismus Kemal Paschas durch den liberalen Ministerpräsidenten Turgut Özal eingeleitet und durch Recep Tayyip Erdogan dynamisch vorangetrieben wurden, durchaus nicht nur auf die Westprovinzen Anatoliens beschränkt sind. Die türkische Fluglinie hatte mich durch guten Service und Komfort beeindruckt. Sie unterschied sich vorteilhaft – um nur dieses Beispiel zu erwähnen – von den inneramerikanischen Airlines. Meine Bewunderung wurde beeinträchtigt, als ich erfuhr, daß auf den Flügen im türkischen Luftraum kein Alkohol serviert werden darf und von höchster Stelle sogar beabsichtigt wurde, den Stewardessen das Auftragen von Lippenstift zu verbieten. Zu dieser Kategorie kleinlicher religiöser Restriktionen, die unter der Regierung Erdogan zunehmen, zählt auch ein Dekret, das in Gaststätten und Bars den Ausschank von Alkohol nach zehn Uhr abends untersagt. Diese Bevormundung gilt ganztägig, wenn die Gaststätte weniger als hundert Meter von einer Moschee oder einer Koranschule entfernt liegt.

Da ich in Antakya weder angekündigt noch erwartet wurde, heuerte ich einen sympathisch wirkenden jungen Taxifahrer an, dessen grellgelbes Fahrzeug mir in den kommenden Tagen treu zur Verfügung stand. Die Verständigung machte Schwierigkeiten, denn der türkische Chauffeur sprach keine fremde Sprache. Wir mußten uns mit ein paar Brocken Arabisch aushelfen. Auch im anspruchsvollen Ottoman Palace, wo ich als einziger Ausländer logierte, war selbst das Empfangspersonal nicht in der Lage, sich halbwegs verständlich auf Englisch oder Deutsch auszudrücken, von Französisch ganz zu schweigen. Die Bediensteten versuchten, diesen Mangel durch Freundlichkeit und Beflissenheit wettzumachen.

Ich hatte keine präzise Erinnerung an die Stadt Antakya, die mir mit ihren schmucklosen, rechtwinkligen Straßen ziemlich öde und langweilig vorkam. Zahlreiche Häuser verfügten noch – einem orientalischen Brauch gemäß – über eine vorgeschobene erste Etage, die es den abgeschirmten Frauen erlaubte, durch die dort eingelassenen, einst kunstvoll vergitterten Luken der »Moucharabieh« zumindest visuell am rührigen Alltag teilzunehmen. Den ersten Bischofssitz des heiligen Petrus konnte ich dieses Mal nicht aufsuchen, weil dort Renovierungsarbeiten im Gange waren. Hingegen überraschte mich am Eingang eines alten, aus grobem Stein gemauerten Gassengewirrs der weithin sichtbare Wegweiser: »Église catholique«. Hinter einer Moschee, deren Minarett den christlichen Kirchturm überragte, entdeckte ich sogar einen Devotionalienladen, wo nicht nur Kruzifixe und Heiligenbilder verkauft wurden, sondern auch Darstellungen der heiligen Stätten des Islam, kleine Buddhastatuen und ein paar weiße Teller, die mit dem blauen Davidstern, dem Staatswappen Israels, geschmückt waren.

In Ankara war mir der Hinweis gegeben worden, daß in Ermangelung irgendeiner deutschen Konsularvertretung in Hatay eine deutsche Ordensschwester namens Barbara, die wohl der Gemeinschaft der Mutter Teresa angehörte, ein religiöses und karitatives Zentrum unterhielt. Angesichts der Unduldsamkeit, mit der die kemalistische Republik und auch die Regierung Erdogan gegen alle christlichen Konfessionen, zumal gegen die Katholiken, vorgegangen war, nahm sich diese Lizenz recht ungewöhnlich aus. Ich mußte eine düstere Gasse durchstreifen, ehe mir das Kennwort »Barbara«, das ich an ein paar Frauen mit Kopftuch richtete, den Weg zu einem idyllischen Innengarten wies, wie sie in der Levante häufig hinter abweisenden Mauern verborgen sind. Die Kirche, deren wuchtiges Gemäuer noch aus der Kreuzritterzeit stammen könnte, war verschlossen. Der Priester, der hier nur selten auftrat, war nicht aufzutreiben.

Plötzlich überkam mich eine seltsame Rührung. Aus einer geräumigen Grotte, die wie eine Katakombe wirkte, stimmte eine wohlklingende weibliche Stimme einen mir vertrauten liturgischen Gesang an: »Laudate Dominum omnes gentes, laudate eum omnes populi.« Schwester Barbara, eine etwa fünfzigjährige robuste Frau, die in ihrer Frömmigkeit ruhte, hielt ihre morgendliche Andacht ab. Ein buntes Sammelsurium von Betern hatte sich da eingefunden und fiel – soweit es dazu sprachlich in der Lage war – in die Lobpreisung Gottes ein. Anschließend wurden neben christlichen Litaneien auch Auszüge des Korans und sogar buddhistische Erbauungstexte vorgetragen. Wie Schwester Barbara, die hier als »mulier fortis« amtierte, mir später mitteilte, zelebrierte sie auf diese Weise eine weltumspannende Ökumene, die der Ausrichtung des verstorbenen Frère Roger von Taizé entsprach. Sie besaß eine kleine, treu ergebene Anhängerschaft, in der sich neben orthodoxen Christen auch Alawiten und Sektierer verschiedenster Glaubensrichtungen trafen.

Die Ordensschwester, die auf jede Nonnentracht verzichtete, übte eine lockere Autorität aus. Sie verwies mich auf einen ernsten, mächtig gewachsenen Mann, der der kleinen jüdischen Gemeinde von Antakya angehörte und offenbar die Andacht Barbaras, die zwei Mal am Tag stattfand, den Riten der unweit gelegenen Synagoge vorzog. An diesem Tag war die Gemeinde zahlreicher als sonst. Eine fromme Pilgerschar aus Tirol – einfache und freundliche Leute – hatte beschlossen, den Spuren des heiligen Paulus in Kleinasien zu folgen, alle Orte zu besuchen, wo er gepredigt und bekehrt hatte. Auf Grund der kriegerischen Unruhen mußten sie allerdings auf die Ausgangsstation des Apostels, auf die Wallfahrt nach Damaskus verzichten, wo aus dem Christenverfolger Saulus dank einer wunderbaren Erleuchtung der Kirchenvater Paulus geworden war.

Über welche Mittel Barbara verfügte, habe ich nicht erfragt. Nach der Morgen- und Abendandacht verteilte sie kostenlos orientalische Speisen an alle Anwesenden. Die Jüngerin der Mutter Teresa war über die Wirren ihrer Krisenregion bestens informiert, hielt sich jedoch abseits von aller Politik. Als ich sie warnte, daß die Ausstellung des israelischen Wappens in dem dürftigen Laden nebenan die Zerstörungswut islamischer Fanatiker entfachen könnte, meist Ausländer, die in dieser Region ihr Unwesen trieben, überlegte sie, ob sie den Davidstern durch einen siebenarmigen Leuchter ersetzen sollte.

Die Katakomben-Gemeinde der »Église catholique« verhielt sich strikt neutral und blieb auf Distanz zu den blutigen Scharmützeln, die – nur fünfzehn Kilometer östlich entfernt – jenseits der syrischen Grenze immer wieder aufflackerten. Die Rebellion gegen Bashar el-Assad hatte unmittelbar nach den ersten Unruhen von Deraa, die sich am Rande Jordaniens abspielten, auf die nördliche Provinz Idlib übergegriffen und dort einen Schwerpunkt ihrer Aktivität entfaltet. Die sogenannte »Freie Syrische Armee« sowie diverse jihadistische Partisanentrupps, unter denen die »Jibhat el-Nusra – die Front des Beistandes«, aber auch die »Ahrar es-Sham – die Befreier Syriens« sich am radikalsten gebärdeten, hatten sich mit Duldung der türkischen Behörden ohne jede Behinderung mit Waffen und Munition ausstatten können. Ohne die Komplizenschaft der Regierung von Ankara, die den Aufständischen und allen Freiwilligen aus der ganzen »Ummat el Islamiya« freies Geleit in Richtung Aleppo gewährte, wären die loyalen syrischen Streitkräfte vermutlich binnen weniger Wochen mit dem Aufruhr fertig geworden, der sich ursprünglich auf die arabisch-sunnitische Bevölkerungsmehrheit Syriens stützte.

Zur Zeit meines Aufenthaltes war die Vilayet Antakya noch durch das mörderische Bombenattentat traumatisiert, das am 11. Mai 2013 in der nahen Ortschaft Reyhanli 46 Menschen getötet und mehr als hundert verletzt hatte. Diese wichtige Zollstation, die bislang offenstand, wurde jetzt auf Weisung Ankaras gesperrt, zumal in der nahen Ortschaft Cilvegyzü ebenfalls ein Sprengstoffanschlag stattgefunden hatte.

Der Freundeskreis der Schwester Barbara, in dem sich Angehörige unterschiedlicher Konfessionen und Ethnien zwanglos trafen, obwohl über deren wahre Herkunft und Absicht mancher Zweifel bestand, erwies sich als aufschlußreiches Milieu, um fundierte Auskünfte über die chaotischen Verhältnisse in der syrischen Provinz zu erhalten. Im wesentlichen widmete sich die Gemeinde jedoch karitativen Aufgaben. Sie betreute Flüchtlingslager beiderseits der Grenze. Die Zeltstadt von Reyhanli, die etwa zehntausend Refugees notdürftig Unterkunft gewährt hatte, war nach der Sprengung der dortigen Bürgermeisterei durch die türkische Jandarma geräumt worden.

Als ich den Wunsch äußerte, in syrisches Gebiet vorzudringen, um mir ein Bild dieser umstrittenen Zone zu verschaffen, begann ein längeres Palaver unter meinen neuen Freunden. Man versprach mir, in den folgenden Tagen einen solchen Übergang zu organisieren. Ich erfuhr bei dieser Gelegenheit, daß die strategische Position Idlib, die den westlichen Zugang nach Aleppo kontrolliert, sich weiterhin in der Hand des Assad-Regimes befand, während sich in den überwiegend sunnitischen Dörfern der Umgebung schon sehr früh die Rebellion durchgesetzt hatte.

Was nun die jüngste Terroraktion von Reyhanli betraf, so enthielten sich die türkischen Behörden jeder präzisen Schuldzuweisung. Die Zustände in der Provinz Hatay präsentierten sich als wirres Patchwork. Neben den türkischen Sunniten machten die arabischen Alawiten etwa die Hälfte der Bevölkerung aus. Die Angehörigen dieser Geheimreligion, der der Clan des Präsidenten Assad vorsteht, waren an ihrem arabischen Akzent zu erkennen. Daneben gab es Kurden, Turkmenen, Tscherkessen, die seit den zaristischen Eroberungsfeldzügen im Kaukasus im 19. Jahrhundert hierhin versprengt wurden, und eine kleine Anzahl orthodoxer Christen. Meine Gefährten ermahnten mich zu größter Vorsicht. Sie verwiesen auf die jüngste Verschärfung der Lage.

Unweit von Idlib waren ein syrisch-orthodoxer und ein grie-chisch-orthodoxer Metropolit durch eine Rotte bärtiger Jiha-disten festgenommen und als Geiseln verschleppt worden. Dem christlichen Chauffeur hatten sie kurzerhand den Kopf abgehackt. Bei den Kidnappern habe es sich vermutlich um Tschetschenen gehandelt.

Auf der Suche nach den Urhebern des Massakers von Rey-hanli stocherten die türkischen Behörden noch im Dunkel. Natürlich konnte es sich für sie nur um Agenten des Assad-Regimes handeln. Die Vermutung kam auf, daß ein kleiner Geheimbund arabischer Marxisten, »Acilciler« genannt, also keine Alawiten, diese hochprofessionelle Sprengung durch-geführt hätte. In dem Refugium der »Église catholique« wur-den die mörderischen Spannungen der nahen Front nur an-deutungsweise erwähnt. Aber die strategische Lage der Provinz Hatay hatte wohl zahlreiche Geheimdienste auf den Plan gerufen. So hatte sich ein »Tourist« aus Israel eingefun-den, der an Ort und Stelle nach Spuren jüdischen Lebens suchte und Kontakt zu dem örtlichen Rabbiner aufnahm. Der junge, sympathische Mann aus Tel Aviv wurde brüderlich bei Barbara aufgenommen und nahm an unseren Mahlzeiten teil. Vielleicht erlag ich den verschwörerischen Zwangsvorstel-lungen des Orients, als mir auffiel, daß dieser junge Israeli dem ominösen amerikanischen Whistleblower Edward Snow-den auf frappierende Weise ähnelte.

*

Am folgenden Tag wurde ich im Hotel durch den Anruf eines Unbekannten namens Georges aus dem Mittagsschlaf geris-sen. Er stellte sich als christlicher Maronit aus dem Libanon vor und bat mich, ihn zu einer Pressekonferenz zu begleiten, die von der alawitischen Gemeinde der Vilayet Hatay in einem unauffälligen Bürogebäude abgehalten würde. Es handelte sich um eine recht ungewöhnliche Kundgebung der auf strenge Abschirmung bedachten Sekte. Jahrhundertelang hatte sie ihr Überleben der bei den Schiiten üblichen Praxis der Taqiya zu verdanken, einer Tarnung, die es erlaubt, die eigene religiöse Zugehörigkeit zu verheimlichen und die intimsten Überzeugungen zu verleugnen. Georges hatte bei Barbara von meiner Ankunft erfahren. Sie selbst blieb jeder politischen Kundgebung aus guten Gründen fern.

Eine kuriose Versammlung von etwa dreißig Männern hatte sich in der schwülen Hitze eines schmucklosen, weißgetünchten Konferenzraumes eingefunden. So viele Journalisten gab es in Antakya und Umgebung mit Sicherheit nicht, so daß ich unter den muskulösen Anwesenden Ausschau nach Mitgliedern der gefürchteten alawitischen Miliz hielt, die in Syrien unter dem Namen Shabiha die Kerntruppe im Überlebenskampf des Assad-Regimes bildete. Daß türkische Polizeispitzel ebenfalls ein wachsames Auge auf diese stets verdächtigen Außenseiter richteten und zahlreich vertreten waren, stand außer Zweifel.

Die Pressekonferenz hatte bereits begonnen, als ich neben Georges, der sich als fröhlicher Levantiner erwies, Platz nahm. Hinter einem groben Holztisch bildeten drei Männer eine Art Führungsgremium. Mich beeindruckten vor allem zwei betagte Hünen mit mächtigen Bärten, die unter ihren schwarzen Hüten wie Rabbiner aussahen und wohl der priesterähnlichen Kategorie der »Eingeweihten« – der »Uqqul« – angehörten. Einer dieser Greise musterte die Runde mit harmlosem, fast kindlichem Blick. Sein Antlitz über dem schlohweißen Bart hätte einem Porträt Chagalls alle Ehre gemacht. Am anderen Ende der Tribüne thronte ein ganz anderer, stiernackiger Scheikh oder »Sayyid«, wie die Würdenträger genannt wurden. Er zeichnete sich durch rötlichen

Haarwuchs aus. Unter der breiten Krempe des Hutes drückten die blauen Augen Mißtrauen und Abwehrbereitschaft aus.
Die grobgeschnitzten Gesichtszüge schienen durch Jahrhunderte der Unterdrückung und Verfolgung, aber auch der wütenden Auflehnung geprägt.

Als wichtigste Person erwies sich der etwa vierzigjährige
Wortführer Ali Yeral in der Mitte, der – wie Georges mir zu-
flüsterte – einer hochangesehenen alawitischen Sippe angehörte und unter strenger Beobachtung des türkischen Geheimdienstes stand. Um ihn einzuschüchtern, hatte unlängst
eine Horde von Hooligans, die wohl im Dienste der regierenden AKP-Partei stand, sein neugebautes Haus verwüstet.
Ali Yeral, der sich auf türkisch ausdrückte, ging es bei seiner
»Pressekonferenz« darum, jeden Verdacht zu entkräften, die
Alawiten von Hatay könnten sich als fünfte Kolonne von Präsident Bashar el-Assad betätigen. Obwohl die syrischen Alawiten nur etwa zwölf bis dreizehn Prozent der dortigen Gesamtbevölkerung ausmachen, nehmen sie eine erdrückende
Herrschaftsposition ein. Diese privilegierte Minderheit hatte
sich, dem arabischen Brauch der Asabiya gehorchend, auf
Gedeih und Verderb um die Assad-Dynastie geschart, deren
ketzerischer Ursprung den frommen Korangläubigen zutiefst
zuwider war.

Die Alawiten wußten nur zu gut, was ihnen bevorstand,
falls die fanatischen Eiferer der »Jibhat el-Nusra«, die ganz
offiziell ihre Verschmelzung mit den El Qaida-Terroristen
von Mesopotamien proklamiert hatten, in Damaskus die
Macht an sich rissen. Schon hieß es in den Aufrufen der Salafisten, Jihadisten und anderer sunnitischer Takfiri, sie würden die Christen Syriens, die immerhin zehn Prozent der
Gesamtbevölkerung darstellen, nach Beirut verjagen, während die Alawiten einem erbarmungslosen Massaker ausgeliefert würden. Dabei stützten sich die revoltierenden »Got-

teskrieger« auf die Waffenlieferungen Saudi-Arabiens und der Golf-Emirate sowie auf die logistische Unterstützung durch die Türkei Erdogans, ja sogar durch die amerikanische CIA. In Europa wiederum sorgte eine systematische Stimmungsmache und Desinformation dafür, daß die öffentliche Meinung, die Politiker und Medien mit ihrer Sympathie und ihrem Engagement auf seiten der angeblich »freiheitlichen« Aktivisten standen.

Bei der relativ kleinen Gruppe von Alawiten, die auf Grund der Abtretung des Sandschak von Iskenderun an die Türkei seit 1939 Bürger der kemalistischen Republik geworden waren, bestand natürlich eine innige Verbundenheit mit ihren konfessionellen Verwandten jenseits der nahen Grenze, auch wenn sie das nicht öffentlich bekunden durften. Ali Yeral beschwerte sich in aller Deutlichkeit darüber, daß den Alawiten gegenüber eine Diskriminierung stattfand, die sie aus Verwaltung und Sicherheitsdiensten ausschloß und der Willkür sunnitischer Beamter auslieferte. Gegen die »Freie Syrische Armee« – damit waren jene Deserteure und Freischärler gemeint, die sich im Namen demokratischer Prinzipien gegen den »Tyrannen von Damaskus« erhoben hatten – sei gar nichts einzuwenden, betonte Yeral, es sei jedoch inzwischen allgemein bekannt, daß sich ruchlose Elemente aus dem Ausland ganz offen zur grausamen Ideologie der Taleban bekannten und die Gründung eines wahhabitisch ausgerichteten Gottesstaates zwischen Syrien und Mesopotamien betrieben, die unerbittlichste Anwendung der Scharia verlangten und – wie ihre saudischen Gönner – keinerlei divergierende religiöse Auffassung dulden würden.

Bevor wir uns trennten, sprach ich Yeral auf sein Verhältnis zu den Aleviten der Türkei an, die mit den Alawiten Syriens oft verwechselt werden und deren geheimnisumwobene Glaubenswelt einer westlichen Leserschaft nur schwer zu

57

vermitteln ist. Während der Pressekonferenz war mir aufgefallen, daß an der Wand über dem Rednertisch ein paar Bilder religiöse Hinweise gaben. An hervorragender Stelle war Ali Ibn Abi Talib, der Vetter und Schwiegersohn des Propheten Mohammed, mit seinem gespaltenen Wunderschwert »el Zulfikar« als strahlend schöner Krieger dargestellt, obwohl er seinen Feinden zufolge klein und pockennarbig gewesen war. Daneben prangte der von den Schiiten aller Richtungen in immerwährender Trauer verehrte Imam Hussein, ein Sohn Alis, der in der Schlacht von Kerbela von dem »teuflischen« Usurpator und Omayyaden-Kalifen Yazid mitsamt seinen Gefährten niedergemetzelt wurde. Auch der Staatsgründer Atatürk war präsent. Er genoß bei den Aleviten ein gewisses Ansehen, weil er mit seiner laizistischen Staatsdoktrin ihrer Verfolgung und Ächtung durch die Osmanen-Sultane Einhalt geboten hatte. Der Prophet Mohammed, der weder bei den Alawiten noch bei den Aleviten eine mit dem geradezu vergötterten Ali Ibn Abi Talib vergleichbare Verehrung genießt, darf sogar bei Sunniten in keiner Weise bildlich dargestellt werden. So hatte man sich mit einem Photo der heiligen Kaaba von Mekka begnügt, um zu bekunden, daß die Alawiten trotz fundamentaler Abweichungen sich der vielfältigen und differenzierten islamischen Umma zugehörig betrachten.

Ali Yeral verwies darauf, daß gewisse Riten der türkischen Aleviten mit den Bräuchen der arabischen Alawiten eine unbestreitbare Ähnlichkeit aufwiesen, obwohl deren religiöse Ursprünge sich aus ganz anderen Quellen nährten. Angesichts der Rückbesinnung Erdogans auf die strikte koranische Rechtgläubigkeit und der drohenden Ausrottung der syrischen Alawiten sei zudem ein Gefühl der Gemeinsamkeit aufgekommen, das zur Zeit des Kalifats nicht existierte. Als ich mich nach der Bedeutung des großen Lehrmeisters der anatolischen Aleviten, des Scheikh Haji Bektasch, erkundigte, wurde mir bestätigt, daß dieser berühmte Sufi und Mystiker auch bei den arabischen Alawiten Syriens hohes Ansehen genießt.

Der lange Schatten der Assassinen

Immer wieder wird von Ignoranten die Forderung erhoben, Syrien solle doch endlich nach der langen Assad-Diktatur zur Demokratie zurückfinden. Als ob dieses Land jemals irgendwelche politischen Freiheiten genossen hätte. Vor etwa sechshundert Jahren hatte das Osmanische Reich die reiche Region, die sich halbwegs von den Verwüstungen der Mongolenstürme zu erholen begann, unter die Herrschaft des Sultans und Kalifen von Istanbul gezwungen und für den ganzen »Fruchtbaren Halbmond« eine Epoche eingeleitet, die rückblickend in den Annalen als »Epoche der Düsternis« bezeichnet wird. Das französische Mandat zwischen den beiden Weltkriegen war alles andere als eine koloniale Glanzleistung, verschaffte jedoch diesem uralten Siedlungsgebiet am Orontes einen rauhen, aber heilsamen Schub in die Moderne.

Die Unabhängigkeit der Republik von Damaskus, die im April 1946 proklamiert wurde, offenbarte sich von Anfang an als Spielball von Militärputschen und mörderischen Verschwörungen. Die sozialistische Baath-Partei, die von dem griechisch-orthodoxen Christen Michel Aflaq gegründet worden war, zeichnete sich durch arabischen Nationalismus, säkulare Staatsdoktrin und radikalen Sozialismus aus, versank aber immer wieder in blutigen Intrigen. Die gleiche Bewegung setzte sich übrigens kurz danach auch im benachbarten

Irak durch und wurde von Saddam Hussein als Instrument seiner tyrannischen Willkür mißbraucht. Nach dem Einmarsch der Amerikaner in Bagdad 2003 wurde die Baath in ihren sämtlichen Strukturen aufgelöst. Die ideologische Gemeinsamkeit zwischen Damaskus und Bagdad schloß nicht aus, daß zwischen den beiden Flügeln dieser »Partei der arabischen Wiedergeburt« die alte Todfeindschaft des Kalifats der Omayyaden und der Abbassiden fortzuleben schien.

Ich will an dieser Stelle nicht auf meine erste Erkundung Syriens im Sommer 1951 eingehen, als in Damaskus der kurdische Oberst Schischakli mit eiserner Faust regierte und dafür bekannt war, daß er den Rücken niemals einer Tür oder Fensteröffnung zuwandte, um nicht, wie sein Vorgänger Husni Zaim, hinterhältig erschossen zu werden. Schischakli, dessen Sohn oder Enkel heute innerhalb der in sich zerstrittenen Cliquen der Anti-Assad-Opposition eine gewisse Rolle spielen soll, hatte seinerzeit eine Gruppe ehemaliger Wehrmachtsoffiziere unter Oberst Kriebel beauftragt, die vorgeschobenen Stellungen der syrischen Armee auf den Golanhöhen, die die fruchtbare israelische Senke des Hula-Sees bedrohlich überragten, gegen einen Überraschungsschlag des eben gegründeten Judenstaates zu befestigen. Dort hatte ich die Chance, einen ersten Blick auf das Heilige Land zu werfen.

Viel wichtiger erscheint mir im Rückblick eine Expedition, die mich im April 1982 in Begleitung eines syrischen Arztes, eines nestorianischen Christen namens Samuel, in das Herzland der Alawiten führte, in den Gebirgszug und Küstenstreifen, der sich von Lattaqiyé im Norden bis Tartuz im Süden erstreckt. Die ärmlichen Behausungen dieser Sektierer waren zu stattlichen Dörfern ausgebaut worden, seit einer der Ihren, der Fliegergeneral Hafez el-Assad, sich zum Diktator aufgeschwungen hatte. Im September 1970 war ich Augenzeuge des Putsches gewesen und konnte feststellen, wie schnell die bislang von der sunnitischen Mehrheit verachtete und unterdrückte Minderheit von Häretikern entscheidenden Einfluß auf die Partei- und Staatsführung gewann. Vor allem in der Armee und bei den Mukhabarat, den allgegenwärtigen Geheimdiensten der Republik von Damaskus, errangen die Alawiten einen disproportionierten, dominanten Vorrang.

Kaum eine Offenbarungslehre des Orients ist so verkapselt, in sich verschlossen wie die der Alawiten. Bei unserer Fahrt machte Samuel mich auf die Heiligengräber dieser Sekte aufmerksam – Ziara genannt –, grüne Kuppelbauten im Stil maghrebinischer Marabus, die stets von breit ausladenden Bäumen überschattet waren. In synkretistischer Verbindung mit dem Islam hatte sich offenbar eine Art Naturkult bei den Alawiten erhalten. Was ich von dieser Gemeinschaft wußte, ging auf den Vortrag eines ehemaligen Offiziers der französischen »Forces Spéciales du Levant« in unserem Sprachinstitut von Bikfaya zurück. Commandant Floriol machte kein Hehl daraus, daß die französische Mandatspolitik in der Levante nach dem uralten Rezept des »Teile und herrsche« einen Ministaat der Alawiten ins Leben rufen wollte. Im Gegensatz zu den Drusen des Djebl Drus, die erst nach schweren Kämpfen von der Fremdenlegion unterworfen wurden, fügten die Alawiten sich in das von Paris ausgeklügelte System. Sie waren stets geknechtet und gedemütigt worden. Der türkische Sultan Selim I. hatte im 16. Jahrhundert zu einem Ausrottungsfeldzug gegen diese Ketzer ausgeholt. Sie lebten an den steinigsten Hängen als Pächter und Tagelöhner sunnitischer Großgrundbesitzer. Der Umstand, daß diese Ausbeuter vornehmlich in Hama beheimatet waren, erklärt vielleicht die Unerbittlichkeit des Strafgerichtes, das über die aufsässige Stadt im Februar 1982 niederging.

Major Floriol glaubte wenigstens einen Zipfel der Alawiten-Geheimnisse gelüftet zu haben. Im 9. Jahrhundert, so hieß es, hatten sie sich von den vorherrschenden schiitischen Glaubensrichtungen des Islam abgespalten. Ihr Inspirator soll ein persischer Fürst gewesen sein. Wieder einmal wiesen die Spuren des Mystizismus in das Land des Zarathustra. Ali, der Vetter und Schwiegersohn des Propheten, sei größer als Mohammed in der Vorstellung dieser Sekte. Ali sei beinahe Gott und Bestandteil einer seltsamen Dreifaltigkeit, der natürlich der Prophet von Mekka, aber auch ein gewisser Salman angehörte. Salman leite sich wohl von dem arabischen Namen Suleiman ab und sei mit dem biblischen König Salomon identisch, hatte Floriol gemutmaßt.

Mit ihrem gnostischen Astralkult huldigte diese esoterische Lehre einem verschwommenen Pantheismus. Neben christlichen Relikten schienen sogar Elemente der Seelenwanderung vorhanden, denn die Bösen wurden als Tiere wiedergeboren. Eine erbliche Priesterkaste, die Schuyukh, wachte darüber, daß der Zugang zu den Mysterien und zum »Tor«, zum »Bab« der Offenbarung, auf die Eingeweihten beschränkt blieb. Die weltliche Feudalschicht kriegerischer Clan-Chefs rivalisierte gelegentlich mit den geistlichen Führern. Der Commandant hatte uns seine Erkenntnisse mit vielen Vorbehalten vorgetragen. Nachdrücklich wandte er sich gegen die böswilligen Verleumdungen, mit denen die sunnitischen Ulama diese Häretiker zu diskreditieren suchten. Demnach beteten die Alawiten die Sonne, den Hund, die weiblichen Genitalien und gewisse Bäume an, ja ihre religiösen Feste würden zu wilden Orgien ausschweifen.

Diese ewig bedrängte Minorität hatte die Chance mit beiden Händen ergriffen, die ihnen die französische Mandatsmacht in den zwanziger Jahren bot. Die Alawiten drängten sich in die militärische Laufbahn und verschafften sich somit nach Proklamation der syrischen Unabhängigkeit Zugang zu den Schlüsselpositionen der jungen Republik. Andere hatten sich als Lehrer ausbilden lassen, und zwar nach dem Modell des französischen Schulunterrichtes, und folgten nicht dem bei den Sunniten vorherrschenden System der Medressen, der Koranschulen. Die säkular ausgerichteten Halbgebildeten schlossen sich sehr bald der sozialistischen Bewegung der Baath-Partei an, die sie systematisch unterwanderten. An der Revolution der »Partei der arabischen Wiedergeburt« von 1963 hatten die Alawiten maßgeblichen Anteil. Ihre wirkliche Stunde schlug im Herbst 1970, als Hafez el-Assad sich im Präsidentenpalast von Damaskus installierte.

Trotz ihrer frühen Abspaltung von den traditionellen schiitischen Glaubensrichtungen – sie hatten ursprünglich der sogenannten Siebener-Schiia angehört, die statt der zwölf Imame der persischen und der mesopotamischen Gläubigen nur sieben anerkennt – fühlten sich die Alawiten, wie ihr Name besagt, der Partei Alis weiterhin verbunden. In Ruhollah Khomeini erkannten sie einen fernen Bruder im Glauben und in der iranischen Revolution von 1979, die ja vorrangig den Enterbten, den Mustaza'fin zugute kommen sollte, einen Parallelfall zu ihrer eigenen Auflehnung gegen die Vorherrschaft der Reichen und Hochmütigen, der Sunniten.

Die schiitische Übung der Verheimlichung, der Taqiya, erlaubte es den Alawiten, ihre religiöse Revanche über die Rechtgläubigen der Sunna unter dem Tarnmantel einer säkularen, nationalarabischen und sozialistischen Reformbewegung zu entfalten. Kein Wunder auch, daß die Alawiten von Damaskus im libanesischen Bürgerkrieg für die Schiiten der neugegründeten El Amal Partei ergriffen, sich später mit der gefürchteten Hizbullah, der schiitischen Partei Gottes solidarisierten und in den Reihen dieser Taifa bereitwillige Verbündete fanden. Schiitische Libanesen kämpften auf seiten der

»Pink Panther« des Generals Rifaat el-Assad, der sich später mit seinem Bruder, dem Präsidenten Hafez el-Assad, tödlich verfeindete, und fanden sich bereit, Mordanschläge im Auftrag des Geheimdienstes von Damaskus auszuführen, die für die Syrer selbst allzu kompromittierend gewesen wären.

Am Ende meiner damaligen Reise mit dem Nestorianer Samuel stand eine grandiose, heroische Vision: der Krak des Chevaliers, auf arabisch Qalaat el Hosn, die gewaltigste, klotzigste Festung, die die Kreuzritter im Umkreis des Heiligen Landes hinterlassen hatten. An sonnigen Tagen paßte dieses gigantische Bauwerk nicht in die liebliche Mittelmeerlandschaft unter dem blauen Himmel der Levante. Aus den Nebeln des Abendlandes, aus der ungestümen, himmelstürmenden Frömmigkeit des fränkischen Rittertums und den keltischen Legenden war diese Gralsburg aufgetaucht. Die rauhen Barone aus dem christlichen Abendland waren als Barbaren in den Orient eingefallen. Dem Zivilisationsstand der Byzantiner, die sie verachteten, und der Muslime, die sie als Gegner respektierten, waren sie weit unterlegen. Aber welch kolossale Kraft äußerte sich in der Aufschichtung des trutzigen Monuments. Die byzantinische Kirche von Konstantinopel hatte ihre Mönche und Kleriker stets zum Waffenverzicht und zur Friedfertigkeit verpflichtet. Die streitbaren Ordenskrieger – Templer, Deutscher Orden und Johanniter –, die die Ungläubigen mit Schwert und Feuer bekämpften und notfalls ausrotteten, waren Ausdruck jener germanisch-lateinischen Verschmelzung, die die Nachfolger Karls des Großen zu ihrem historischen Adlerflug befähigte.

Der Arzt Samuel, der sich mehr und mehr als Fremdenführer bewährte und auf Grund seines hohen Alters keine großen politischen Rücksichten mehr nehmen wollte, widersprach mir, als ich ihn auf die scheinbare Unvereinbarkeit der bescheidenen alawitischen Dörfer der Nusairi-Region und der hoch darüber schwebenden König-Artus-Vision des Krak des Chevaliers ansprach. Kreuzritter und Alawiten hätten im 12. und 13. Jahrhundert in enger Beziehung gestanden, auch wenn diese bäuerlichen Sektierer, die sich oft durch blonden Haarwuchs und blaue Augen auszeichneten, nicht die Nachkommen germanischer Eroberer seien, wie das häufig behauptet würde. Der nahe Djebl Ansariye habe in jenen Zeiten eine furchterregende Bedeutung genossen. Dort hatte sich der »Alte vom Berge« – sein wirklicher Name war wohl Sinan Ben Salman – in seinem Adlernest verschanzt. Der ganze Orient zitterte damals vor seinen Mörderbanden, den »Assassinen«.

Wer konnte sich noch zurechtfinden in den religiösen, konspirativen Abgründen der islamisch-schiitischen Mystik? Denn in Persien hatte man mir ebenfalls von einem »Alten vom Berge« erzählt, der aus seiner Gebirgsfestung Alamut heraus gewütet hatte. Hassan el-Sabah hieß dieser Schiitenführer, den man zu Unrecht mit dem Ayatollah Khomeini verglichen hat. Hassan el-Sabah – im 11. Jahrhundert in der heiligen Stadt Qom geboren – wechselte von der Zwölfer-Schia zur Siebener-Schia über, die heute in der harmlosen Glaubensrichtung der Ismaeliten den mondänen Lebemann Aga Khan als Sachwalter, als Naib jener heiligen Imame verehrt.

Hassan el-Sabah hatte fanatische Jünger um sich gesammelt, die er in seiner klösterlichen Kaserne ausbildete. Als Terroristen schwärmten sie aus, um im Namen Allahs und einer im Koran verankerten Gerechtigkeit die Mächtigen und die Reichen dieser Welt heimzusuchen und umzubringen. 35 Jahre lang hatte ganz Persien vor dem alten Wüterich gezittert, dessen blutrünstige Erfolge sich auf den Volksaufstand der Entrechteten stützten, der Leibeigenen, der Geschundenen. Hassan el-Sabah war nicht nur ein schiitischer

Fanatiker. Als Vorkämpfer gegen die Fremdherrschaft der türkischen und sunnitischen Seldschuken ist er auch als iranischer Nationalist in die Geschichte eingegangen.

Ich erwähnte Samuel gegenüber diese seltsame Parallelität zwischen Persien und Syrien, die ja neuerdings im Zeichen des syrischen Bürgerkriegs wieder voll aufgelebt ist. Aber der Nestorianer wollte mir nicht zustimmen. »Die Perser mögen ihren Alamut-Helden als Alten vom Berge verehren, aber der wahre Scheikh el-Djebl war hundert Jahre später bei uns in Syrien beheimatet.« Er habe gewiß die Kreuzritter heimgesucht. Vor allem aber habe er die damaligen muslimischen Fürsten und Korangelehrten das Fürchten gelehrt. Sinan Ben Salman sei ebenfalls Siebener-Schiit, also ein Ismaelit und aus Mesopotamien gebürtig gewesen. Manche würden behaupten, er gelte den Alawiten von heute weiterhin als eine Art Leitbild und Prophet. Die geheimnisvolle Figur Salman, die in der alawitischen Dreifaltigkeit verehrt und oft mit König Salomon verwechselt würde, sei in Wirklichkeit identisch mit der Schreckensgestalt des Djebl Ansariye. Angeblich habe er seine verzückten Gefolgsleute, die sich – nur mit dem Dolch bewaffnet – unter Preisgabe des eigenen Lebens auf ihre Opfer stürzten, durch den Genuß von Haschisch und die Vorspiegelung paradiesischer Visionen in Trance versetzt. Deshalb habe man diese Attentäter als Haschischinen bezeichnet, woraus die fränkischen Kreuzritter das Wort Assassinen gemacht hätten.

Der alte Nestorianer schweifte in die Gegenwart. »Aufs Morden verstehen sich auch unsere Alawiten«, flüsterte er, nachdem er sich vergewissert hatte, daß niemand ihn hören konnte. »Die wilden Männer aus den Bergen sind in den sunnitischen Städten zu Recht verhaßt und gefürchtet. Denken Sie nur an das Grauen von Hama und das Massaker an der dortigen Bevölkerung.« An seinem Vorläufer aus dem

12. Jahrhundert gemessen, sei jedoch Hafez el-Assad ein Dilettant. Damals seien der Fatimiden-Kalif el Amir in Kairo und der Abbassiden-Kalif El Mustarshid in Bagdad, die beiden Statthalter Allahs auf Erden, von den Haschischinen erdolcht worden. Unter den christlichen Fürsten seien König Konrad von Jerusalem und Prinz Raimund von Antiochia den Assassinen zum Opfer gefallen. Sogar der sieghafte Sultan Saladin, Herrscher über Syrien und Ägypten, sei mit knapper Not einem Anschlag entgangen und habe von nun an seine Nächte in einem streng bewachten transportierbaren Holzturm verbracht. »Ein einziger Krieger zu Fuß«, so hieß es in den Heldenliedern der Terroristen, »wird zum Entsetzen des Königs, auch wenn dieser über hunderttausend bewaffnete Reiter verfügt.«

Von den höchsten Zinnen des Qalaat el Hosn blickten wir nach Süden. Die libanesische Grenze von Akkar war mit bloßem Auge zu erkennen. »Meinen auch Sie, daß der jüdische Staat eines Tages unter dem geballten Sturm der Araber untergehen wird, wie seinerzeit die christlichen Fürstentümer der Levante?« fragte ich Samuel. Bei dem alten Nestorianer kam die assyrische Verachtung der kultivierten Städter gegenüber den Arabern, diesen räuberischen Söhnen der Wüste, zum Durchbruch. »Es waren keine arabischen Heere, die über das Kreuz des Abendlandes siegten«, antwortete er mit hintergründigem Lächeln. »Saladin, Salah ud-Din, wie wir ihn nennen, der Jerusalem zurückeroberte, war Kurde aus Tikrit. Baibars, der den Krak zur Übergabe zwang, war Mameluke, also vermutlich kaukasischer Herkunft, möglicherweise ein Tschetschene oder Aware. Die Kriegsscharen, die im Dienste der Fatimiden, der Ayyubiden oder der Abbassiden den Krummsäbel schwangen, setzten sich mehrheitlich aus türkischen Söldnern zusammen.«

Als wir am späten Abend die Stadtgrenze von Damaskus

erreichten, war die Autobahn durch Armeekonvois verstopft. Ein alawitischer Ordnungshüter, Angehöriger der heute berüchtigten Shabiha-Miliz, den lediglich die Kalaschnikow als Wächter des Assad-Regimes auswies, inspizierte unseren Kofferraum nach Waffen und Sprengstoff. Mit einem Grinsen wünschte er uns »Bon voyage«.

Assad, der Löwe

Es sollte längere Zeit vergehen, ehe mich der Kult der Alawiten wieder mit politisch-religiöser Brisanz einholte. Ende der neunziger Jahre hatte ich mich in Aleppo aufgehalten, in dessen reizvollstem Stadtviertel »El Jadida« damals die diversen Konfessionen in einer Atmosphäre der Toleranz, wie sie in der übrigen islamischen Welt ziemlich einmalig war, kohabitierten. Staatschef Hafez el-Assad fand bei seinen christlichen Untertanen stillschweigende Unterstützung. Nur wenige störten sich daran, daß der syrische Diktator keinen Widerspruch duldete, daß er sich 1991 zum vierten Mal mit 99,9 Prozent der Wählerstimmen im Präsidentenamt bestätigen ließ. Die christlichen Minderheiten hatten es auch resigniert hingenommen, daß der »Löwe« Assad einem hemmungslosen Personenkult verfiel, daß seine gigantischen Poster, seine Bronzebüsten, seine Steinmonumente mit der wohlwollend winkenden Hand überall anzutreffen waren.

Die beiden Söhne des Präsidenten, Basil und Bashar, wurden in die Heldenverehrung des Vaters eingeschlossen. Der 29-jährige Basil, der designierte Nachfolger, ein Draufgänger, Frauenheld und Turnierreiter, der sogar über eine gewisse Popularität verfügte, war 1994 bei einem ganz banalen

Autounfall seines Turbo-Porsche ums Leben gekommen. Sein um vier Jahre jüngerer Bruder Bashar, der keinerlei politische Ambitionen hegte und sich in London auf eine friedliche Existenz als Augenarzt vorbereitete, mußte nun in aller Eile propagandistisch aufgebaut, mit staatsmännischen und militärischen Tugenden geschmückt werden. Ich war an jenem Abend mit dem Honorarkonsul Toutounji und ein paar seiner Freunde im armenischen Restaurant Sissi verabredet, das in einem ehemaligen Franziskanerkloster untergebracht war und den verballhornten Namen Assisi beibehalten hatte. Das Publikum in dieser Oase bestand im wesentlichen aus Geschäftsleuten und hohen Beamten. Mir fiel auf, daß die eleganten jungen Armenierinnen oder Maronitinnen, die offenbar der gehobenen Gesellschaft angehörten, auf erotische Wirkung bedacht waren. Die Röcke waren oft extrem kurz, und die Taillen blieben nackt unter dem knappen Mieder. Von Schleier und Kopftuch war hier keine Spur, während draußen in den Straßen und auf dem flachen Land die große Mehrzahl der sunnitischen Frauen längst zum sittsamen Hijab zurückfand, soweit sie ihn jemals abgelegt hatte.

Toutounji stimmte mir zu, als ich von meinem Eindruck berichtete, die führende Baath-Partei – eingebettet in eine gefügige »Front des nationalen Fortschritts« – präsentiere sich zwar weiterhin als säkulare und sozialistische Bewegung, die schleichende Islamisierung habe jedoch seit meinem letzten Aufenthalt im März 1993 erhebliche Fortschritte gemacht. Sie stieß beim Regime auf keinen dezidierten Widerstand. Der Islam war in der syrischen Verfassung nicht als Staatsreligion angeführt, wie das in den anderen arabischen Ländern der Fall ist. Es existierte kein Alkoholverbot, und in den Ausländerhotels stand sogar Schweinefleisch auf der Speisekarte. Doch allmählich setzte sich der koranische Lebensstil mit seinem sittlichen Konformismus durch.

Jene Bestimmung war auch längst wieder in Kraft, wonach das Staatsoberhaupt Syriens sunnitischer Muslim sein mußte. Der gebürtige Alawit Hafez el-Assad hatte sich durch die Fatwa des obersten Mufti von Damaskus, der dem Präsidenten gefügig war, bestätigen lassen, daß er über die nötige Rechtgläubigkeit verfügte. Bevor wir uns nach einem vorzüglichen orientalischen Mahl trennten, gab mir Robert Toutounji den Rat, das Dorf El Qardaha im Alawiten-Gebirge südlich des Hafens Lattaqiyé aufzusuchen, den Geburtsort des Präsidenten. Die Besichtigung dieser Pilgerstätte sei aufschlußreicher für die wahren Verhältnisse des Regimes als so mancher diplomatische Rapport.

Durch malerische Felsschluchten fuhren wir am folgenden Tag dem Land der Alawiten entgegen. Olivenhaine und gelbblühende Sträucher säumten die Straße. In der Hafenstadt des Nordens, die mir wenig reizvoll erschien, hielten wir uns nicht lange auf. Zum Dorf El Qardaha war es nicht mehr weit. Wir folgten etwa dreißig Kilometer lang der Küste nach Süden und bogen östlich ins Gebirge ein. El Qardaha genoß die wohlwollende Förderung des Regimes. Die Straßen waren breit ausgebaut, von Blumenrabatten gesäumt. Die öffentlichen Gebäude – mit den übergroßen Bildern der »Dreifaltigkeit« Hafez, Basil, Bashar geschmückt – waren stattlicher als in anderen Ortschaften. Kurz nach der Einfahrt richtete sich der Blick auf eine große Moschee mit grüner Kuppel. »Hier liegt die Mutter des Präsidenten begraben«, erklärte mir der Fahrer des deutschen Honorarkonsuls. Über dem Portal des Gebetshauses fiel ein farbenprächtiges Fresko auf. Die Mutter Assads, Na'Isa, nach der der Sakralbau benannt war, war wie eine Marienerscheinung dargestellt. Über dem ernsten Antlitz der Genetrix und dem weißen Kopftuch, das ihr Gesicht – wie bei den meisten Madonnen-Ikonen – umhüllte, strahlte ein goldener Heiligenschein. Der berühmte ältere

Sohn Basil stand Na'Isa zur Seite. Er hielt den Kopf gebeugt und küßte der Großmutter die Hand.

Auf dem Hügel, der El Qardaha überragt, war ein anderes, noch größeres Sanktuarium im Bau. Hier wollte Hafez el-Assad seinem Lieblingssohn Basil ein einmaliges Denkmal setzen. Die eigentliche Gruft war schon vollendet. Sie wurde mit edelstem Marmor ausgelegt. Die jungen alawitischen Grabeshüter der Baath-Partei gestatteten uns ohne Umschweife den Zutritt zu dem Sarkophag des toten Helden, des Batal, der mit kostbaren Tüchern bedeckt war. Die Schahada, das islamische Glaubensbekenntnis, und der Aufruf »Allahu akbar« waren in silbernen Lettern eingestickt.

Die Wächter baten mich, meinen Namen in das Kondolenzbuch einzutragen. Sie wirkten fast wie Internatsschüler in ihrer einheitlichen Tracht – dunkle Hose, weißes Hemd und schwarzer Schlips. Die wirkliche Überraschung erwartete mich am Ausgang. Ein riesiges Gemälde war dort angebracht. Da sah man den toten Basil in Gala-Uniform auf einem weißen Pferd in den Himmel reiten. Auch sein Haupt war von einem Heiligenschein gekrönt. Fast so mythisch wie einst der Prophet Mohammed, als das Fabelwesen el Buraq ihn aus der el Aqsa-Moschee Jerusalems in die Nähe Allahs entrückte, erhob sich der glorifizierte Sohn, schwebte bereits in den Wolken, während Vater Assad, die offenen Hände zum Gebet erhoben und umringt von einer Schar weinender Untertanen, in Ehrfurcht und Trauer erstarrte.

Die letzten Tage von Aleppo

Die Abende im Ottoman Palace zogen sich trostlos hin, während ich auf Nachricht über den geplanten Grenzübergang in die syrische Vilayet Idlib wartete. Von einem deutschsprachigen Türwärter hatte ich beiläufig erfahren, daß ein Trupp von El Qaida-Kämpfern der »Jibhat el-Nusra« versucht hatte, vom türkischen Gebiet in die überwiegend alawitische Stadt Lattaqiyé einzusickern, und sogar bis in die Umgebung der Ortschaft El Qardaha, der Hochburg alawitischer Wehrhaftigkeit, gelangt war. Aber das bekam ihnen schlecht. Sie wurden von der berüchtigten Miliz Shabiha gestellt, massakriert und in Stücke geschnitten.

Zu später Stunde meldete sich der Libanese Georges am Telephon, und ich war froh, ihn zum Abendessen im Ottoman Palace einladen zu können. Der noch jugendliche, elegante Levantiner ging in Hatay irgendwelchen Geschäften nach. Ich fragte ihn nicht darüber aus. Ein Vertrauensverhältnis entstand zwischen uns, als sich herausstellte, daß er aus dem alten phönizischen Hafen Byblos – heute Jbail genannt – stammte und der dort einflußreichen Familie Edde nahestand. Sein Großvater oder Großonkel war mir 1957 während meines damaligen Studienaufenthalts als Anwalt zu Hilfe gekommen, als ich ohne eigenes Verschulden in einen Verkehrsunfall verwickelt wurde. In dem riesigen, durch Spiegeleffekte und Goldverbrämungen verunstalteten Speisesaal drängte sich eine beachtliche Zahl ausschließlich türkischer Gäste um das orientalische Buffet. Die Speisen entsprachen leider nicht der exzellenten türkischen Küche, die ich aus früheren Zeiten in Erinnerung hatte. Wir suchten uns einen abgelegenen Tisch aus, wo wir – theoretisch zumindest – nicht abgehört werden konnten. Unser auf französisch geführtes

Gespräch begann mit den im Orient üblichen Höflichkeits-
floskeln, der Erkundigung nach dem Wohlergehen der Familie und irgendwelcher Bekannten.

Aber dann kamen wir unweigerlich auf jenen jämmerlichen
Arabischen Frühling zu sprechen, der mit seinen chaotischen
Auswirkungen nach Tunesien, Libyen, Ägypten und Libanon
auch auf die Republik von Damaskus übergegriffen hatte. Der
Aufstand hatte in der Grenzstadt Deraa seinen Anfang genommen, die am Schnitt zwischen Syrien und Jordanien liegt,
so bestätigte mir Georges, dem diese Gegend vertraut war. An
Ort und Stelle hatte er miterlebt, wie die anfangs gewaltlose
Protestbewegung der Jugendlichen, die die tyrannische Bevormundung durch den Assad-Clan längst leid waren, sich
mit allen möglichen »Aktivisten« oder »Reformern«, die
meistens der bürgerlichen Mittelschicht entstammten, in
lautstarken Umzügen zusammenballte. Es hätte alles relativ
glimpflich ausgehen können, wenn die überwiegend alawitischen Sicherheitsorgane, deren brutale Repressionsmetho-
den berüchtigt waren und durch einen lokalen Kommandeur
möglicherweise angeheizt wurden, nicht mit hemmungsloser
Gewalt gegen die Demonstranten vorgegangen wären und
mit ihren Schnellfeuerwaffen wahllos in die Menge gefeuert
hätten. Trotzdem mutete es seltsam an, daß ausgerechnet auf
diese trostlosen Häuserzeilen von Deraa, die sich kaum von
der Sandfarbe der umgebenden Wüste abhoben, der aufrührerische Funke des Kairoer Tahrir-Platzes übergesprungen
war. Ein paar brüchige Mauerreste und das Rinnsal eines
dürftigen Baches erinnerten daran, daß hier einst die Kultur-
landschaft der römischen Dekapolis geblüht hatte.

Mit einem maliziösen Lächeln gab der Libanese eine An-
ekdote aus dem Ersten Weltkrieg zum besten. Damals war
der legendäre Lawrence of Arabia, der an der Seite des Sche-
rif Hussein den Aufstand der arabischen Stämme gegen den

Padischah von Istanbul geschürt hatte, in Beduinentracht als Kundschafter und Spion in Deraa eingedrungen. Dort wurde er von der türkischen Soldateska enttarnt, gefangengenommen und mindestens ein Dutzend Mal vergewaltigt.

Es konnte nicht ausbleiben, daß mein Informant Georges zur Erklärung der jüngsten Wirren auf jene im Orient üblichen Verschwörungstheorien – el mu'amara – zurückgriff, die mir auf Grund meiner Vertrautheit mit der Levante zunehmend glaubwürdig erschienen. Das Königreich Jordanien, dessen Überleben auf saudische Subsidien, amerikanische Waffenhilfe und israelisches Wohlwollen angewiesen ist, hätte sich demnach einer weitgefächerten antisyrischen Front angegliedert. Die loyale und vorzüglich gedrillte Beduinentruppe des Königs Abdullah II. würde in abgelegenen Ausbildungslagern durch amerikanische Special Forces in Kommandotaktik trainiert und durch hochprofessionelle Killer der internationalen Söldner-Organisationen – nur Blackwater sei hier genannt – verstärkt. Dazu geselle sich eine beachtliche Zahl von Deserteuren der regulären syrischen Armee, die unter dem Namen »Freie Syrische Armee« in die Kämpfe eingriffen.

Der rechtzeitig vor zehn Uhr abends bestellte Alkohol hatte die Zungen gelöst. Ich berichtete vielleicht etwas zu ausführlich von meinen Erlebnissen im »Schwarzen September« 1970, ein Zeitpunkt, an dem Georges noch gar nicht geboren war. Damals hatte Palästinenserführer Yassir Arafat versucht, mit Hilfe seiner bewaffneten Fedayin den jordanischen König Hussein zu stürzen. Schon schien es, als hätte die »Befreiungsfront«, die mit dröhnendem Schlachtgebrüll durch die Straßen von Amman marschierte, den Haschemiten-Thron ins Wanken gebracht. Doch der kleine König Hussein war aus hartem Holz geschnitzt. Gestützt auf die ihm treu ergebene Beduinentruppe der Arabischen Legion, die bereits im Zweiten Weltkrieg unter dem Befehl seines

Großvaters eine prodeutsche Machtergreifung in Bagdad verhindert hatte, schlug er den Putschversuch der ohnehin nicht sehr kampftauglichen Palästinenser mit diskreter britischer Unterstützung nieder. Die Führungsgremien der Baath-Partei von Damaskus hatten für die PLO Partei ergriffen und standen im Begriff, ihre Panzer in Richtung Amman in Bewegung zu setzen. Es hätte damals nicht viel gefehlt, und es wäre zur kriegerischen Konfrontation zwischen Syrien und Jordanien gekommen. Weit wären die Syrer nicht gekommen. Dafür hätten schon die israelischen Kampfjets gesorgt, aber auch auf seiten der syrischen Generalität bestanden starke Vorbehalte. Der Oberbefehlshaber der syrischen Luftwaffe, ein gewisser General Hafez el-Assad, hatte nämlich das Engagement des herrschenden Triumvirats von Damaskus zutiefst mißbilligt und den eigenen Bodentruppen jede Unterstützung verweigert. Daß ich mich präzis an diesem Tag des »Schwarzen September« auf der Straße von Amman nach Damaskus befand, verdankte ich einem glücklichen Zufall. Als ich am Nachmittag die Grenze bei Deraa passierte, wurde noch heftig geschossen. Ich mußte meinem Chauffeur eine hohe Prämie zahlen, ehe er mit mir durch die jordanischen Linien, die ausgebrannte Zollstation und die sich sammelnden Haufen palästinensischer Fedayin brauste.

Zum Abendessen war ich in Damaskus mit einem Angehörigen der deutschen Botschaft im Restaurant Vendôme verabredet. In jener Septembernacht 1970 lag die Stadt beinahe friedlich und unbeteiligt unter der Mondsichel. Die wenigen Gästen des Vendôme tuschelten aufgeregt. General Hafez el-Assad, so flüsterte man, habe am Vormittag einen Staatsstreich vollzogen, die Ministerien besetzen lassen, die ultraradikalen Hasardeure der Zouayen-Clique unter Hausarrest gestellt. Die meisten Syrer hatten an jenem Tag die Nachricht von dem Militärputsch, der ihnen Blutvergießen und

Niederlage ersparte, mit Erleichterung aufgenommen. Aber sie sollten bald merken, daß der neue Diktator ein unerbittliches Regiment führen würde.

Als ich mich nach einer Dekade wiederum in Syrien aufhielt, war das Land zwar weiterhin ein Hort der Intrigen und Verschwörungen. Aber Hafez el-Assad hatte sein Ziel erreicht. Er war Staatschef der Arabischen Republik Syrien, und die widerwillige, chaotische Baath-Partei hatte er ohne viel Federlesens auf Vordermann gebracht. Schwieriger war es offenbar, mit dem Geheimbund der Muslimbrüder fertigzuwerden. Die Ikhwan hatten bereits in den frühen fünfziger Jahren ihre ersten Zellen in Syrien gebildet. Spätestens nach dem Militärcoup von 1963, als die linken Radikalinskis der Baath-Partei ihre sozialistische »Revolution« einleiteten, gingen die muslimischen Fundamentalisten in den konspirativen Untergrund. Sie fanden Anklang bei den armen Bevölkerungsschichten und beim sunnitischen Bürgertum. Sie widersetzten sich den Säkularisierungs- und Nationalisierungsmaßnahmen der »Feinde Gottes«, wie sie damals polemisierten. Sie riefen zum Heiligen Krieg auf, als die neue Verfassung des Jahres 1973 auf den Passus verzichtete, wonach der Staatschef Syriens stets ein rechtgläubiger Sunnit sein müsse. Das Signal zum bewaffneten Widerstand war damit gegeben, denn jeder wußte, daß General Assad jener Sekte der Alawiten angehörte, die schon von den osmanischen Kalifen als ruchlose Ketzer verfolgt wurden. Es gelang ihm sogar, die sunnitischen Korangelehrten, die Ulama von Damaskus, unter Androhung von Haft und Folter zur Ausstellung eines Persilscheines zu zwingen. Dieses Possenspiel löste zusätzliche Entrüstung aus.

Als ich, den rauchenden Trümmern des libanesischen Bürgerkrieges den Rücken kehrend, zu einer neuen Erkundungsfahrt nach »as-Sham« – das arabische Wort für Damaskus –

aufbrach, hatten die Muslimbrüder inzwischen zu immer kühneren Anschlägen gegen das von Assad instrumentalisierte Baath-Regime ausgeholt. Im Jahr 1980 war ein Attentat gegen den Staatschef um Haaresbreite vereitelt worden. Darauf hatte Assad unter seinen politischen Gegnern, die in einem Spezialgefängnis unweit der eindrucksvollen Ruinenstadt Palmyra eingekerkert waren, brutal aufgeräumt. Nachdem man ihnen eine trügerische Freilassung vorgespiegelt hatte, wurden mindestens fünfhundert Oppositionelle mit Maschinengewehren und Hubschrauberkanonen auf freiem Felde niedergemäht.

Wieder waren zwei Jahre vergangen. Ich wurde auf der Fahrt nach Aleppo in der Umgebung der Stadt Homs unablässig angehalten und kontrolliert. Der »Held des Volkes«, wie der Despot sich huldigen ließ, lächelte auch hier in hundertfacher Vervielfältigung von den Mauern. Der zentrale Amtssitz seiner Baath-Partei war durch einen Sprengstoffanschlag in der Mitte geborsten. Es ging weiter nach Hama. »Sie wissen, was in Hama vor ein paar Tagen vorgefallen ist?« fragte mein Fahrer mit lauernder Vorsicht. Bei Nennung dieser drittgrößten Stadt Syriens verdüsterten sich stets die Gesichter. Hama war dem Baath-Regime von Anfang an ein Dorn im Auge gewesen. Die konservative und streng sunnitische Opposition verfügte hier über eine Hochburg. Im März 1980 war in Hama und Aleppo ein politischer und religiös motivierter Generalstreik von den »Ikhwan el muslimin« ausgerufen worden. Bewaffnete Gruppen von Freischärlern machten Jagd auf linke Intellektuelle der Baath-Partei, auf Agenten des Sicherheitsdienstes, auf exponierte Persönlichkeiten des Regimes, vor allem auf die verhaßten Alawiten. Im Juni 1979 hatten die »Streiter Allahs« unter den Kadetten der Militärakademie von Aleppo ein Blutbad angerichtet. Sechzig junge Alawiten waren getötet worden. Unter dem

Befehl des Präsidentenbruders Rifaat el-Assad wurde dessen Schlägertruppe der Pink Panthers, wie man sie wegen der rosagesprenkelten Tarnuniform nannte, auf die beiden aufsässigen Bollwerke der »Reaktion« losgelassen. Dazu gesellte sich die gefürchtete Spezialbrigade des Oberst Ali Haydar, der sich in der Ayyubiden-Zitadelle von Aleppo verschanzt hatte und von dort zur gnadenlosen Vergeltung ausholte.

Im Frühjahr 1981, so schien es, war der Aufstand der Muslimbrüder, die sich inzwischen in einer »Vereinigten Islamischen Front« zusammengetan hatten und ganz offen die Gründung einer islamischen Republik anstrebten, unter den Kugeln und Folterinstrumenten der Mukhabarat zusammengebrochen. Selbst erfahrene westliche Beobachter gaben dieser religiösen Opposition, die sich als Mujahidin bezeichnete, keine Chance mehr, zumal ein großer Teil des sunnitischen Bürgertums und der städtischen Kaufmannschaft, denen Hafez el-Assad mit wirtschaftlichen Liberalisierungsmaßnahmen entgegengekommen war, für eine fundamentalistische Machtergreifung und die damit verbundene engstirnige Anwendung der Scharia nicht zu begeistern war.

Dennoch kam es – acht Monate nach dem Massaker von Palmyra – zum grausigen Höhepunkt des schwelenden Bürgerkriegs. Die Stadt Hama erhob sich wie ein Mann gegen Hafez el-Assad. Die Sicherheitsorgane und Garnisonen wurden vertrieben oder ausgelöscht. Die ersten Verstärkungen aus Damaskus, darunter Eliteeinheiten der Fallschirmjäger, wurden aufgerieben. Da gab es kein Halten und keine Gnade mehr. An Hama sollte ein Exempel statuiert werden. Luftwaffe, schwere Artillerie, Panzerkolonnen wurden gegen die Umstürzler aufgeboten. Ein Strafgericht sondergleichen ging über der Stadt nieder, die wegen ihrer historischen Sehenswürdigkeiten, vor allem wegen ihrer rastlos ächzenden riesigen Wasserräder berühmt war. Der Befehl war erteilt worden, keinen Stein auf dem anderen zu lassen. Die Moscheen wurden gesprengt und – um den Eindruck religiöser Einseitigkeit zu vermeiden – auch die christlichen Kirchen dem Erdboden gleichgemacht. Unter den Trümmern lagen ungezählte Opfer. Schätzungen sprachen von zwanzigtausend Toten. Wir benutzten zwar die große Achse, die von Damaskus nach Aleppo führt, und drangen nicht in das enge Straßenlabyrinth der Altstadt ein. Aber das Ausmaß der Verwüstung konnte uns nicht entgehen. »Wo solche Barbarei aufkommt, da äußert sich der Zorn Gottes«, flüsterte mir der Fahrer zu.

Hama sah aus wie eine deutsche Ruinenstadt nach einem Flächenbombardement des Zweiten Weltkrieges. Die vom Schutt mühsam geräumten Straßen waren fast menschenleer. Ein paar Frauen in schwarzem Umhang huschten durch die Trümmer. Die Sicherheitsorgane waren besonders zahlreich und nervös. Die »Rosa Panther« hielten uns die Kalaschnikow unter die Nase. Aber ich wußte seit ein paar Tagen, welches die angemessene Losung war: »Ajnabi«, zu deutsch »Ausländer«. Die eigenen Landsleute waren zutiefst verdächtig. Der Fremde hingegen blieb ein Außenseiter, wirkte harmlos, wurde höflich durchgewinkt. Bulldozer waren dabei, die Schuttberge beiseite zu schieben. Sprengkommandos ebneten zerbrochene Mauerwände vollends ein. Die Untat von Hama sollte durch die Planierung der Ruinen so schnell wie möglich kaschiert werden. Über dem Horror und dem Morden lächelte das Bild Hafez el-Assads, »Sohn des Volkes und Held«. An der Ausfahrt fiel mir ein Transparent aus besseren Zeiten auf: »Thanks for your visit to Hama« war zu lesen.

Die Sonne stand tief, als wir uns Aleppo näherten. Die ländliche Umgebung wirkte jetzt doppelt friedlich und mild. Auf dunkelbraunen Äckern schimmerte hellgrüne Saat. Silberne Olivenhaine, weißblühende Kirschbäume verklärten den violetten Abend. Die runden Lehmbauten der Dorfbewohner liefen damals noch spitz nach oben zu und glichen Bienenkörben. Die regimetreuen Milizionäre trugen Räuberzivil und waren bestenfalls an einer Armbinde zu erkennen. Die meisten dieser Posten waren Alawiten aus dem Gebirge.

In Aleppo nächtigte ich in dem ehemaligen Luxushotel Baron. Vor dem Ersten Weltkrieg hatten die verwöhnten europäischen Abenteuerreisenden des Orient-Expreß hier eine komfortable Raststätte gefunden, aber inzwischen war das Gebäude erbärmlich heruntergekommen. Zu einem glanzvollen Galadiner hingegen war ich im palastähnlichen Anwesen des deutschen Honorarkonsuls Toutounji geladen, der über immensen Reichtum verfügte. Aus den grauen Augen dieses schmächtig gewachsenen Mannes sprachen wache Intelligenz und eine leicht resignierte Liebenswürdigkeit. Eine exklusive Runde hatte sich in dem orientalischen Märchenschloß versammelt. Unter den einheimischen Gästen waren die Christen in der Mehrheit. Sie gehörten der besitzenden Oberschicht von gestern an. Sie fühlten sich nach dem Abzug der französischen Schutzmacht aus der Levante irgendwie verwaist und stets bedroht. Eine Reihe von sunnitischen Großbürgern und Feudalherren war ebenfalls geladen. Sie hatten unter den Sozialisierungsmaßnahmen der letzten drei Jahrzehnte vielleicht mehr gelitten als die geschmeidigeren Christen, die schon zu Zeiten des Osmanischen Reiches stets auf Ausplünderungen gefaßt waren.

»Während der kurzlebigen ägyptisch-syrischen Staatenunion unter Gamal Abdel Nasser«, meinte der Honorarkonsul mit seinem feinen ironischen Lächeln, »wurden die meisten der hier Anwesenden im Zuge der Bodenreform enteignet. Sie sind aber fast alle wieder auf die Füße gefallen und haben neuen Besitz erworben. Wir Aleppiner sind vitaler, als wir aussehen.« Toutounji stellte mich den in Aleppo akkreditierten Konsuln vor. Der Franzose, ein jovialer Bonvivant, gab un-

umwunden zu, daß er in Nordsyrien keine konkreten Interessen mehr zu vertreten habe, sondern nur symbolisch Präsenz demonstriere. Anders die Russen und die Türken. Der
sowjetische Generalkonsul Ahmedow war Usbeke. Seine
Frau, eine blonde Slawin, ließ ihn keine Sekunde aus den Augen. Nach den Muslimen in der Sowjetunion befragt – das
Thema drängte sich in Aleppo auf –, gab er deren Zahl mit
fünfzig Millionen an. Etwa zehn Prozent davon würden noch
ihre Religion praktizieren. Er selbst sei Kommunist. Ahmedow wirkte verbindlich und ein wenig unsicher auf dem eleganten Parkett. An seiner Seite hielt sich Konsul Saltanow
auf, der zweite Mann der sowjetischen Vertretung. Mit seiner
Yul Brynner-Glatze, den stahlblauen Augen und einem blei-
chen Gesicht mit harten Konturen merkte man ihm den fernen tatarischen Ursprung kaum an. Er war, wie man mir zu-
flüsterte, der verantwortliche und tätige Resident in diesem
Krisenwinkel. Wenn er in einem Spionagefilm als KGB-Offi-
zier aufgetreten wäre, hätte jeder Kinobesucher gefunden, die
Maskerade sei etwas dick aufgetragen.

Das Pendant zu dem Russen und vielleicht sein diskreter
Gegenspieler war ein eleganter junger Türke, dem Typus
nach Offizier. Er hatte in Frankreich studiert und gestand
unumwunden, daß der Raum von Aleppo, der unmittelbar an
den umstrittenen Sandschak von Iskenderun grenzt, immer
noch für Ankara von extrem wichtiger Bedeutung sei. »Wir
haben uns allzusehr dem arabischen Orient entfremdet und
zu einseitig nach Westen ausgerichtet«, meinte er. Die Agi-
tation der Muslimbrüder, die ja auf Aleppo übergegriffen
hatte, wurde von den laizistischen Behörden in Ankara mit
Sorge registriert.

»Hier findet eines der großen Versteckspiele der Weltpo-
litik statt«, referierte der Türke mit erstaunlicher Offenheit.
»Hafez el-Assad hat Syrien zum Freund und Verbündeten

der Sowjetunion gemacht. Die syrische Armee ist mit russischem Material überreichlich ausgestattet. Dreitausend sowjetische Offiziere sind hier als Berater und Ausbilder tätig, dazu kommen dreitausend zusätzliche Zivilexperten und deren Familien. Die Rote Flotte verfügt im Hafen von Tartuz über weitgehende Fazilitäten. Trotzdem regen wir uns darüber nicht übermäßig auf, und die Amerikaner zeigen sich gelassen. Für Moskau erscheint Hafez el-Assad als verläßlicher Partner und Syrien als die unentbehrliche strategische Drehscheibe in Nahost. In Wirklichkeit ist der Einfluß der Russen begrenzt. Sie haben keinen Zugang zu den wichtigen Kommandostellen des Staates und der Streitkräfte. Der russische Botschafter muß tagelang beim Präsidenten antichambrieren, während die Emissäre Washingtons binnen fünfzehn Minuten vorgelassen werden. Die Russen sind für die Syrer angesichts der brisanten Palästina-Situation wichtig und nützlich, aber man schätzt sie gering und niemand bewundert sie. Die Amerikaner hingegen, die sind Trumpf – verhaßt gewiß wegen ihrer Bindung an Israel, aber Washington gilt hier als Weltmacht ersten Ranges.«

Der deutsche Honorarkonsul war hinzugetreten und pflichtete dem Türken bei. Präsident Hafez el-Assad, so ergab es sich im Gespräch, sei für die Beteiligten im Nahost-Spiel eine unersetzliche Figur. Natürlich für die Russen, mit denen er einen Freundschaftspakt unterzeichnet hatte, aber auch für die Amerikaner, denn die sehr eigenwillige Politik des Baath-Regimes habe Syrien von der übrigen arabischen Staatenwelt isoliert, sorge dafür, daß die vielgepriesene Einheit des arabischen Lagers illusorisch bleibe. »Das klingt alles sehr zynisch, aber stellen Sie sich vor, die Muslimbrüder kämen an die Macht«, erklärte Toutounji, »wie groß würde dann die Gefahr eines Übergreifens ihres theokratischen Fanatismus auf alle umliegenden, bislang noch gemäßigten Staaten sein?«

Der sozialistische Laizismus der Baath-Politik von Damaskus, gepaart mit deren haßerfüllter Frontstellung gegen ihre Baath-Genossen von Bagdad, erweise sich als wirksame Garantie der arabischen Spaltung und der arabischen Ohnmacht. Auch die Israeli hätten das wohl begriffen. Ihre Verbalattacken gegen Präsident Assad seien nichts als propagandistische Pflichtübung. Hinter dieser Nebelwand sei der syrische Präsident jedoch sogar für die Zionisten das geringere Übel und ein durchaus kalkulierbarer Faktor. – So klang es in Aleppo im Jahre des Herrn 1982.

Am Rande
des Gemetzels

Aminas Tätowierung

Eine Generation – man bezifferte sie früher mit dreißig Jahren – ist seitdem ins Land gegangen, und die Stadt Aleppo ist von der türkischen Vilayet Hatay, wo ich mich in diesem Mai 2013 aufhalte, nur siebzig Kilometer entfernt. Aber dazwischen hat sich der Horror eines zunehmend konfessionell geprägten Bürgerkrieges entfaltet. Ich habe mich an die kleine Gemeinde von Schwester Barbara gewandt, um jenseits der Grenze Kontakt mit syrischen Aufständischen und auch mit Parteigängern des Präsidenten Bashar el-Assad aufzunehmen. Aber seit in Reyhanli die Bomben hochgegangen sind und die Türken an dieser Stelle die Zoll- und Kontrollstation gesperrt haben, ist die Situation noch verworrener und unheimlicher geworden. Bei früheren Reportagen in Kampfgebieten hatte ich mich stets auf zuverlässige Begleiter und Schützer verlassen können, ob das nun die radikal-islamistischen Mujahidin des Muhandis Gulbuddin Hekmatyar in Afghanistan oder die schiitischen Milizionäre der Badr-Brigade im Irak waren.

In Antakya und Umgebung herrschen extrem zwielichtige Zustände. Es gibt zahlreiche jugendliche Ganoven, die dem wißbegierigen Ausländer für die Summe von dreitausend Euro sicheren Übergang und aufschlußreiche Kontakte zu den sich bekämpfenden Partisanengruppen versprechen. Dank dieser Vermittler, die man in der Journalistensprache Fixer nennt, wurde schon mancher fremde Eindringling einer heimtückischen Aufstandsgruppe als Geisel ausgeliefert, bis sie dafür eine zusätzliche Entlohnung kassierte. In Antakya selbst waren noch am Vortag zwei Aktivisten, was immer das Wort bedeutet, umgebracht worden. Am Ende einigten wir uns darauf, daß ich mich einer kleinen, karitativen Organisation – welche genaue Bezeichnung diese NGO besaß, wußte ich gar nicht – anschließen würde. Sie stand unter der Leitung des Kroaten Ante. Ante war ein besonnener und sachkundiger Kenner der Region, ein Hüne von Gestalt, der bei keinem Überfall zu Schaden gekommen war. Er sah seine christliche Aufgabe darin, den überfüllten Flüchtlingslagern, den erbärmlichen Sanitätsstationen der Verwundeten nach Kräften zu Hilfe zu kommen, und genoß auf beiden Seiten eine gewisse Immunität.

Ich hatte meine Ausrüstung für die Expedition bereits zusammengepackt, da teilte mir der fromme Kroate mit, daß wir auf unser Vorhaben verzichten, es zumindest aus Gründen der Selbsterhaltung verschieben müßten. Zwei seiner zuverlässigsten Mitarbeiter, so hatte er erfahren, waren verschwunden und möglicherweise vom blutigen Strudel des Bürgerkrieges erfaßt worden. Im übrigen habe sich die kriegerische Auseinandersetzung in den vergangenen Wochen grundlegend verschärft. Bislang standen sich die bescheidene Garnison der Regierungsarmee, die die Provinzhauptstadt Idlib gegen die Anti-Assad-Rebellion behauptete, und die oppositionellen sunnitischen Milizen – verstärkt durch eine Anzahl von Deserteuren – noch in einer relativ berechenbaren Feindschaft gegenüber. Neuerdings hatte man es entlang der syrisch-türkischen Grenze, die sich bis zum Siedlungsraum der irakischen Kurden erstreckt, mit unheimlichen, kriegserprobten Banden zu tun, die nicht mehr unter der schwarz-weiß-grünen Fahne des nationalen syrischen Aufstandes Schrecken verbreiteten, sondern unter der schwarzen Fahne von El Qaida. Es hatten sich fanatische Partisanenfraktionen zusammengefunden, die aus allen Teilen des Dar-ul-Islam stammten, aus dem Maghreb, aus Libyen, aus Pakistan und Afghanistan, aus dem Kaukasus und zu einigen Hundertschaften sogar aus Europa. Diverse deutsche und französische Jihadisten waren dabei signalisiert worden.

Diese Salafisten, wie man sie jetzt nennt, kämpfen mit bravouröser Todesbereitschaft, verfügen über ein reichhaltiges Waffenarsenal, das im wesentlichen von Saudi-Arabien, den Golf-Emiraten, Qatar und Kuwait finanziert und mit voller Zustimmung der Regierung von Ankara über Anatolien nach Syrien eingeschleust wird. Dort, wo die Extremisten in den von ihnen besetzten Ortschaften die Verwaltung an sich reißen, errichten sie eine auf die Scharia ausgerichtete, extrem koranische Staatsordnung und Justiz, die dem Schreckensregime der Taleban entspricht und in ihrer Unduldsamkeit gegenüber Andersgläubigen mit den Wahhabiten Saudi-Arabiens wetteifert. Diesen unberechenbaren Elementen, die weite Landstriche der Nordprovinzen kontrollieren und in den verwüsteten Stadtvierteln von Aleppo einen rabiaten Häuserkampf gegen alawitische Einheiten des Regimes von Damaskus führen, ist das Schlimmste zuzutrauen, seit sie dazu übergegangen sind, sogar die prowestlichen Kombattanten der Freien Syrischen Armee als Abtrünnige vom wahren Glauben zu befehden. Daneben entfaltet sich der Abschaum einer plündernden und mordenden Mafia-Kriminalität.

Schließlich bot sich mir ein fragwürdiger Kompromiß an. Ante verwies mich an den türkischen Studenten Oktay, der auf Gelegenheitsjobs angewiesen war und dessen sunnitische Rechtgläubigkeit sich in Grenzen hielt. Er besäße, so versicherte mir mein neuer Schutzengel, gute Kontakte zur Freien Syrischen Armee. Aber auch mit den Außenposten der Regierungstruppen, die sich im Umkreis der Schlüsselstellung Idlib festgekrallt hatten, käme er zurecht. Ganz seriös wirkte Oktay nicht, aber auch nicht wie ein Schurke. Nach Syrien zu gelangen sei kein Problem, meinte er. Am südlichen Saum der Vilayet Hatay führten mehrere beschwerliche, aber durchaus praktikable Feldwege auf die andere Seite. Dort seien ganze Scharen von Schmugglern unterwegs. Die mächtigen, gefährlichen Mafia-Organisationen, die mit ihren Killern das große Geschäft beherrschten und denen man besser nicht in die Quere käme, würden weiter nördlich operieren. Als Ziel gab Oktay das syrische Dorf Kafer Yahul an. Dort lebe ein Teil seiner Familie, die mich mit Informationen versorgen und den nötigen Schutz gewähren würde.

Wir bestiegen den brüchigen Peugeot des jungen Türken, dessen Klimaanlage in der brütenden Mittagshitze nur ein müdes Schnaufen von sich gab. Über eine erbärmliche Asphaltstraße schlängelten wir uns am Ufer des Orontes entlang. Ringsum entfaltete sich eine fruchtbare Landschaft von geradezu biblischer Feierlichkeit. Zwischen den Olivenhainen tauchten riesige Herden schwarz weiß gefleckter Ziegen auf, die von berittenen Wächtern begleitet wurden.

Wenn ich mich ohne Argwohn in die Obhut Oktays begab, so lag das weniger an dem stattlichen Honorar, auf das wir uns für seine Dienstleistung geeinigt hatten, als an der Präsenz seiner jungen Frau, die uns eine Strecke des Weges bis zum Haus der Angehörigen begleitete. Amina hatte lange Jahre in Hamburg gelebt. Sie sprach fehlerfrei und ohne jeden Akzent Deutsch. Sie gestand ganz offen, daß sie sich nach Deutschland zurücksehne, wo sie voll integriert war und sich sehr wohl gefühlt hatte. Amina war eine emanzipierte Person. Sie trug kein Kopftuch, und ihr weißes, enggeschneidertes

Kleid gab am Arm und am Nacken Tätowierungen frei. Die Nase im hübschen Gesicht war sogar mit einem Piercing geziert. Diese etwas frivol wirkende junge Dame, die ihr Baby liebevoll in den Armen hielt, trat überaus selbstbewußt auf und war ihrem etwas einfältigen Ehemann in jeder Beziehung überlegen. »Gehen Sie nicht zu weit nach Syrien hinein«, riet sie mir, »Sie sind dort vor keiner Überraschung mehr sicher, der Sie sich durch eilige Flucht entziehen könnten. Dabei sollten Sie auch auf Ihr hohes Alter Rücksicht nehmen.« Ich war mir als fast Neunzigjähriger meiner verringerten Leistungsfähigkeit durchaus bewußt, auch wenn ich mich nur zwei Jahre zuvor auf eigenes Drängen im afghanischen Umfeld von Kundus einer Patrouille der Bundeswehr auf der heimtückischen Strecke in Richtung Daghlan angeschlossen hatte.

Die syrische Ortschaft Kafer Yahul war auf den fernen westlichen Höhen deutlich zu erkennen, aber noch bevor wir uns dorthin in Bewegung setzten, überredete mich Oktay, bei einer befreundeten Familie eine Pause einzulegen und ein frugales Mahl einzunehmen. Ein Dutzend kräftiger, bäuerlich wirkender Burschen hatte sich dort eingefunden. Von ein paar Tarnjacken abgesehen, waren sie in Räuberzivil gekleidet. Sie stellten sich als Angehörige der Freien Syrischen Armee vor und zeigten mir bereitwillig ihre Waffen, die unvermeidlichen Kalaschnikows und ein paar Panzerfäuste vom Typ RPG 7, die sie unter schmierigen Decken verborgen hatten. Sehr kriegerisch wirkten sie nicht und gehörten wohl jenen Milizen aufständischer Dorfgemeinschaften an, die sich zum Schutz ihrer Angehörigen zusammenschlossen und bewaffneten. Sie standen auch bereit, um ihren syrischen Familien beim Nahen feindseliger Horden aus dem Hinterland zur Flucht zu verhelfen. Der permanente Nomadismus war für Millionen von Syrern Voraussetzung ihres Überlebens geworden. Bei Einbruch der Dunkelheit bezogen die Kämpfer ihre Beobachtungsposten in der Provinz Idlib. Dort lauerten sie auf feindliche Truppenbewegungen und überfielen die seltenen Konvois, die die isolierte Assad-Garnison mit Munition und Verpflegung versorgten.

Bei diesen Zusammenstößen kam es immer wieder zu Verlusten. Die meisten Verwundungen rührten von Geschossen der AK-47-Sturmgewehre. Der eine oder andere war auf eine jener Sprengladungen getreten, die man in Afghanistan »improvised explosive devices« nennt. Sie wiesen schwere Verstümmelungen auf. Seit Tagen warteten sie vergeblich auf den Abtransport in irgendeine Sanitätsstation. Schon beim ersten Kontakt mit dem verzagten Haufen der Rebellenarmee wurde mir bewußt, wie unprofessionell und dilettantisch es bei den Widerständlern zuging. Die nahe Vilayet Idlib war überwiegend sunnitisch bevölkert. Die alawitischen Einsprengsel, die dort existiert hatten, waren der drohenden Ausrottung durch marodierende El Qaida-Banden durch Abwanderung in die Umgebung des Hafens Lattaqiyé entgangen. Die zahllosen Fraktionen der Freiheitskämpfer, so wurde ich gewarnt, seien häufig untereinander zerstritten und auf keinen gemeinsamen Nenner zu bringen. Sie befänden sich zudem in einem Zustand verzweifelter Reizbarkeit.

Von koordinierten Kommandostrukturen konnte in den von Damaskus abgefallenen Aufstandszonen, die die nördliche Metropole Aleppo abschnürten und im Häuserkampf zu erobern suchten, ohnehin nicht die Rede sein. Es gab keine klar umrissenen Territorien, in denen Freund und Feind sich säuberlich getrennt gegenüberstanden. Es hatte sich eine Art Leopardenfell herausgebildet, wie in der späten Phase des amerikanischen Vietnam-Engagements, dessen Musterung sich ständig veränderte. Bei der kleinen Rotte, mit der Oktay mich zusammenbrachte, versuchte ich erst gar nicht, einen

realistischen Überblick über die militärischen Kräfteverhältnisse oder gar eine strategische Analyse zu erlangen. Die
jungen Männer gestanden ohne Umschweife, daß es keine
geordneten Befehlsstränge gebe. Die Wortführer der oppositionellen Auslandsvertretungen und Konsultationsräte der
Rebellen, die sich in Istanbul, London oder Qatar als Exilre-
gierungen aufspielten und in den Medien des Westens sogar
als demokratische Volksvertreter vorgestellt wurden, waren
den Kombattanten vor Ort meist nicht einmal namentlich
bekannt. Über Autorität und Ansehen verfügten sie ebensowenig wie jener General Salim Idriss, der angeblich das Kommando über die FSA führt. Was die bewaffneten Clans der
ländlich-sunnitischen Widerstandsbewegung gegen das Assad-Regime zusammenschweißte, war wieder einmal die alt-
angestammte arabische Sippen- und Stammessolidarität der
Asabiya, die der gelehrte Maghrebiner Ibn Khaldun schon im
14. Jahrhundert anschaulich beschrieben hatte.

—   *

Am frühen Nachmittag brachen wir zu Fuß nach Osten auf.
Die geographische Linie, die das türkische Staatsgebiet von
der in Auflösung befindlichen Arabischen Republik Syrien
trennt, war nicht einmal andeutungsweise zu erkennen. Auf
der steilen, staubigen Piste, der wir folgten, fand zu meiner
Überraschung eine rege Wanderbewegung in beiden Richtungen statt. Da das Terrain für Motorfahrzeuge zu zerklüf-
tet war, spielte sich der Warenaustausch auf dem Rücken von
Eseln und Maultieren ab. Oft genug fielen mir auch menschliche Lasttiere auf, darunter alte Frauen im schwarzen Tschador, die unter ihrer Bürde schier zusammenbrachen. »Hier
findet für die bescheidenen Einheimischen ein höchst profi-
tabler Tauschhandel statt«, erklärte mir Oktay. »Die Grenz-

gänger profitieren von absurden Preisunterschieden. So kostet das Benzin, das hier unermüdlich in Kanistern geschleppt wird, im kriegsverwüsteten Syrien die Hälfte dessen, was man an den türkischen Tankstellen entrichten muß.« Nur ein paar hundert Meter entfernt ragten die Wachtürme der türkischen Jandarma, denen kein Detail dieser flagranten Illegalität entgehen konnte. Aber sie kümmerten sich nicht im geringsten darum.

»War by proxies« – Stellvertreterkrieg

Wir hatten erst drei Kilometer auf syrischem Territorium hinter uns gebracht. Die weißen Mauern des Dorfes Kafer Yahul flimmerten wie eine trügerische Fata Morgana. Da wurden wir plötzlich nach einer Biegung von einem Dutzend Bewaffneter gestellt. Zur üblichen Tarnjacke trugen sie Stahlhelme sowjetischen Zuschnitts. Im Hintergrund erkannte ich ein umfangreiches Gehöft, das rundum durch Stacheldrahtverhau und aufgetürmte Sandsäcke abgeschirmt war. Sehr eindrucksvoll war diese Befestigung nicht und hätte Granateinschlägen kaum standgehalten.

Einer alten Erfahrung mit irregulären Kriegshaufen folgend, ging ich auf einen vermutlichen Anführer zu und reichte ihm die Hand, was ihn veranlaßte, die auf meine Brust gerichtete Mündung der Kalaschnikow beiseite zu nehmen. Dazu murmelte ich die Friedensformel »es salam 'aleikum«, obwohl sie mir als Christ eigentlich nicht zustand. Mein Fixer Oktay, der mir zu verstehen gab, daß wir es mit Soldaten der Freien Syrischen Armee zu tun hatten, erwies sich als recht geschickter Parlamentär. Er verlangte den verantwortlichen

Kommandeur des Distrikts zu sprechen. Nach einigem Palaver wurde ich in einen düsteren, muffigen Raum begleitet, der immerhin mit ein paar elektronischen Kommunikationsgeräten ausgestattet war.

Die Lage entspannte sich, als ein drahtiger, etwa vierzigjähriger Offizier die Ali Baba-Höhle betrat und mich mit einem freundlichen »ahlan wa sahlan« begrüßte. Der Mann mit dem breitwuchernden Schnurrbart schien frei zu sein von jenen Komplexen, die menschliche Kontakte in solchen Situationen oft erschweren. Bis zum Beginn des Aufstandes habe er als Major dem Assad-Regime loyal gedient. Seitdem habe er den Tarnnamen Suliman angenommen. Die Verständigung, der lebhafte Austausch, in den wir uns bald einließen, wurde durch den Umstand erleichtert und vertraulicher gestaltet, daß der Major fließend Französisch sprach. Das sei nicht etwa ein Relikt der französischen Mandatszeit zwischen den beiden Weltkriegen, betonte er. Die neue Lingua franca bei den halbwegs Gebildeten seines Landes sei das amerikanisch gefärbte Englisch geworden. Aber er habe als Hauptmann eine gründliche militärische Fortbildung an der École Militaire absolviert, zu einer Zeit, als die Beziehungen zwischen Syrien und Frankreich noch ungetrübt, ja herzlich waren. Damals hatte der syrische Präsident Bashar el-Assad sogar als Ehrengast an der Seite des Staatschefs Nicolas Sarkozy gestanden und die Parade des Quatorze Juillet auf den Champs-Élysées abgenommen. Wie es dann zur akuten Entfremdung, ja Verfeindung der beiden Staaten gekommen sei, habe er sich nie erklären können.

Im März 2011 hatte Suliman beim Übergreifen der Arabellion auf Syrien im Raum von Deraa Dienst geleistet. Ausschlaggebend für seine Desertion, für seinen Wechsel zur »Freien Syrischen Armee«, sei das Schicksal seines älteren Bruders gewesen, der von den gefürchteten Mukhabarat unter der Anklage, mit den Muslimbrüdern zu komplottieren, verhaftet worden war und in einem Kerker des Zwangsregimes verschwunden sei. Dennoch besaß der Major keine hohe Meinung von den Amerikanern. Aus verläßlicher Quelle hatte er erfahren, daß die CIA – wenn sie sich nicht die eigenen Hände allzusehr besudeln wollte – auf dem Weg der sogenannten »rendition« verdächtige El Qaida-Agenten an Staaten wie Marokko, Ägypten und auch Syrien zum Verhör und zur grausamen Tortur ausgeliefert hatte.

Der Major schien über meine Ankunft erfreut. Er gestand, daß er unter der Einsamkeit dieser Außenstellung litt, wo ihm neben ein paar Unteroffizieren, die ebenfalls das Lager gewechselt hatten, lediglich brave, aber unbedarfte sunnitische Bauernburschen zur Verfügung standen. Deren Kampfwert war gering. Zwischen den Dörfern würden oft uralte Fehden ausgetragen, wie sie nicht nur im Orient unter Nachbarn üblich sind. Suliman äußerte unverblümt seine Verachtung über die diversen Fraktionen von Exilpolitikern, die sich wohlweislich vom Schlachtfeld entfernt hielten. Der Chef der sogenannten Nationalen Syrischen Koalition, Ahmed Jarba, dessen Zufallskabinett von François Hollande sogar als legitime Regierung anerkannt wurde, mißfiel ihm zutiefst. Was den offiziellen Oberkommandierenden der Freien Syrischen Armee, General Salim Idriss, betraf, der das Schicksal Syriens seinen Gönnern und Geldgebern aus Saudi-Arabien auslieferte und auf dem Fernsehkanal El Arabiya seine Kriegsgesänge anstimmte, so stütze sich dessen Autorität lediglich auf die Begünstigung durch die USA und die reaktionärsten Petroleum-Potentaten der Arabischen Halbinsel.

Mir ging es darum, eine glaubwürdige und sachkundige Beschreibung der militärischen Lage zu erhalten, und dazu war Suliman, der vorübergehend dem Militärgeheimdienst angehört hatte, der qualifizierte Mann. Nach der üblichen Tasse Tee wandten wir uns der Landkarte zu, die eine ganze Wand des Schuppens bedeckte. Die Stimmung meines Gegenübers hatte sich nach dem jovialen Empfang sehr bald verdüstert und einer grimmigen Enttäuschung Platz gemacht. Was ihn an dieser tragischen Konfrontation am meisten irritiere, grollte Suliman, sei die Ignoranz und die permanente Fehldeutung der westlichen Nachrichtendienste. Da verfügten die Amerikaner über eine geradezu magisch perfektionierte Technologie, konnten jedes Gespräch abhören, jeden potentiellen Gegner lokalisieren, seien aber unfähig, aus dieser Allwissenheit und Omnipräsenz auch nur halbwegs gültige Analysen oder Synthesen zu entwickeln. Die Psychologie des Orients sei ihnen total fremd, und ihre lokalen Informanten, die ihnen stets nach dem Munde redeten, gehörten überwiegend zu der Kategorie, die die Franzosen in ihrem Algerienkrieg »les béni-oui-oui« nannten.

Ich fragte den Major, ob er mir in einem kurzen Briefing einen Überblick über den derzeitigen Stand der Kampfhandlungen geben könne. Er war gern dazu bereit, nahm einen kleinen Bambusstab in die Hand und verwies auf die Landkarte. »Ich habe sogar versucht, in groben Zügen die jeweiligen Einflußgebiete einzuzeichnen«, begann er seinen improvisierten Vortrag, »aber jede geographische Darstellung ist approximativ. Das Land befindet sich in einem Zustand der Anarchie. Hier spielt sich etwas ab, was die Amerikaner »war by proxies«, Stellvertreterkrieg, nennen. Ich will als Offizier der oppositionellen »Freien Syrischen Armee« keine Kritik am eigenen Lager üben. Aber etwas unterscheidet den syrischen Ausläufer des gesamtarabischen Aufbruchs von allen übrigen Rebellionen. Der Aufruhr ist bei uns nicht in den großen Metropolen wie Kairo, Tunis oder Benghazi ausgebrochen, sondern er entzündete sich an der äußersten Peripherie. Die Parteigänger Assads behaupten, der Krieg sei von außen in ein bis dahin stabiles Staatsgebilde hineingetragen worden.«

Suliman hatte das Überschwappen des mörderischen Arabischen Frühlings auf die Arabische Republik Syrien an Ort und Stelle erlebt. Der Aufruhr habe unmittelbar am Grenzübergang zum Königreich Jordanien in der Ortschaft Deraa begonnen. Da hätten meuternde Halbwüchsige Parolen gegen das Assad-Regime an die Häuserwände gepinselt und in bescheidenen Aufmärschen dem Beispiel der ägyptischen Facebook-Revolutionäre vom Tahrir-Platz nachgeeifert. Der gefürchtete Sicherheitsapparat des Regimes sei im März 2011 mit unangemessener Härte und Brutalität gegen die protestierenden Jugendlichen vorgegangen und habe damit die Ausweitung der Rebellion auf die Südprovinzen ausgelöst, wo die in Armut lebende sunnitische Landbevölkerung der seit vierzig Jahren andauernden Despotie des Assad-Clans und mehr noch der privilegierten Rolle der ketzerischen alawitischen Minderheit in Staat und Armee längst überdrüssig war.

Er könne jedoch bezeugen, daß der Aufruhr von Deraa nicht ganz spontan ausgebrochen sei. Er selbst wurde bereits ein Jahr zuvor von jordanischen und getarnten amerikanischen Agenten kontaktiert. Unter Zusicherung finanzieller Vorteile wollten sie ihn dazu ermutigen, sich einer umstürzlerischen »Freien Syrischen Armee« anzuschließen. Die Strukturen dieser Truppe wären auf jordanischem Boden bereitgestellt. Dank massiver Finanzierung durch Saudi-Arabien und das Emirat Qatar, aber auch unter Regie der CIA habe die Aufrüstung der Rebellen mit modernem Kriegsgerät stattgefunden. Ein internationales Komplott sei damals zweifellos gegen das Baath-Regime von Damaskus geschmiedet worden. In Washington, Er Riad, in Doha und auch in Jerusalem sei man wohl überzeugt gewesen, daß das Auftauchen einer vom Westen unterstützten Oppositionsarmee sich bei den frustrierten Massen zu einer unwiderstehlichen Volkserhebung ausweiten würde, der der Assad- und Alawiten-Clan binnen kurzer Frist erläge. Wieder einmal – wie einst im Irak, in Libyen, in Ägypten, morgen vielleicht im Iran – seien die westlichen Geheimdienste Opfer der eigenen Wunschvorstellungen und utopischer Fehlplanungen geworden.

Nach dem Einfallstor von Deraa sei die Stadt Homs zum Schwerpunkt der Konfrontation geworden. Hier befand man sich in unmittelbarer Nähe der nordlibanesischen Hafenstadt Trablus, die von jeher als Zentrum salafistisch-sunnitischen Eifers galt. Dort hatte ich persönlich bereits drei Jahre zuvor Scharmützel, sogar Gefechte miterlebt, die zwischen dem befestigten Wohnviertel der Alawiten und der Überzahl der »rechtgeleiteten« Korangläubigen ausgefochten wurden. In Homs kam die saudische Unterstützung für die Aufständischen am intensivsten zum Tragen, so daß die Regierungsarmee vorübergehend in Bedrängnis geriet. In Homs wurde auch deutlich, daß den Petroleum-Monarchien der Arabischen Halbinsel nicht daran gelegen war, die zum Säkularismus und westlichen Lebensstil neigenden Kämpfer der von Amerika und Frankreich begünstigten »Freien Syrischen Armee« aufzurüsten. Die wirklichen Verbündeten der saudischen Wahhabiten waren jene fanatischen »Gotteskrieger«, die man als Jihadisten bezeichnet.

Im Osten Syriens wurde das Assad-Regime jenseits der weiten Fläche der Wüste, zumal im Petroleum-Revier von Deir-es-Zohr, zusätzlich in die Zange genommen. Aus der benachbarten irakischen Vilayet Anbar, wo seinerzeit im Umkreis von Faluja der Widerstand gegen die amerikanische Besatzung am heftigsten war, stürmten kriegerische Verbände von Sunniten vor, denen es gelang, als erste und bislang einzige Provinzhauptstadt Syriens die Ortschaft Raqqa am oberen Euphrat zu erobern. Dort wurde die syrische Nationalfahne – sei sie nun rot-weiß-grün wie bei der Assad-Armee oder schwarz-weiß-grün wie bei der FSA – durch das finstere Leichentuch von El Qaida ersetzt, und die einheimische Bevölkerung sah sich einer unerbittlichen Auslegung der Scharia, der koranischen Gesetzgebung, ausgeliefert. Der wirkliche Durchbruch gelang der Rebellion entlang der tausend Kilometer langen Grenze zur Türkei, die von der Regierung Erdogan in ihrer ganzen Länge geöffnet und unter Mißachtung der elementarsten internationalen Vereinbarungen als Durchgangsstation benutzt wurde für das aus Saudi-Arabien und Qatar gelieferte Waffenarsenal. Über die Türkei, über die Provinz Hatay zumal, sickerten massive Kohorten von Jihadisten aus der ganzen islamischen Umma in Nordsyrien ein, so daß die Regierung von Damaskus den Zugriff auf die weite Region rund um Aleppo verlor.

Diese nördliche Handelsmetropole spaltete sich in zwei Lager. In den Ruinen lieferten sich die gegnerischen Parteien einen verzweifelten Häuserkampf. Dabei fiel der berühmte historische Suq, der prächtige Markt aus der Ayyubiden-Zeit, der Zerstörung anheim, während die Assad-Garnison sich in der mächtigen Zitadelle von Aleppo verschanzte. Quer durch die Großstadt verlief eine breite Verkehrsader, eine »Sniper Alley«, in deren zerschossenen Häuserzeilen die Scharfschützen auf ihre Opfer – meist waren es Zivilisten – lauerten. Die zahlenstarke Gemeinde der armenischen Christen von Aleppo, die durch das Zusammenspiel von Türken und sunnitischen Fanatikern an den Genozid ihres Volkes im Ersten Weltkrieg erinnert wurde, hatte rechtzeitig ihre Frauen und Kinder nach Eriwan, der Hauptstadt der armenischen Kaukasus-Republik, evakuiert oder in der Umgebung von Beirut in Sicherheit gebracht. Die Männer griffen zur Waffe und waren bereit, für ihr nacktes Überleben zu kämpfen.

Major Suliman verheimlichte nicht das Entsetzen, das bei

den Offizieren der Freien Syrischen Armee aufkam, als der von ihnen angestrebte Regimewechsel sich zu einem grauenhaften Massaker ausweitete. In den verwüsteten Landstrichen seien bis zu vier Millionen Menschen zur inneren Migration verurteilt, während es etwa zwei Millionen bedrohten Zivilisten gelang, in die Flüchtlingslager des Libanon, Jordaniens und der Türkei zu entkommen. Wie die explosive Präsenz dieser Entwurzelten sich auf das ohnehin brüchige haschemitische Königreich Jordanien auswirken würde, sei nicht abzusehen.

Inzwischen, so fuhr der Offizier fort, häuften sich die Zusammenstöße zwischen der von Amerika begünstigten Freien Syrischen Armee und einer sich rapide verstärkenden Grünen Legion von islamistischen Extremisten, die zum »Heiligen Krieg« aufbrachen. Für sie galt es, die alawitischen »Gottesfeinde« auszumerzen, die syrischen Christen zu vertreiben und in Damaskus ein neues Kalifat auszurufen, dessen religiöse Strenge die Zwangsmethoden des kurzlebigen afghanischen Emirats der Taleban unter Mullah Omar noch übertreffen würde.

Wie denn das Kräfteverhältnis zwischen der »Freien Syrischen Armee« und den entfesselten Gotteskriegern zu beziffern sei, fragte ich. Etwa sechzig Prozent der Kämpfer könne man der FSA zurechnen, während der Anteil der Jihadisten auf vierzig Prozent geschätzt werde. Diese Zahlen würden jedoch eine trügerische Vorstellung vermitteln. Bei seinen Waffenbrüdern handele es sich meistens um militärisch untaugliche Dorfmilizen, Männer, die durch den ständigen Beschuß der Assad-Armee, vor allem durch die Bombardierung der Luftwaffe zermürbt und demoralisiert waren.

Bei den Jihadisten hingegen seien erprobte und todesbereite Veteranen angetreten, die ihre Erfahrungen des asymmetrischen Krieges auf den Schlachtfeldern des Irak, Afghanistans, Kaschmirs, Libyens und sogar des Kaukasus gesammelt hatten. Die meisten von ihnen würden bereitwillig den Märtyrertod »auf den Wegen Allahs« als Zugang zu den Gärten des Paradieses auf sich nehmen. Diesen furchterregenden Kriegern gelänge es auch immer wieder, die Waffenlieferungen, die mit Hilfe der CIA und zwielichtigen »contract workers« den gemäßigten Elementen des Aufstandes ein Durchhalten ermöglichen sollten, abzuzweigen und für sich zu beschlagnahmen. Das totale Fiasko der westlichen Subversionsstrategie im nahöstlichen Raum sei enthüllt worden, als die beiden wirklich relevanten Jihad-Organisationen, die »Jibhat el-Nusra« oder »Front des Beistandes« sowie die »Ahrar es-Sham«, die »Befreier Syriens«, sich zusammenschlossen, um einen islamischen Gottesstaat zu gründen.

»Sie werden sich wundern, daß ich so unverblümt über unsere hoffnungslose Situation berichte«, weitete Suliman sein Briefing aus. »Aber heute wissen wir, daß wir nur Schachbrettfiguren in einem ›great game‹ sind.« Der Regimewechsel in Damaskus oder eine Aufsplitterung Syriens hätte in der Absicht der USA, Israels und Saudi-Arabiens vornehmlich dazu gedient, den Einfluß des schiitischen Islam, der dank der Hizbullah des Libanon bis zum Mittelmeer gereicht hätte, zu konterkarieren und die Mullahkratie von Teheran in die Schranken zu weisen.

Auf der anderen Seite sei Präsident Bashar el-Assad auf die verstärkte Unterstützung Rußlands und vor allem des Iran angewiesen, der sich zwar mit der Entsendung von Revolutionswächtern, von Pasdaran, zurückhalte, aber über irakischem Luftraum und dem von den Russen als Flottenbasis genutzten Hafen Tartuz die Regierungsarmee mit ständig neuem Kriegsmaterial versorge. In Iran befänden sich auch die Ausbildungslager irakischer Schiiten – meist Gefolgsleute des radikalen Predigers Muqtada es-Sadr –, die ihrerseits bereit waren, im Einsatz gegen ihre verhaßten sunnitischen Erbfeinde dem Märtyrer-Vorbild des Imam Hussein zu folgen. Entscheidend hatte sich das Eingreifen der schiitischen Elitetruppe der Hizbullah aus dem Libanon ausgewirkt, die auf Geheiß ihres obersten Kommandeurs, des Scheikh Hassan Nasrallah, die Schlüsselstellung El Qusair den Freischärlern der »Jibhat el-Nusra« entriß.

In der Provinz Idlib, so beendete Suliman seinen Vortrag, werde es vermutlich sehr bald zur offenen bewaffneten Auseinandersetzung zwischen der Freien Syrischen Armee und den landesfremden Horden der angeblichen »Gotteskrieger« kommen. Er wolle nicht in diese Orgie von Heuchelei und Verrat verwickelt werden. Sein früherer Vorgesetzter, General Tlass, Sohn jenes streng sunnitischen Generals Mohammed Tlass, der zu den engsten Vertrauten des Präsidenten Hafez el-Assad zählte, habe den Bruch mit seinem Jugendfreund Bashar el-Assad vollzogen. Er sei nach Frankreich ausgewichen, wo er versuche – unabhängig vom Klüngel der intrigierenden und korrupten Exilpolitiker –, an einer nationalen Versöhnung für die vom Untergang bedrohte syrische Republik mitzuwirken. Suliman beabsichtigte, sich diesem Unternehmen anzuschließen und seine ohnehin unhaltbare Kommandofunktion in der Provinz Idlib einem anderen zu überlassen.

Die Dunkelheit brach schnell herein. Der Major bot mir an, die Nacht in seinem Camp zu verbringen. Während er Kebab mit Reis und Pepsi-Cola servieren ließ, schilderte er mir den Durchbruch einer El Qaida-Truppe in Richtung Lattaqiyé, wobei es vorübergehend zur Besetzung von zwei alawitischen Dörfern kam. Dort seien sämtliche Einwohner vom Säugling bis zur Greisin abgeschlachtet worden. Die Vorfälle lägen erst drei Tage zurück. Das habe zu unerträglichen Spannungen in der ganzen Region geführt. Immer wieder würden Geiselnahmen auch von ausländischen Journalisten gemeldet. Ich nahm die Einladung an und richtete mich für die Nacht auf einer schmutzstarrenden, aber relativ bequemen Matratze zum Schlafen ein. Ein paarmal wurde die Stille der Nacht durch Feuerstöße von Schnellfeuergewehren durchbrochen. In der Ferne dröhnten dumpfe Einschläge von Mörsergranaten. Am frühen Morgen brach ich mit Oktay zur Rückkehr nach Hatay auf und verabschiedete mich herzlich von Suliman.

In ihrem religiösen Zentrum war Schwester Barbara sichtlich erleichtert, als wir uns bei ihr meldeten. Vor ein paar Stunden waren in der Umgebung wieder zwei Männer umgebracht worden. Weitere Angaben lagen nicht vor. Während die Nonne ihre Andacht anstimmte, ertönte von der Höhe des benachbarten Minaretts – durch Lautsprecher unerträglich verstärkt – die Stimme des Muezzin, der verkündete, daß es neben Allah keinen Gott gebe und daß Mohammed sein Prophet sei. Ich reagierte verärgert auf die Störung, aber Barbara blieb gelassen. Sie habe sich bereits an diese Betonung der muslimischen Überlegenheit gewöhnt und nehme sie gar nicht mehr wahr. Zu Zeiten des strengen Kemalismus war der Gebetsruf der Moscheen strikt verboten gewesen.

Georges und die große Verschwörung

Ins Hotel Ottoman Palace zurückgekehrt, traf ich auf den Libanesen Georges, der offenbar auf mich gewartet hatte. Er lud mich zur Besichtigung einer Reihe unscheinbarer Verkaufsstände am Rande der Stadt ein, wo immer wieder bärtige Gestalten, in wallende Gewänder gehüllt, Einkäufe für ihren kriegerischen Einsatz in Syrien tätigten. Dazu gehörten Tarnanzüge, robuste Stiefel, Ferngläser und Feldflaschen sowie fromme Koranzitate, die in die Kopfbedeckung eingenäht waren. Das Geld für diese Anschaffungen sei den frisch eingereisten Jihadisten bereits am Flugplatz von Hatay durch Agenten der Saudis oder der Emirate ausgehändigt worden, versicherte der einheimische Besitzer des von uns besuchten Dukkan. Mit Waffen würden sie erst nach Überschreiten der syrischen Grenze ausgestattet.

Die Freiwilligen stammten – ihrem Akzent nach zu urteilen – mehrheitlich aus Libyen, Jordanien oder Ägypten. Aber er habe auch Kunden aus dem Balkan oder dem Kaukasus bedient, bei denen die Verständigung Schwierigkeiten bereitete. Der Verkäufer zeigte mit einer Handbewegung auf einen Stapel schwarz-weiß-grüner Fahnen und militärische Insignien der »Freien Syrischen Armee«. Dafür fände er leider keine Abnehmer bei seinen Kunden.

Zum Abendessen hatte sich Georges hochelegant gekleidet und entsprach dem Bild des geschniegelten Levantiners. Ich fragte mich immer noch, welchen Kommerz er wohl betrieb. Neben den üblichen illegalen Handelsgütern der Region, neben Waffen und Haschisch, ließen sich alle nur denkbaren Waren zu Wucher- oder Schwarzmarktpreisen an den Mann bringen. Ich erwähnte meinen Ausflug in das Grenzgebiet von Idlib, aber er war schon bestens informiert. »Wir haben im Libanon einen konfessionell angeheizten Bürgerkrieg von fünfzehn Jahren überlebt und möchten verhindern, daß wir in den syrischen Strudel des Grauens hineingerissen werden«, meinte er. Ich wußte allzugut, wovon er sprach, hatte ich doch die Tragödie der kleinen Zedernrepublik mit großer persönlicher Anteilnahme immer wieder an Ort und Stelle beobachtet und für das Fernsehen dokumentiert.

Georges hatte Vertrauen zu mir gefaßt. Vielleicht wollte er mir eine gezielte politische Botschaft zukommen lassen. Er gab sich jetzt als ehemaliger Capitaine des libanesischen Deuxième Bureau zu erkennen. Vor 25 Jahren hatte er dem christlich-maronitischen General Michel Aoun als Adjutant zur Seite gestanden, als dieser Außenseiter eine seltsame politische Konjunktur nutzte, um die Präsidentschaft des Libanon zu usurpieren.

Binnen kurzer Frist hatte sich Aoun – aus welchem Grunde auch immer – den Zorn der syrischen Besatzungsarmee zugezogen. Es war verhängnisvoll, in die Schußlinie des syrischen Geheimdienstchefs, General Kanaan, zu geraten. Es kam zu einem kurzen Feldzug, in dem die weit überlegenen Syrer sehr schnell die Oberhand gewannen. Michel Aoun lieferte in seiner Präsidialresidenz von Baabda noch einen verzweifelten »baroud d'honneur« gegen die Invasoren aus Damaskus und entging der Gefangennahme dank der Präsenz eines französischen Militärhubschraubers, der ihn in Richtung Zypern ausflog.

Ich erwähnte, daß ich den Ex-Präsidenten Aoun in seiner luxuriösen Villa oberhalb von Beirut vor wenigen Monaten aufgesucht hatte, verschwieg jedoch, daß mich der wandlungsfähige Militär nicht sonderlich beeindruckt hatte. Nach dem von der UNO erzwungenen Abzug der syrischen Okkupanten hatte sich dieser General nämlich mit dem Assad-Regime versöhnt, war voll in die Politik eingestiegen und verfügte im Parlament von Beirut über eine ansehnliche Christen-Partei, die entgegen allen Gepflogenheiten seiner Taifa mit der schiitischen Hizbullah, mit der »Partei Gottes« des Scheikh Nasrallah, eine Koalition einging. Er hatte damit, wie ich gern zugestand, die richtige Entscheidung getroffen, die auch dem Wunsch vieler maronitischer Mönche entsprach, dieses auf das Mittelalter zurückgehenden Ordens, der mit seinen zu Festungen ausgebauten Klöstern den im Osmanischen Reich unterdrückten maronitischen Gebirgsbauern das Überleben erlaubt hatte. Zur Überraschung der meisten Beobachter hatte Michel Aoun sich mit seiner Parteigründung gegen die Selbstherrlichkeit der christlichen Feudalstrukturen der Gemayel, Chamoun, Franjiye und mancher anderer durchgesetzt. Die einfachen Leute, die – der Bevormundung durch die traditionellen Eliten überdrüssig – nach einem energischen und fürsorglichen Zaim Ausschau hielten, hatten sich erstaunlich zahlreich hinter Aoun gesammelt.

Daran konnte auch jene Jeunesse dorée nichts ändern, die unter Berufung auf den ermordeten sunnitischen Regierungschef und Multimilliardär Rafik al-Hariri im Jahre 2005 eine Zedern-Revolution inszenierte, die den amerikanischen und saudischen Vorstellungen entsprach. Die feinen und reichen Leute, die sich in den exklusiven Lokalen von Ost-Beirut und Jounieh trafen, mochten weiterhin mit Geringschätzung auf die schlichte, aber mächtige schiitische Glaubensgemeinschaft herabblicken. Die Hiobsbotschaften aus dem nahen Syrien, die Kunde von den Gewalttaten, denen auch die christlichen Konfessionen dort ausgesetzt waren, erzwangen wohl eine radikale Umorientierung. Rafik Hariri mochte mit seinem grandiosen Aufbauunternehmen SOLIDERE der total verwüsteten Hauptstadt Beirut ein neues, ansehnliches Gesicht verliehen haben. Doch sein Sohn und

Nachfolger an der Spitze einer gemäßigten sunnitischen Bewegung des Libanon hielt sich vorsichtshalber im Ausland auf, war auf saudische Geldgeber angewiesen, die ihrerseits im syrischen Bürgerkrieg für die radikalen Jihadisten Partei ergriffen.

Wie es dazu gekommen sei, wollte Georges wissen, daß sich ausgerechnet Frankreich an die Spitze einer einseitigen und gehässigen Propagandakampagne gestellt habe und den Sturz des Assad-Regimes von Damaskus, der einzigen säkularen Staatsform der gesamten arabischen Welt, mit geradezu missionarischem Eifer betrieb. Dahinter stecke wohl eine weltweit gesteuerte Desinformation, die bereits Nicolas Sarkozy, der Vorgänger des jetzigen Präsidenten François Hollande, ausgeführt hatte. Der frühere Außenminister Alain Juppé hatte sich nicht entblödet, in einem Fernsehinterview ausgerechnet neben seinem saudischen Kollegen Saud Ben Feisal aufzutreten, um gemeinsam mit diesem Repräsentanten der reaktionärsten, total intoleranten islamischen Theokratie die Syrer zur Einhaltung von Menschenrechten und Demokratie aufzurufen. Gewiß entspräche die Regierung von Damaskus nicht den Vorstellungen westlicher Parteienvielfalt und Meinungsfreiheit, aber da gebe es doch viel schlimmere Despoten, und die religiöse Toleranz sei nirgendwo so sehr geachtet gewesen wie zwischen Damaskus und Aleppo.

Daß die angesehenste Zeitung Frankreichs in einseitiger Polemik Bashar el-Assad anklagte, Giftgas gegen seine Gegner zu verwenden, widersprach zutiefst der ansonsten behutsamen Berichterstattung des Blattes. Sarkozy hatte gemeinsam mit dem Briten Cameron an der Spitze der Militäraktion gegen Oberst Qadhafi in Libyen gestanden, während die Amerikaner, deren Belieferung der beiden Entente-Mächte mit Munition und Logistik unentbehrlich blieb, sich auf

Weisung Obamas zurückhielten. Als Hollande mit martialischer Rhetorik, die gar nicht zu seinem schwachen Charakterbild paßte, die Verhängung einer »no fly zone« über Syrien verlangte und seine Luftwaffe zur Bombardierung der dortigen Flugplätze und Militärbasen bereitstellte, hätte er wissen müssen, daß er damit das Risiko eines Flächenbrandes in der gesamten Region in Kauf nahm.

Zwar konnte das französische Oberkommando auf die brillant durchgeführte Operation »Serval« in Mali verweisen, wo Paras und Fremdenlegionäre – unterstützt durch die gefürchteten Toubou-Krieger des Tschad – eine Machtergreifung durch die sogenannte »El Qaida des islamischen Maghreb« mit strategischer Maestria verhinderten, die man den Franzosen nicht mehr zugetraut hätte. Aber in den Stäben von Paris war man sich bewußt, daß die massive Präsenz Frankreichs in der Sahelzone zeitlich eng begrenzt sein müsse. Der Verdacht kam auf, daß der schwächliche Hollande mit seinem bellizistischen Ungestüm der Bundesrepublik Deutschland, die in der Europäischen Union eine eindeutige Führungsposition in Wirtschaft und Finanzen innehat, den Rang ablaufen, daß er sich den USA als verläßlicherer Verbündeter andienen wollte, wenn es im Interesse der Allianz zum Schlagabtausch käme.

Georges hatte eine andere, sehr orientalische Erklärung für die französische Parteinahme auf seiten von Revolutionären, deren Durchsetzungsvermögen im eigenen Land zweifelhaft blieb und die vermutlich islamischen Extremisten aus aller Welt Tür und Tor öffnete. Es bestanden – so meinte er – schon aus der Zeit des Machtkampfes zwischen Chirac und Balladur allzu enge finanzielle Verflechtungen zwischen gewissen französischen Politikern einerseits, den Petroleum-Monarchen der Arabischen Halbinsel andererseits. Das winzige, aber unermeßlich reiche Emirat Qatar habe sich den

Einfluß auf die Pariser Orientpolitik regelrecht erkauft. Ich hütete mich, in diese Verschwörungstheorie einzustimmen, auch als der Libanese an die obskure, neuerdings wieder aktualisierte Affäre des U-Boot-Geschäftes der Fünften Republik mit Pakistan erinnerte. Was bezweckte Frankreich zudem mit der Errichtung einer Militärbasis im Emirat Dubai? Und warum wurden die teuersten historischen Hôtels particuliers in Paris vom Emirat Qatar aufgekauft?

Ich versuchte, das Abgleiten meines Gesprächspartners in die arabische Leidenschaft für die Mu'amarat, seine Lust an Verschwörungstheorien in andere Bahnen zu lenken, und fragte ihn nach einer Erklärung für das Anschwellen des mörderischen Hasses, der quer durch den ganzen Maschreq das bislang halbwegs erträgliche Nebeneinander von Sunniten und Schiiten in eine Orgie von Blut und Terror tauchte. Georges verwies auf die Entwicklung im eigenen Land. Dort war die Partei Alis zur beherrschenden politischen, dann militärischen Kraft geworden, nachdem die libanesischen Schiiten – die weitaus zahlreichste Taifa, wie sich herausstellen sollte, aber bisher mißachtet und ausgebeutet – durch das Auftreten des charismatischen Predigers Musa Sadr, eines Lieblingsschülers des Ayatollah Khomeini, zu Stolz und zu Selbstbewußtsein, ja zur Bereitschaft für den Heiligen Krieg zurückfanden. Bei den nunmehr entstehenden Parteien und Milizen – zunächst Amal, dann Hizbullah – entlud sich eine abgrundtiefe Feindschaft zu den sunnitischen Palästinensern Yassir Arafats, die aus Jordanien in den südlichen Libanon eingedrungen waren, sich im sogenannten Fatah-Land wie in einem eroberten Territorium aufführten und die lokale Bevölkerung drangsalierten. Der Imam Musa Sadr soll auf Betreiben der PLO bei einem Besuch in Libyen durch Oberst Qadhafi ermordet worden sein. Deshalb klingt die Behauptung, die sunnitische Hamas-Bewegung im Gaza-Streifen sei aufs engste mit der Partei Gottes des Scheikh Nasrallah verbunden, wenig glaubwürdig.

Zur mörderischen Raserei kam es im Irak, als der Statthalter George W. Bushs in Bagdad, Paul Bremer, die Abhaltung demokratischer Wahlen anordnete. Die Schiiten Mesopotamiens, die etwa siebzig Prozent der dortigen Bevölkerung ausmachen, gingen auf Geheiß ihres Groß-Ayatollahs Ali es-Sistani massiv zu den Urnen. Sie gewannen die Mehrheit im Parlament von Bagdad und verdrängten die bislang dominante sunnitische Minderheit aus ihren Pfründen. Es entstand eine sensationelle Umschichtung der Macht zwischen Sunna und Schia an Tigris und Euphrat. Eine solche schiitische Präponderanz erschien vor allem den anmaßenden Wächtern über die koranische Rechtgläubigkeit, der sunnitischen Dynastie Saudi-Arabiens, die in ihrer erstarrten und verzerrten Interpretation des Korans verharrt, als frevelhafte und gefährliche Herausforderung. Mit ihren Beduinenheeren hatten sie schon vor zwei Jahrhunderten die heiligsten Pilgerstätten der Partei Alis in Nedjef und Kerbela verwüstet. Der Gedanke, daß Bagdad sich nun auf die Mullahs von Teheran ausrichten könnte, löste in Er Riad helle Empörung aus. In aller Öffentlichkeit hatte König Abdallah von Saudi-Arabien die Amerikaner aufgefordert, endlich die Bombardierung seiner persischen Rivalen einzuleiten, die ihm den Einfluß am Golf streitig machten.

Von nun an schirmten sich in Bagdad die Angehörigen der gegnerischen Konfessionen durch hohe Betonmauern voneinander ab. Es setzte eine Serie von Selbstmordattentaten und Bombenanschlägen ein, die sich mit Beginn des Bürgerkrieges in Syrien steigerte und einen entsetzlichen Blutzoll vor allem unter den Schiiten des Irak forderte. Die Professionalität dieser Anschläge verwies auf die terroristische Erfahrung eines Geheimbundes, der sich den Sammelnamen »Islamischer Staat des Irak« zulegte und handstreichartig das Territorium zwischen Aleppo und Bagdad besetzte. Die Amerikaner hatten die Gespenster Afghanistans in den Irak transplantiert und standen im Begriff, die Republik Syrien in den Totentanz der Arabellion einzubeziehen. In diesem Zusammenhang erwähnte ich gegenüber Georges ein Gespräch, das ich zwei Jahre zuvor im Schatten des Mausoleums des Gründer-Imams Ali in der Pilgerstadt Nedjef geführt hatte. Dort hatte mir eine junge Irakerin aus der südlichen, fast ausschließlich schiitischen Hafenstadt Basra versichert, sie würde es niemals wagen, in die von sunnitischen Fanatikern beherrschte Westprovinz Anbar zu reisen. Sobald man dort an ihrem Akzent ihre Herkunft aus Basra feststelle und sie als Schiitin identifiziere, sei sie dem Tod geweiht.

Da die Alawiten Syriens, die unter der Assad-Dynastie einen unangemessenen Einfluß ausübten, recht leichtfertig als geheimnisumwobener Zweig der Schia dargestellt wurden, machten sich die sunnitischen Jihadisten, die dort eingebrochen waren, einen Sport daraus, jeden Syrer umzubringen, den sie der Zugehörigkeit zu dieser esoterischen, vom Schamanismus durchdrungenen Sekte verdächtigten. Der Orient schien in eine besonders turbulente Epoche der islamischen Geschichte zurückzufallen. Im 11. Jahrhundert hatten die schiitischen Fatimiden-Kalifen von Kairo den sunnitischen Kalifen von Bagdad den Rang streitig gemacht. Der Gipfel des Frevels war damals erreicht, als eine besonders virulente Gruppe von Kuffar, Qarmaten genannt, von Bahrein ausschwärmend, den Meteoriten der heiligen Kaaba von Mekka entführten und besudelten.

Gemeinsam mit Georges versuchte ich, die Auflistung der verschiedenen Facetten jener Kampfgruppen vorzunehmen, die sich häufig als Salafisten bezeichnen, aber von der ausgewogenen Lehre des Scheikh Mohammed Abduh, des Gründers der Salafiya, der im 19. Jahrhundert als Reformer galt, keinerlei Notiz nehmen. Der christliche Libanese zeigte sich besonders überrascht und belustigt, als er den Namen einer neugegründeten Katiba entdeckte, die unter der Bezeichnung »Umma Aischa el mu'minin – die Gläubigen der Mutter Aischa« auftrat. »Hier kehren wir zum Kern der Todfeindschaft zwischen Schia und Sunna zurück«, mokierte er sich, »und der historisch bezeugte Vorgang klingt – bei allem Respekt – wie ein orientalischer Vaudeville.« Mir war die Passage des Korans bekannt, die der Eifersucht und der großzügigen Versöhnung des Propheten mit seiner Lieblingsfrau Aischa gewidmet ist. Er hatte sie im Alter von zwölf Jahren geehelicht und sollte in ihren Armen versterben.

Aischa, so berichtet das Heilige Buch, hatte sich während einer Expedition der nomadisierenden »Ansar« von der Karawane entfernt, um eine Notdurft zu verrichten, und blieb zwei Tage lang verschollen. Erst dann tauchte sie in Begleitung eines jungen, schönen Beduinen an der Raststätte Mohammeds auf. Die bösen Lästermäuler stimmten einen Chor der Verdächtigung an. Dabei tat sich besonders der Neffe und Schwiegersohn Mohammeds, Ali Ibn Abi Talib, hervor, der Gatte seiner Tochter Fatima. Auf das Verschwinden der reizvollen Aischa hatte er mit der Bemerkung reagiert, es gäbe ja genug schöne Frauen, mit denen man sich trösten könne. Aber plötzlich trat der Prophet, der sich beleidigt und erzürnt unter sein Zelt zurückgezogen hatte, mit einer Offenbarung vor seine Anhänger, die ihm vermutlich durch den Erzengel Jibril oder Gabriel übermittelt wurde. Demnach könne er bezeugen, daß jeder Vorwurf, der gegen die junge Aischa geäußert werde, auf Lüge und Mißgunst beruhe. Der Zwischenfall war damit oberflächlich bereinigt. Aber im Herzen der rachsüchtigen Aischa kochte die Wut gegen den Verleumder Ali. Diese Todfeindschaft innerhalb der gesegneten

Verwandtschaft des Ahl-el-Beit sollte weitreichende historische Folgen haben.

Es steht nirgendwo geschrieben, aber es ist anzunehmen, daß die intrigante Aischa, Tochter Abu Bakrs, eines der engsten Gefährten des Propheten, es zustande brachte, daß ihr Vater als erster Nachfolger des Religionsstifters nach dessen Tod, als erster Kalif, ausgerufen wurde. Ali hingegen, der auf Grund seiner engen familiären Bande eigentlich zu dieser Würde berufen war, blieb von der Erbfolge – für die es im Koran keine Anweisungen gibt – zunächst ausgeschlossen. Auf Abu Bakr folgte als zweiter Kalif die eindrucksvolle Eroberergestalt Omar, der die Botschaft des Islam durch eine Serie von siegreichen Feldzügen, die Futuhat, bis weit nach Afrika und Zentralasien verbreitete. Ihn löste als dritter Kalif Othman ab, der eine nepotistische Politik betrieb und die erste Niederschrift des Korans in Auftrag gab. Als vierter der »rechtgeleiteten« Kalifen, der »raschidun«, wird der um seine Erbfolge betrogene Ali Ibn Abi Talib genannt. Doch inzwischen hatte Aischa im verschworenen Kreis der engsten Verwandten einen Gegenkandidaten, den Kalifen-Anwärter Muawiya, ins Spiel gebracht. In der »Schlacht des Kamels« feuerte sie die Gegner Alis aus der Höhe ihres Sattels zum Kampf gegen ihren persönlichen Todfeind an. Der Schwiegersohn des Propheten wurde mit seinem Gefolge in die Oase Kufa abgedrängt, wo er nach Ansicht der heutigen Schiiten den perfekten Gottesstaat errichtete. Der dauerte allerdings nur fünf Jahre, bis zur Ermordung Alis durch einen Außenseiter, einen Kharidjiten, der des internen Kampfes um die Macht überdrüssig war.

Die neugegründete Dynastie der Omayyaden, die das Zentrum der islamischen Umma nach Damaskus verlagerte, ging unerbittlich gegen die Nachkommen Alis vor. Dessen Sohn Hussein, der dritte Imam der Schiat Ali – der Partei Alis, wie man nunmehr sagte –, erlitt bei seinem verzweifelten Abwehrkampf gegen die sunnitische Übermacht den qualvollen Tod in der Märtyrerstadt Kerbela. Sein Mörder, der illegitime Kalif Yazid, gilt seitdem bei den Schiiten als Inbegriff des Bösen. Die Jünger Khomeinis zögerten nicht bei ihrem Kampf gegen Saddam Hussein, den irakischen Diktator als »neuen Yazid« zu schmähen.

So erklärt sich auch, daß im schiitischen Iran unserer Tage der Name »Aischa« als Beschimpfung für unzüchtige und ungehorsame Mädchen verwendet wird. In den Dörfern des Iran kam es bis in die Gegenwart sogar zur rituellen Verbrennung von Strohpuppen, die den zweiten Kalifen Omar darstellten, was als Zeichen dafür galt, daß die Unterwerfung Persiens durch die Beduinenheere Arabiens von den Zwangsbekehrten nie verwunden wurde. Den Ursprung der schicksalhaften Spaltung der muslimischen Umma »Aischa Umm el Mu'minin – Aischa, Mutter der Gläubigen« zu nennen, amüsierte sich Georges, könne mit einem frivolen westlichen Bonmot umschrieben werden: »Cherchez la femme«, stellte er mit einem Anflug von Schadenfreude und Häme fest.

Es war vor zehn Uhr abends und wir durften noch Alkohol bestellen. Der Kellner brachte uns eine Flasche Rotwein der Marke Ksara aus der libanesischen Bekaa. »Demnächst dürfte Erdogan das totale Alkoholverbot in der Türkei verhängen, wo doch der Gründer der Republik, Kemal Pascha, sich bis zur Leberzirrhose mit Arak buchstäblich zu Tode gesoffen hat«, lästerte Georges. Er hob sein Glas, und wir prosteten uns mit dem libanesischen Trinkspruch »Sahtein« zu, was »doppelte Gesundheit« bedeutet. In meinem Alter war ein solcher Wunsch durchaus angebracht.

Wiedersehen mit Erdogan

Einem Vorschlag Oktays folgend, fuhren wir am folgenden Tag zum Grenzübergang von Reyhanli, der nur knapp sechzig Kilometer von Aleppo entfernt ist. An diesem wichtigen Knotenpunkt hatte am 11. Mai jener spektakuläre Bombenanschlag stattgefunden, der das Marktviertel und die Bürgermeisterei in einen Trümmerhaufen verwandelte und 46 Menschen gewaltsam in den Tod riß. Seitdem ist dieser Übergang nach Syrien durch die Jandarma gesperrt. An der Zollstation stauten sich endlose Kolonnen gewaltiger Lastwagen. Auf syrischem Gebiet drängte sich ein ähnlicher Fuhrpark, so weit das Auge reichte. Ungeachtet der drakonischen Sanktionen, die die westliche Allianz gegen die Republik von Damaskus verhängt hatte, gab es hier an normalen Tagen einen dichten Warenverkehr, der sich jeder Kontrolle entzog.

Es ging der Regierung Erdogan darum, den syrischen Aufständischen mit Nachschub und Tausenden von Freiwilligen beizustehen. Im Schatten dieser dubiosen Intervention entwickelte sich jedoch das skandalöse Netzwerk diverser Mafiabanden, die vor keinem Verbrechen zurückschreckten. Ich kletterte auf einen der hochragenden LKWs und sichtete in der Ferne neben wenigen grün-weiß-schwarzen Fahnen der nationalen syrischen Revolution dichte Wogen düsterer schwarzer Fahnen, unter denen sich die radikalen Salafisten aus der ganzen islamischen Welt ein Stelldichein geben. Wie lange man denn hier in der Warteschlange ausharren müsse, fragte ich einen Chauffeur. »Allah allein weiß es«, lautete die resignierte Antwort, »zwei Tage, zwei Wochen, zwei Monate?«

Unter Umgehung der Schranken von Reyhanli war es für

die fremden Jihadisten problemlos, auf Feldwegen zu ihren Sammelpunkten in der Provinz Idlib zu gelangen. Mir fielen Gruppen von Jugendlichen auf, die den Bürgerkrieg offenbar als eine Quelle der Bereicherung nutzten, sich jedoch dem ausländischen Besucher als Freiheitskämpfer präsentierten. Mein Gefährte schien mit einigen von ihnen recht vertraut zu sein. Sie äußerten sich offen über den religiösen Wahn der sich ständig vermehrenden Ansar aus aller Welt und nahmen Anstoß an deren Arroganz. Eine andere kleine Gruppe wurde mir als Loyalisten des Assad-Regimes vorgestellt. Ich fragte Oktay, wie dieses seltsame Nebeneinander feindlicher Bürgerkriegsparteien zu erklären sei. »Sie kennen doch den Orient«, antwortete der junge Türke lässig. »Wann immer es möglich ist, hackt hier eine Krähe der anderen kein Auge aus, und die meisten syrischen Sunniten der Anti-Assad-Koalition – von den Kurden ganz zu schweigen – haben starke Vorbehalte gegen die fromme, extremistische Bevormundung durch die zugewanderten Kämpfer und auch gegen deren türkische Komplizen.« Die Araber seien ohnehin nicht gut auf die türkischen Kraftprotze zu sprechen, die vier Jahrhunderte lang die osmanische Herrschaft über den »Fruchtbaren Halbmond« ausübten und die einst hochgebildete Levante in intellektueller Rückständigkeit verharren ließen.

Es traf sich gut, daß für den kommenden Tag der Besuch des damaligen türkischen Ministerpräsidenten Recep Tayyip Erdogan in Reyhanli angekündigt war. Schon hatte die Bevölkerung gemurrt, daß der neue »Sultan« – statt sofort an den Ort des Attentats zu eilen – ein seit langem verabredetes Treffen mit Barack Obama in Washington einhielt. An diesem Morgen war die ganze Umgebung durch Hundertschaften von Polizei, Jandarma und Armee abgesichert. Es genügte jedoch, einen Ausweis vorzuweisen, um die Sperren zu passieren. Die Sicherheitskräfte verteilten Schirmmützen mit den Initialen der regierenden AKP-Partei und drückten jedem Passanten ein türkisches Fähnchen in die Hand.

Ich war froh, daß Amina, ganz in Weiß gekleidet und ohne Kopftuch, Oktay begleitete, denn sie würde mir die Rede Erdogans übersetzen können und auch intelligentere politische Auskunft geben als ihr Mann. Die Trümmer des Rathauses und der Markthalle waren in aller Eile abgeräumt worden. Auf den Häusern ringsum waren Scharfschützen postiert. Das Dach eines Autobusses wurde als Rednertribüne hergerichtet. Über der Veranstaltung waren die Porträts Atatürks und Erdogans nebeneinander plakatiert, obwohl jeder wußte, daß dabei die Vertreter sehr unterschiedlicher Ideologien assoziiert wurden. Die Menschenmenge, die auf dem Versammlungsplatz ihre roten Fähnchen mit dem weißen Halbmond schwenkte, bestand fast ausschließlich aus türkischen Sunniten, erklärte mir Amina. Sie selbst empfand starke Vorbehalte gegenüber der schrittweisen Re-Islamisierung, die sich im Namen der Partei für »Wohlstand und Fortschritt« vollzog, aber man müsse dem Regierungschef immerhin seine wirtschaftlichen Erfolge zugute halten wie auch eine für die Region vorbildliche Sozialpolitik. Gewiß neige dieser Frömmler dazu, die türkischen Frauen zum Tragen des Hijab, zumindest des Kopftuches, anzuhalten, aber ein Zwang dazu bestehe noch nicht. Seine Töchter, die den Gesetzen des kemalistischen Laizismus gemäß bis zur Machtergreifung ihres Vaters vom türkischen Universitätsstudium ausgeschlossen waren, weil sie auf das Tragen des Kopftuches nicht verzichten wollten, hatte er in die USA geschickt, wo die Totalverschleierung der Studentinnen geduldet wird. Doch der autoritär veranlagte Regierungschef habe selbst in der Provinzstadt Antakya ein »Frauenhaus« eingerichtet, wo mißhandelte Gattinnen in extremen Fällen sich der Willkür ihrer Männer entziehen konnten.

Das knatternde Kreisen eines Hubschraubers kündigte die Ankunft Erdogans an. Die Menge jubelte Erdogan zu, der sportlich die Höhe seiner Tribüne erkletterte. »So sind die Türken eben«, bemerkte Amina. »Wer immer den Eindruck von Macht und Stärke erzeugt, gewinnt die Gunst der Massen.« Erdogan ist als guter Redner, als geübter Volkstribun bekannt, und das bewies er auch bei der Veranstaltung zu Ehren der Terroropfer von Reyhanli. Er prangerte die Feinde der Türkei unerbittlich an, vermied jedoch verbale Exzesse. Seine Entrüstung über das Attentat unterstrich er mit dem Einschub von Koran-Zitaten in arabischer Sprache. Um in der heterogenen Provinz Hatay Toleranz zu beweisen, rief er der Menge zu, daß alle Menschen seines Landes – seien sie Sunniten oder Schiiten, Türken oder Kurden, Aleviten oder Christen – Kinder Gottes seien. Die Leibwächter, die während der Ansprache ihre Waffen im Anschlag hielten, waren sichtlich erleichtert, als der kämpferisch veranlagte Regierungschef die gepanzerte Limousine bestieg und mit seiner Motorrad-Eskorte dem Flugplatz von Hatay zustrebte.

*

Für mich war die Stunde des Rückflugs nach Ankara gekommen. Am Flugplatz hielt ich vergeblich Ausschau nach europäischen Konvertiten, die sich den islamischen Freischärlern angeschlossen hatten und die eines Tages – wie die Sicherheitsdienste der EU befürchteten – als ausgebildete Bombenleger und Unruhestifter in ihre Heimat zurückkehren würden. Beim Anflug auf die türkische Hauptstadt fielen mir die gigantischen, irgendwie jedoch harmonisch und ästhetisch wirkenden Bastionen endloser Hochhauszeilen auf, die mich bereits in noch stärkerem Maße bei einer Zwischenlandung in Istanbul auf dem asiatischen Ufer des Bosporus be-

eindruckt hatten. Diese Baubesessenheit orientierte sich offenbar an chinesischen Vorbildern. Die neuen, recht komfortablen Wohnungen, die dem einfachen Volk zugewiesen
wurden, hatten Erdogan eine immense Popularität verschafft.
Sie lösten die ärmlichen Behelfsunterkünfte der Gecekondu
ab, die bislang am Rande der Großstädte all jenen laut Gesetz
zugesprochen wurden, die fähig waren, sich im Verlauf einer
Nacht rudimentär unter einem Dach einzurichten. Die Fronten der weißen Hochhäuser wurden in kurzen Abständen von
den Minaretts der Moscheen unterbrochen, die sich zum
Freitagsgebet mit frommen Betern füllten.

In Ankara wollte ich mich mit meinem Freund Hayrettin
verabreden, einem türkischen Akademiker, der in Deutschland aufgewachsen war und als Mitarbeiter des Islam-Rates in
Bonn tätig war. In Absprache mit dieser vom deutschen Ver-
fassungsschutz beobachteten religiösen Organisation, zu der
ich intensiven Kontakt pflege, hatte Hayrettin mich im Jahr
1998 als Berater und Vertrauensperson bei meinen politischen Recherchen in Istanbul und Anatolien begleitet. In
seine Heimat zurückgekehrt, übernahm er seitdem an der
Universität von Kayseri eine Professur für politische Wissenschaft. Dieser fromme, gemäßigte Muslim steht mir wirklich
sehr nah. Er hatte damals versucht, eine Begegnung mit dem
Veteranen der islamisch orientierten Refah-Partei, Necmettin Erbakan, zu vermitteln. Aber der alte Fuchs, dem für die
Dauer von fünf Jahren jede politische Betätigung untersagt
war, wußte, was ihm blühen konnte, wenn er einen Fauxpas
beging. Er verharrte in Deckung. Ich hatte auch das Gefühl,
daß das Prestige des allzu betulichen und listigen Hodschas
bei den jungen türkischen Islamisten stark an Glanz verloren
hatte, daß nach jüngeren und energischeren Führungsge-
stalten Ausschau gehalten wurde. Statt dessen hatte Hayrettin eine Verabredung mit Recep Tayyip Erdogan zustande

gebracht, dem ehemaligen auf Druck der Armee abgesetzten Bürgermeister von Istanbul, dessen Ansehen in dem Maße stieg, wie seine Verfolgung durch die Alt-Kemalisten zunahm.

Das stürmische Regenwetter wollte in diesen Wintertagen am Bosporus kein Ende nehmen. Wie in einem Aquarium fühlte ich mich, während das Taxi im Verkehrschaos des asiatischen Ufers des Bosporus nach dem Sitz der Ferngas-Gesellschaft suchte, wo Erdogan nach der Entlassung aus der Kommunalverwaltung sein vorläufiges Hauptquartier aufgeschlagen hatte. Die Eingänge des modernen Gebäudekomplexes wurden von blau uniformiertem Wachpersonal abgeschirmt, das wohl für eine private Personenschutz-Firma arbeitete. Auch in dieser Zuflucht residierte der gestürzte Refah-Politiker noch wie ein Pascha.

Wir wurden gebeten, in einem komfortablen Vorzimmer ein paar Minuten zu warten. Der Bürgermeister verrichte gerade sein Gebet. Die beiden Sekretärinnen trugen das Kopftuch. Die Anklage, die gegen Erdogan erhoben wurde, kam einem Akt der Willkür gleich. Bei einer Großveranstaltung vor begeistertem Publikum hatte er ein Poem des Dichters Ziya Gökalp zitiert, der beim Zerfall des Osmanischen Reiches als republikanischer Chefideologe Atatürks auftrat und trotz kurdischer Abstammung einen glühenden türkischen Nationalismus vertrat. Zu jener Zeit der Bedrohung durch griechische, italienische, französische und britische Besatzungstruppen stützten sich die nationale Staatsgründung und der Abwehrkampf gegen die christlichen Okkupanten zwangsläufig auf das im Volk verwurzelte Glaubensgut des kämpferischen Islam. So hatte Ziya Gökalp geschrieben: »Unsere Minarette sind unsere Lanzen, unsere Kuppeln sind unsere Helme, unsere Moscheen sind unsere Kasernen, unsere Gläubigen sind unsere Armee.« Ebendieses Zitat hatte Erdogan aufgegriffen, und schon erhob der Staatsanwalt der Republik Anklage gegen den erfolgreichen und beliebten Bürgermeister. Er bezichtigte ihn der Mißachtung der laizistischen Verfassung. Das Urteil lautete auf Amtsenthebung, Verbot jeglicher politischer Aktivität und zehn Monate Gefängnis.

Die Tür öffnete sich, und ein jugendlich wirkender Mann reichte mir die Hand. Recep Tayyip Erdogan hielt sich kerzengerade. In seiner Tweedjacke mit dezentem Schlips hätte er auch einen dynamischen Manager verkörpern können. Er war aus dem religiös geprägten Unterricht der Imam-Hatip-Schulen hervorgegangen und hatte dann Betriebswirtschaft studiert. In den vier Jahren und acht Monaten seiner Tätigkeit als Stadtoberhaupt von Istanbul hatte er sich laut übereinstimmendem Urteil hervorragend bewährt. Vor allem gegen Verbrechen und Luftverschmutzung hatte er operiert – allem Mafia-Widerstand zum Trotz höchst erfolgreich. Der überzeugte Muslim verhielt sich Andersgläubigen gegenüber tolerant.

Das Ersatzbüro Erdogans war durchaus repräsentativ. Selbst über seinem Schreibtisch hing das Porträt Atatürks. Der Bürgermeister äußerte sich verhalten und diszipliniert. Haar und Schnurrbart waren dunkelblond, die Augen ähnlich stahlgrau wie die Kemal Paschas. Ein Wezir saß mir gegenüber. »Sie sehen hier einen Menschen, der nur noch einen kurzen Aufschub genießt«, begann er das Gespräch. »In zwei oder drei Monaten werde ich meine Gefängnisstrafe von zehn Monaten antreten, und dagegen gibt es keinen Einspruch.« Um die Nachfolgebewegung der Refah, die Fazilet- oder Tugendpartei, nicht zu kompromittieren, hatte Erdogan sich von ihr verabschiedet. »Allen gegenteiligen Behauptungen zum Trotz«, erklärte er ruhig und sachlich, »sind wir keine islamistische Bewegung. Wir streben nicht die Schaffung eines türkischen Gottesstaates an und erheben keine Forderung nach Einführung der Scharia. Wir sind demokratisch, säkular und sozial. Wir wollen die Frauen auch nicht zwingen, ein Kopftuch zu tragen. Für uns gilt die oft erwähnte Globalisierung, und zwar in der Vernunft, in der Wissenschaft, in der Logik. Aber wir möchten in einem Rechtsstaat leben, der die ›human rights‹ respektiert. Zu diesen Grundsätzen gehört auch die Freiheit der Muslime, ihre Religion auszuüben. Die Türkei ist in keiner Weise mit der Islamischen Republik Iran zu vergleichen, und das Schlimmste für unser Land wäre das Abgleiten in algerische Bürgerkriegsverhältnisse.«

Dieser Mann, der in sich selbst und in seinem Vertrauen auf Allah ruhte, konnte in der damaligen Situation keine flammenden Erklärungen riskieren. Er besaß zweifellos das Zeug zum Tribun und hatte beachtliche rhetorische Gaben entwickelt. Als er vor ein paar Jahren vierzigtausend begeisterte, jubelnde Anhänger der Milli Görüs in einem Stadion von Dortmund versammelte, da haftete ihm die Aura des islamischen Revolutionärs an, auch wenn er sich bei der Rede auf deutschem Boden vor jeder Kritik an der kemalistischen Staatsidee hütete. Mein Freund Hayrettin war überzeugt, daß Erdogan trotz seiner Verbannung aus der aktiven Politik weiterhin eine der einflußreichsten Figuren im Hintergrund bleiben würde. Viele Jugendliche betrachteten ihn als Leitgestalt. Auf meine wenigen Fragen antwortete Erdogan knapp. Dem Thema der Tarikat, der Sufi-Orden wich er geschickt aus. Die Aleviten empfand er trotz aller Heterodoxie als Muslime, und ihr Ali-Kult störte ihn angeblich nicht. »Auch ich verehre Hazret Ali und liebe ihn«, taktierte er. Ihm sei allerdings die Neigung gewisser Behörden und Militärs bekannt, die Aleviten als politischen Faktor auszuspielen, doch man hüte sich vor jeder Polarisierung und Spaltung. Alle Menschen seien Brüder. Bei den kommenden Parlamentswahlen traue er der Fazilet-Partei zu, falls sie nicht verboten würde, es auf dreißig

Prozent der Stimmen zu bringen. Er beendete seine Aufzählung von Allgemeinplätzen mit einem Koranzitat: »Wir lieben die Schöpfung um des Schöpfers willen.« Schon damals hatte ich die Überzeugung gewonnen, daß dieser von seinem islamischen Glauben geprägte, relativ junge Politiker eine große Zukunft vor sich hatte.

*

Die letzten Tage in der türkischen Hauptstadt benutzte ich dieses Mal, um in den Redaktionen und Hochschulen Ankaras Informationen zu sammeln. Sehr ergiebig war das nicht. Es herrschte eine heimliche, aber strikte Zensur in den Medien. In den Universitäten, wo die jungen Studentinnen jetzt das Kopftuch tragen durften, hielten die Professoren sich mit ihren Meinungsäußerungen weit vorsichtiger zurück als bei meinen früheren Besuchen.

Auf offene Aussagen stieß ich in den großzügigen Räumen der Zeitung »Zaman«, die zum mächtigen Finanz- und Wirtschaftskonzern des Milliardärs Fethullah Gülen gehört. Der diskrete Herr über dieses Imperium, der vorsorglich in den USA lebt, hat sich neben seiner allumfassenden Geschäftstätigkeit vor allem auch auf dem Gebiet der Erziehung und der islamischen Missionierung hervorgetan. Eigene Schulen und Moscheen gründete er in Zentralasien bis in die mongolische Hauptstadt Ulan Bator, auf dem Balkan und in jenen Territorien Rußlands mit starker muslimischer Präsenz. Erdogan hütete sich anfangs gegenüber Fethullah Gülen, der seinen eigenen Ideen ja gar nicht so fremd war, auf Konfrontationskurs zu gehen. Aber eine ehrliche Verbrüderung fand nicht statt.

Bei den Journalisten von Zaman konnte ich ganz offen über jene Unruhen sprechen, die am zentralen Taksim-Platz von Istanbul ausgebrochen waren. Rebellische Jugendliche waren dort gegen die Verschandelung des idyllischen Gezi-Parks angetreten. In Wirklichkeit wollten sie jedoch ihrem Unmut über die zunehmende Gängelung durch das Erdogan-Regime Ausdruck verleihen. Die Welt fabulierte bereits über den Ausbruch eines »Türkischen Frühlings«, aber bei Zaman war man realistischer. Den Aufruhr am Taksim-Platz könne man bestenfalls mit der gescheiterten Facebook-Revolte am Tahrir-Platz von Kairo vergleichen. Diese Kundgebung weise eine gewisse Ähnlichkeit mit dem Schildbürgerstreich am Bahnhof von Stuttgart auf. Erdogan sei es jederzeit möglich, in den ihm gewogenen Ballungszentren von Istanbul Hunderttausende von Anhängern zu mobilisieren, die auf die ansonsten vorbildliche Verwaltungs- und Sozialarbeit Erdogans verwiesen und ihm zur Seite stehen würden. Mit seinen Monsterprojekten am früheren Sitz des Padischah – dem Bau eines Parallel-Kanals zum Bosporus, dem bereits vollendeten Verkehrstunnel unter der Meerenge, der Vollendung einer zusätzlichen Brücke, die Europa mit Asien verbinde –, habe er der großen Masse seiner Landsleute gewaltig imponiert.

Daß dieser dritte Übergang über den Bosporus den Namen des Sultans Selim I. trug, hatte allenfalls bei der alevitischen Bevölkerung Anatoliens Ärger und Protest ausgelöst. Dieser osmanische Herrscher, der als der Gestrenge oder der Grausame in die Geschichte eingegangen ist, hatte sich im frühen 16. Jahrhundert durch seine gnadenlosen Massaker unter den Aleviten Anatoliens, unter den Alawiten Syriens ins kollektive Gedächtnis eingeprägt. Die Aleviten, die den ermordeten Imam Ali fast wie einen Gott verehren, zählen schätzungsweise fünfzehn Millionen Anhänger in der Türkei. Dieses Thema wollte man bei Zaman nicht vertiefen, wie auch die Kurdenfrage, die seit dem syrischen Bürgerkrieg wieder an Brisanz gewonnen hatte, nur am Rande erwähnt wurde.

Ich verfügte über viel Zeit in meiner riesigen, aber häßlichen Hotelsuite von Ankara, um die gewonnenen Eindrücke und Erkenntnisse zu Papier zu bringen, wobei mir bewußt blieb, daß die Ereignisse sich in turbulenter Bewegung befanden.

Von Hayrettin fand ich an der Rezeption eine Botschaft vor, daß er durch einen beruflichen Kongreß verhindert sei, nach Ankara zu kommen. Er beabsichtige jedoch, im Frühsommer nach Deutschland zu reisen, und wir würden uns in Köln in einem uns vertrauten orientalischen Lokal des Türkenviertels ausführlich unterhalten. Die Tagung, an der Hayrettin teilnahm, fand in der fernen ostanatolischen Stadt Erzurum statt, die ich von meiner ersten Türkeireise im Jahr 1951 in düsterer Erinnerung hatte. Aber der Portier des Hotels händigte mir einen Touristenprospekt aus, in dem Erzurum sich als modernes, wenn auch im eintönigen Kasernenstil erbautes Provinzzentrum mit Geschäftsvierteln, ein paar freundlichen Grünflächen und natürlich mit einer Vielzahl neuer Moscheen präsentierte. Da wurde mir bewußt, welch einschneidende positive Veränderungen auch in den Außenregionen der Republik Atatürks im vergangenen halben Jahrhundert vor sich gegangen waren. Wenn ich auf meine Notizen aus jenen fernen Tagen zurückgreife, so will ich nicht nur dem phänomenalen materiellen Fortschritt huldigen, der sich fast überall durchgesetzt hat, sondern auch auf jene frühen Anzeichen von starrem Laizismus Kemal Paschas verweisen, die sich damals schon abzeichneten.

»Unsagbare Traurigkeit umgibt die verwahrlosten Steinhäuser Erzurums«, so begann ich meine Schilderung im Sommer 1951. »Wenn der Mond hoch und kalt über den nackten Bergen steht und ein zweirädriger Ochsenkarren, ein Kagni, sich mit quietschenden Achsen durch die Gassen müht, wirken die runden Strohhaufen auf den flachen Dächern wie düstere Grabkuppeln der Namenlosen ... Bei Tag ist der Ort kaum einladender. Seit einigen Jahren tragen viele Frauen wieder den schwarzen Schleier, den sie mit einer Hand vor das Gesicht halten. Die Straßen wimmeln von Soldaten in abgewetzten, verfärbten Uniformen. Die Zivilisten laufen in zerlumpten Anzügen unter der formlosen Schirmmütze ... Hier lebt ein arbeitsames, ehrliches, gastliches Volk, das man aber nie lachen hört, das man selten tanzen sieht. Aus starren schwarzen Augen blickt noch die Härte unerbittlicher Jahrhunderte. Wenn die Dunkelheit hereinbricht, arbeitet der Einwohner von Erzurum bis zu vorgerückter Stunde; er trinkt vielleicht einen Raki, wenn er Geld dazu hat, oder er geht – Gipfel des Amüsements – in ein schmuddeliges Lokal, wo drei dicke Mädchen auf einem Podest sitzen und stundenlang – ohne Unterbrechung und Anteilnahme – anatolische Lieder singen, die sich wie langgezogene Totenklagen anhören. Das Publikum, nur Männer, kauert an niedrigen Tischen und wendet keinen Blick von den Speckfalten der Sängerinnen ...

Es gibt in Erzurum nichts Erholsameres, als im Hotel Sen Palas – aus unerfindlichen Gründen Palast der Freude genannt – mit den Angehörigen der in Ostanatolien stationierten US-Militärmission einen späten Whisky zu trinken. Nie hat die etwas polternde Unbekümmertheit der Amerikaner befreiender gewirkt als hier im Vorfeld des Kaukasus. Für die GIs kommt die Entsendung nach Erzurum einer Verbannung gleich. Was bleibt ihnen abends anderes übrig, als sich in ihren Hotelzimmern Schallplatten aufzulegen und sich mit Alkohol vollaufen zu lassen. Hauptgesprächsthema ist die geplante Einrichtung eines Nightclubs oder Saloons. Unter Gelächter erzählen die Amerikaner von den Prostituierten von Erzurum, die am Stadtrand in einer separaten Häuserzeile untergebracht sind. Am Eingang dieser Gasse tastet die Polizei jeden Passanten nach Messern und Dolchen ab. In einer hier seltenen Anwandlung religiöser Unduldsamkeit verweigern diese ›ehrbaren Dirnen‹, die einen orientalischen Sartre hätten inspirieren können, ihre dürftigen Reize den ungläubigen Ausländern aus dem fernen Westen ...

In diesen Wochen finden in Ostanatolien Anschläge muslimischer Bruderschaften gegen Statuen Atatürks statt, so daß sich selbst die neue tolerante Regierungsmannschaft unter Staatspräsident Celal Bayar zu energischen Maßnahmen gezwungen sieht. Die Gefahr eines Rückfalls in den islamischen Fanatismus bleibt eben stärker, als die Behörden in Ankara zugeben wollen. Beweis dafür ist das Tragen des Schleiers, das in der östlichen Türkei wieder überhandnimmt, oder das Absingen des Korans, das im Rundfunk zugelassen wurde. In den seltenen Koranschulen, die sich zwischen Kars und Istanbul etablierten, lernen die Knaben – ohne ein Wort Arabisch zu verstehen – Suren und Verse mechanisch auswendig. Die ›Demokratische Partei‹, die unlängst die ›Republikanische Volkspartei‹ Ismet Inönüs abgelöst hat, will sich offenbar in religiösen Fragen duldsamer zeigen als der unerbittliche Gazi Atatürk. Aber mit jeder Geste der Konzilianz läuft die laizistische Republik Gefahr, ein Stück von ihrer mühsam errungenen Einheitlichkeit aufzugeben ...›Wir brauchen einen neuen Atatürk‹, sagen daher viele Studenten der Universität Ankara, die die Meinung vertreten, daß die staatliche Verwaltung nur noch von den Impulsen des großen Gründers zehrt und daß dieser Schwung allmählich erlahmt ...«

GLANZ UND ELEND
DER PAHLEVI

Die Warnungen Helmuth von Moltkes

Bevor ich aus Ankara den Rückflug nach Europa antrat, habe ich mich bei dem diensthabenden Offizier der in Kahramanmaras stationierten Truppe dafür entschuldigt, daß ich auf meinen angekündigten Besuch verzichtete. Zweifellos hatte ich die richtige Entscheidung getroffen, als ich dem Abstecher zur syrischen Grenze in der türkischen Vilayet Hatay den Vorrang gab. Falls ich vom zuständigen Kommandeur der deutschen Patriot-Raketen und den dazugehörigen vierhundert Mann zu einem Vortrag aufgefordert worden wäre, wie das vor versammelter Garnison im afghanischen Mazar-e-Scharif und Kundus geschehen war, hätte ich mich hier wie dort auf die historische Bedeutung, die ethnische und konfessionelle Vielfalt der Region beschränkt. In Afghanistan hatte ich davon Abstand genommen, die Truppe auf die Aussichtslosigkeit ihrer unter falschen Prämissen am Hindukusch eingegangenen militärischen Verpflichtungen aufmerksam zu machen, ganz zu schweigen von den utopischen Vorstellungen des »nation building«, mit denen immer wieder die deutsche Öffentlichkeit irregeführt wurde.

In Anatolien waren sich wohl die wenigsten deutschen Soldaten bewußt, welche geschichtliche Bedeutung dem vorderasiatischen Raum zukam, in den man sie auf Grund eines fragwürdigen NATO-Beschlusses entsandt hatte. Ich hätte es natürlich vermieden, auf den völkerrechtlichen Widersinn des Auftrages zu verweisen, der zu einem internationalen Skandal wurde, seit die Türkei Erdogans aktiv in den syrischen Bürgerkrieg eingriff, den diversen Aufstandsbewegungen freien Transit gewährte für die massiven Waffenlieferungen aus Saudi-Arabien und Qatar und den freiwilligen Jihadisten aus aller Welt den Zugang zum Kampfgebiet weit öffnete. Stricto sensu war Ankara zum aktiven Komplizen in der internen Auseinandersetzung der arabischen Nachbarrepublik geworden.

Schon im Jahr 1998 hatte ich die uralten Schlachtfelder im Dreieck von Urfa – früher Edessa genannt –, Sivas und Kahramanmaras aufgesucht. Die Entdeckung war türkischen Archäologen zu verdanken, daß hier zu Beginn unserer Zeitrechnung zwischen dem oströmischen Imperium von Konstantinopel und der persischen Sassaniden-Dynastie ein endloser, zermürbender Konflikt ausgetragen wurde, der beide Gegner so sehr schwächte, daß es den Reiterheeren des Kalifen Omar im Jahr 637 relativ leichtfiel, dieses blühende Zentrum der orientalischen Christenheit, dessen Bekehrung angeblich auf den Apostel Thomas zurückging, dem aufstrebenden islamischen Imperium einzuverleiben. Auf die arabischen Eroberer folgten die weit weniger toleranten türkischen Seldschuken, und als die Stunde der abendländischen Kreuzzüge schlug, erkannte der christliche Feldherr Gottfried von Bouillon, dem es als einzigem gelang, Jerusalem zu erobern, die imminent strategische Rolle dieser Schlüsselstellung. Da die Gegend noch überwiegend christlich, vor allem armenisch bevölkert war, übertrug Gottfried seinem Bruder Balduin, der im flandrischen Norden den Titel eines Grafen von Boulogne trug, die Herrschaft über das Comté d'Edessa, das allerdings ein knappes halbes Jahrhundert nach seiner Gründung dem erdrückenden Ansturm der muselmanischen Krummsäbel erlag.

In Frankreich war die Erinnerung an die »Gesta Dei per Francos«, an die glorreiche Epoche der Rückeroberung des Grabes Christi über die Jahrhunderte hinweg zu einem Höhepunkt nationalen Prestiges hochstilisiert worden. Die Soldaten der Dritten Republik glaubten einer historischen Kontinuität zu gehorchen, als sie nach Aufteilung der osmanischen Levante das sogenannte Sykes-Picot-Abkommen zu ihren Gunsten auszuweiten suchten, indem sie von Aleppo aus nach Norden in das schwierige Terrain des oberen Euphrat vorrückten. Ihr Ziel war die ehemalige fränkische Grafschaft Edessa, die nach zahlreichen Zwischenphasen um das Jahr 1500 unter dem Ansturm des osmanischen Sultans Selim I., der Grausame genannt, dem Imperium des Padischah einverleibt wurde.

Die Franzosen waren 1920 bereits in Richtung Antep und Maras vorgedrungen. Die christlichen »Schutzbefohlenen«, zuletzt die Armenier, die dort zahlreich gesiedelt hatten, waren durch eine ganze Serie von Zwangsmaßnahmen und Pogromen vertrieben oder sogar ausgerottet worden. Zu ihrer großen Überraschung wurden die französischen Bataillone des General Gouraud im Dreieck Maras–Antep–Urfa durch türkische und kurdische Freischärler bedrängt und zum Stehen gebracht.

Die Kunde dieses nationalen Erfolgs der republikanischen Wiedergeburt der Türkei, an deren Spitze sich Kemal Pascha gestellt hatte, war bis an den oberen Euphrat gedrungen. Jedenfalls zogen sich die Franzosen auf die syrische Grenzlinie zwischen Kilis und Akcakale zurück. Der Staatsgründer Atatürk feierte seinen Triumph über eine westeuropäische Großmacht. Die Städte Antep und Maras wurden – in Erinnerung an ihren erfolgreichen Widerstand – mit dem Zusatz Gazian-

tep und Kahramanmaras geehrt. Sie hießen von nun an »sieg-
haftes« Antep und »heldisches« Maras.

Unter den zahllosen Deutschen, die Jahr für Jahr ihre
Ferien in der Türkei verbringen, interessieren sich wohl nur
die wenigsten für die großen historischen Zusammenhänge.
Wer hat schon das äußerst informative Büchlein »Unter dem
Halbmond« zur Hand genommen, in dem ein illustrer und
kritischer Abgesandter des preußischen Königs seine Erleb-
nisse und Erfahrungen zusammenfaßte. Vor über 170 Jahren
hatte sich der preußische Hauptmann Helmuth von Moltke,
der spätere Sieger von Königgrätz und Sedan, in der Gegend
von Urfa, Birecik und Maras aufgehalten. Es war erst zehn
Jahre her, da hatte Sultan Mahmut II. die traditionelle türkische Elitetruppe der Janitscharen, die zu einem Ferment der
Meuterei und unaufhaltsamer Staatszersetzung verkommen
war, auf dem At Meydan von Istanbul durch seine neugeschaf-
fene Armee des »Nizam-i-cedid« gnadenlos massakrieren
lassen. Aber die Hoffnungen, die der Padischah in diese ehr-
geizige Reform, in diese »neue Ordnung« setzte, sollten sich
nicht erfüllen. Es war nur zu einer kläglichen Kopie disparater
Modelle aus dem westlichen Ausland gekommen. So schrieb
Moltke damals über das mißglückte Experiment:

»Die Reform bestand meist in Äußerlichkeiten, in Namen
und Projekten. Die unglücklichste Schöpfung war die eines
Heeres nach europäischem Muster mit russischen Jacken,
französischem Reglement, belgischen Gewehren, türkischen
Mützen, ungarischen Sitten, englischen Säbeln und Instruk-
teuren aus allen Nationen, zusammengesetzt aus Lehnstrup-
pen oder Timarioten, aus Linientruppen auf Lebenszeit und
Landwehren mit unbestimmter Dienstzeit, in welchen die
Führer Rekruten und die Rekruten kaum besiegte Feinde waren. In der Zivilverwaltung hatte man einen schwachen Versuch gemacht, die Steuern nicht mehr zu verpachten, son-

dern unmittelbar für den Staat zu erheben. Die Ausfälle in den Finanzen, die hier durch Umfang unausbleiblich entstehen mußten, und mehr noch der Mangel an redlichen Beamten hinderten die weitere Durchführung dieser wichtigsten aller Verbesserungen. Die Titel der Staatsmänner wurden gewechselt, aber die Männer, die diese Ämter bekleideten, blieben von derselben Untüchtigkeit.«

Das Osmanische Reich war im Sommer 1839 durch den Aufstand des Paschas von Ägypten, Mehmet Ali, eines gebürtigen Albaners, im Keim bedroht. Der Teilherrscher über das Niltal hatte seine relativ moderne Armee unter dem Befehl seines Sohnes Ibrahim Pascha nach Norden in Gang gesetzt und ohne große Gegenwehr der türkischen Garnisonen in Palästina und Syrien überrannt. Mehmet Ali, der später mit Duldung der Pforte eine erbliche Dynastie in Kairo errichten sollte – ihr letzter Abkömmling König Faruk wurde erst 1952 durch die »Freien Offiziere« Gamal Abdel Nassers gestürzt –, plante wohl nichts Geringeres als die Eroberung von Istanbul und die eigene Proklamation zum Sultan. Wenn die Heerschar Ibrahim Paschas schließlich bei Konya zum Stehen gebracht und zur Umkehr gezwungen wurde, so geschah das weniger unter Einwirkung der demoralisierten osmanischen Streitkräfte als unter dem gebieterischen Diktat des europäischen Mächtekonzerts, das um die Stabilität im ganzen Orient bangte.

Helmuth von Moltke war im Juni 1839 dem osmanischen Kommandeur Hafiz Pascha zugeteilt worden, dessen Auftrag es war, den Ägyptern Mehmet Alis den Zugang nach Anatolien zu versperren. Beide Parteien rüsteten sich westlich von Urfa zur Entscheidungsschlacht. Das türkische Aufgebot hatte seine Verteidigungsstellungen präzis an der Stelle bezogen, die ich an einem heißen Abend des Sommers 1998 besichtigen konnte.

»Zu unserem festen Lager zu Biradschik«, so berichtete Helmuth von Moltke, »standen wir so unbeweglich den ganzen Monat still, daß die Schwalben anfingen, sich Nester an meinen Zeltstangen zu bauen und Zeit und Weile uns lang wurde.« Gegenüber dem osmanischen Korps-Kommandanten Hafiz Pascha, von dem Moltke ein insgesamt positives Bild zeichnete, drängte der preußische Berater darauf, das Gelände von Birecik und Maras in ein Bollwerk des Widerstandes zu verwandeln. Dem Preußen war der erbärmliche Zustand der osmanischen Truppe nicht entgangen. Wenn diese schon zu einer Offensivaktion unfähig war, so ließ sich der bunte Haufen in der Defensive zumindest zusammenhalten und zum Kampf zwingen, indem man ihm keine Möglichkeit zum geordneten Rückzug – besser gesagt zur heillosen Flucht – ließ. Die enge Felsenschlucht des Euphrat im Hintergrund hätte den osmanischen Kriegern den Abzug nach Norden versperrt.

Aber der Plan wurde verworfen, und eine neue Auffangstellung der Osmanen bei Nizip, etwa fünfzehn Kilometer westlich von Birecik, wurde bezogen. Die Verteidigungsposition zeichnete sich zur Verzweiflung Moltkes durch leicht erreichbare Fluchtwege ins Landesinnere aus. Jenseits von Nizip, das die Soldaten Hafiz Paschas in drei Marschstunden erreichten, öffnete sich eine relativ bequeme Straße nach Maras und Kayseri.

Der Zustand der osmanischen Armee, die bei Nizip eine verheerende Niederlage erleiden sollte, aber auch das traurige Schicksal der damaligen Kurden werden von dem preußischen Hauptmann wie folgt beschrieben: »Die Pforte hatte in Kleinasien drei Korps aufgestellt, die zusammen 70 000 Mann stark waren; diese Truppen bestanden zur großen Hälfte aus Rediffs, das heißt Landwehren, gebildet aus eben ausgehobenen Mannschaften, die schnell etwas von der europäischen

Taktik lernen mußten, und aus Offizieren, die, nach Gunst gewählt, nicht die geringste Kenntnis ihres Standes besaßen; auch die Linientruppen bestanden zur Hälfte aus Rekruten. Es herrschte eine so furchtbare Mortalität, daß wir während der Dauer unseres Hierseins die Hälfte der Infanterie begraben haben. Der ganze Ersatz lastet nun fast ausschließlich auf Kurdestan; die Bewohner der Dorfschaften flohen in die Berge, sie wurden mit Hunden gehetzt, die Eingefangenen, oft Kinder und Krüppel, an lange Seile gebunden und mit geknebelten Händen abgeführt. Diese Soldaten, die nicht einmal die Sprache ihrer Offiziere verstanden, mußten fortwährend als Gefangene behandelt werden; dichte Postenlinien umstellten das Lager eines jeden Regiments, oft aber entwichen die Wachen selbst. Man zahlte zwanzig, ja später hundert Gulden für jeden Deserteur, ohne das Ausreißen hindern zu können; es gab Beispiele, wo fünfzig Mann mit Pferden und Waffen von den Vorposten desertierten. Der Soldat war gut bezahlt, wohl gekleidet, reichlich ernährt und milde behandelt, aber fast kein Kurde hielt länger als zwei Jahre aus, er ging ins Hospital, starb oder lief davon. Neben dieser Disposition von zwei Dritteln des Heeres muß der gänzliche Mangel an tüchtigen Offizieren genannt werden.«

Über den Verlauf der Schlacht seien nur ein paar kurze, aber eindringliche Schilderungen wiedergegeben: »Als ich (Moltke) nach dem Zentrum zum Pascha zurückkehrte, fand ich zu meinem Schrecken die Linienbrigade, welche ich auf dem linken Flügel aufgestellt hatte, in der Vertiefung der Reserve stehen ... Schon kamen einzelne Geschütze, selbst Pferde mit abgeschnittenen Strängen zurück; einige Munitionswagen waren aufgeflogen; fast alle Bataillone standen mit erhobenen Händen und beteten, wozu freilich der Kommandierende den Befehl erteilt haben soll. Unter dem Vorwand, Verwundete wegzubringen, entfernten sich Trupps von vier,

fünf Mann; die Reserve rückte hin und her, um dem Strich-
feuer auszuweichen; kurz, moralisch war die Schlacht schon
verloren ... Der Pascha war nach dem rechten Flügel geritten,
wo er wohl den Tod suchte. Er selbst führte die Fahne eines
Garderediff-Bataillons vor, aber das Bataillon folgte nicht.
Von dem weiteren Verlauf der Schlacht läßt sich wenig sagen ... Die Infanterie feuerte in ungeheurer Entfernung, oft
aus der Kolonne, das Gewehr in Höhe, aber die Kavallerie
zerstreute sich und bald löste sich alles auf. Die Artillerie hatte
sich eigentlich noch am besten gewehrt.«

Gemeinsam mit zwei anderen preußischen Offizieren versuchte Moltke, dem Chaos zu entrinnen und nach Maras zu
gelangen: »Alle Bande der Disziplin waren gelöst«, so fährt
er fort. »Die Kurden, und diese bildeten die größere Hälfte
unseres Korps, waren unsere Feinde; sie schossen auf ihre
eigenen Offiziere und Kameraden, sperrten die Gebirgswege
und machten mehrere Angriffe auf Hafiz Pascha persönlich.
Andere Flüchtlinge warfen die Gewehre weg, streiften die
lästige Uniform ab und wanderten fröhlich und singend ihren
Dörfern zu ...«

Wenn ich diesen an Komik grenzenden Kriegsbericht des
Hauptmanns von Moltke so ausführlich zitiere, so weil er
Aufschluß gibt über die aufsässige, rebellische Stimmung,
die schon damals bei den kurdischen Untertanen des Sultans
vorherrschte. Gleichzeitig wird in diesen Aufzeichnungen
aus dem 19. Jahrhundert das Trauma der Demütigung und
Erniedrigung verdeutlicht, dem das Osmanische Reich, der
»kranke Mann am Bosporus«, erlegen war, bevor Kemal Pascha durch Züchtung eines maßlosen Nationalismus der von
ihm gegründeten türkischen Republik Stolz und Selbstbewußtsein zurückerstattete. Der Kernsatz der Kemalisten:
»Welches Glück wird dem zuteil, der sagen kann, ich bin ein
Türke«, der noch unlängst an den Mauern sämtlicher Städte

und Dörfer Anatoliens zu lesen war, entsprach dem zwanghaften Anspruch auf eine patriotische Wiedergeburt.

*

In ihrem Quartier von Kahramanmaras ist das vierhundert Mann starke Kontingent der Bundeswehr keineswegs mit der Gastlichkeit und Freundschaft empfangen worden, die den deutschen Alliierten zugestanden hätte. Es kam zu unerfreulichen Zwischenfällen und sogar Handgreiflichkeiten von seiten der einheimischen Bevölkerung und einigen bornierten Takfiri, die die fremde Truppenpräsenz wohl als Mißachtung der türkischen Souveränität empfanden. Über diese Zusammenstöße ist erfreulicherweise nur am Rande berichtet worden, und es bleibt zu klären, ob es sich bei den Rabauken um übereifrige Kemalisten, um islamische Frömmler oder um die berüchtigten »Grauen Wölfe« handelte.

Inspiriert wurden die fremdenfeindlichen Elemente unter anderem durch den antiamerikanischen Film »Tal der Wölfe«, der auch in deutschen Kinos gezeigt wurde und der die Demütigung einer kleinen türkischen Armeeeinheit im kurdischen Grenzgebiet des Nordirak vorführt. Das US-Kommando von Bagdad hatte – aus welchen Gründen auch immer – eine Kompanie ihrer Special Forces in Bewegung gesetzt, um die Räumung dieses Beobachtungspostens, der der Eindämmung kurdischer Separatisten der PKK dienen sollte, zu erzwingen. Die türkische Garnison wollte sich der Entwaffnung und Abschiebung mit Gewalt widersetzen, erhielt jedoch von der eigenen Befehlszentrale die Weisung, sich dem amerikanischen Zwang zu beugen. Daß den wehrlosen Soldaten beim Abtransport Säcke übergestülpt wurden, empfanden die Erben Atatürks als zusätzliche Entehrung. In Kahramanmaras wollte man offenbar den deutschen NATO-

Verbündeten heimzahlen, was die amerikanischen GIs mit der ihnen eigenen Rücksichtslosigkeit angerichtet hatten.

Eine unterschwellige Spannung hatte sich seit langem der Umgebung von Kahramanmaras bemächtigt, wo die Kurden zahlreich sind und eine starke Gemeinde von Aleviten ihre seltsamen religiösen Bräuche beibehalten. Noch im Jahr 1979 sollte es zu Pogromen gegen diese abtrünnigen Ketzer kommen. Ärgerlicher und gravierender als die gegenseitige Verstimmung in Kahramanmaras erwiesen sich unterdessen die Brüskierungen, die sich im Schwarzmeerhafen Trabzon abspielten. Die dortigen Verschiffungsanlagen bilden eine wichtige Zwischenstation beim Abtransport des deutschen Kriegsmaterials, das aus Afghanistan heimgeführt wird. So war es offiziell mit Ankara vereinbart. Die Soldaten der Bundeswehr sahen sich hier einer ganzen Serie von Schikanen ausgesetzt. Es wurde ihnen verboten, in den Straßen von Trabzon Uniform zu tragen. Das Hissen der schwarz-rot-goldenen Fahne war untersagt. Deutsche Offiziere wurden vom türkischen Militär nicht gegrüßt, sondern mit betonter Unhöflichkeit ignoriert. Von freundschaftlichen Begegnungen konnte nicht die Rede sein, und dem zuständigen deutschen General wurde auferlegt, außerhalb der Basis nur in Zivil anzutreten.

In diesem Zusammenhang lohnt es sich wiederum, auf einen Brief des Hauptmanns von Moltke aus dem Jahr 1839 zurückzugreifen. Er beschreibt die Verachtung, mit der der durchschnittliche Osmane auf die ungläubigen Fremden herabblickte: »Ein Türke räumt unbedenklich ein«, so heißt es dort, »daß ein Europäer seiner Nation an Wissenschaft, Kunstfertigkeit, Reichtum, Kühnheit und Kraft überlegen sei, ohne daß ihm entfernt in den Sinn käme, daß ein Franke sich einem Muslim gleichstellen dürfte. Wenige Europäer werden unter so günstigen Verhältnissen in der Türkei aufgetreten sein wie wir; die ersten Würdenträger des Reiches waren von der größten Aufmerksamkeit, sie erhoben sich bei unserem Eintritt, wiesen uns den Platz auf dem Diwan an ihrer Seite an und reichten uns ihre Pfeife zum Rauchen; die Obersten räumten uns den Vortritt ein, die Offiziere waren noch leidlich höflich, der gemeine Mann aber machte keine Ehrenbezeigungen mehr, und Frauen und Kinder schimpften gelegentlich hinter uns her. Der Soldat gehorchte, aber er grüßte nicht. Wir waren höflich ausgezeichnete Individuen einer äußerst gering geschätzten Kategorie.«

Zwischen Erzurum und Teheran

Bei meiner ersten Reise durch Kurdistan im Jahr 1951 war hier die östliche Endstation der transanatolischen Eisenbahn. In Richtung Persien war ich nun auf klapprige Reisebusse der Eingeborenen angewiesen und auf Schotterstraßen, die die Knochen strapazierten. Die Piste zog sich in unmittelbarer Nachbarschaft der sowjetischen Grenze – anders gesagt der Grenze zur Sowjetrepublik Armenien – entlang. In dieser Gegend hatten im Ersten Weltkrieg die Massaker von Hunderttausenden christlicher Armenier stattgefunden. Nachdem Atatürk den letzten osmanischen Kalifen ins Exil geschickt hatte, war es hier zur kurzlebigen Revolte des Scheikh Said gekommen, dessen kurdische Gefolgschaft sich im Namen des Islam gegen die laizistische Republik Kemal Paschas auflehnte. Ein Teil der kurdischen Bevölkerung war aus Sicherheitsgründen ausgesiedelt worden. Seitdem herrschte eine prekäre Ruhe und Ordnung in Erwartung späterer Revolten, die von der sozialistischen Bewegung PKK nicht mehr im Namen koranischer Religiosität, sondern des kurdischen Nationalismus motiviert und ausgetragen wurden.

Im Norden des bescheidenen Flecken Karaköse, wo wir auf Holzpritschen übernachteten, war die weiße Kuppe des gewaltigen Ararat-Berges im Licht der untergehenden Sonne wie eine mystische Vision aufgeleuchtet. Vor unserer Terrasse trieben kurdische Frauen in der typisch knallroten Tracht ihre Herden und verschwanden in Staubwolken. Bei der Weiterfahrt am folgenden Tage gaben die türkischen Offiziere und Soldaten den Ton an. Sie kehrten vom Kurzurlaub bei ihren Familien zu den schwerbefestigten Grenzgarnisonen zurück. Seit einem Jahr tobte in Fernost der Koreakrieg, und die Konfrontation zwischen Moskau und Washington drohte tatsächlich in einen weltweiten Konflikt auszuarten. Die türkischen Militärs blätterten in grell illustrierten Zeitungen, die die Waffentaten und den Heldenmut ihrer nach Korea entsandten zwei Divisionen glorifizierten. Der Stolz war berechtigt. Unter der blauen UNO-Fahne hatte sich diese Truppe von 25 000 Mann unter schwersten Verlusten den angreifenden »Menschenwellen« der chinesischen Volksbefreiungsarmee Mao Zedongs entgegengeworfen und in ihrem Sektor zum Stehen gebracht.

Außer mir hatte noch ein anderer Ausländer die Erkundungsfahrt durch Kurdistan angetreten. Ein etwa fünfzigjähriger, distinguierter Engländer hatte sich mir als Lord Kinross vorgestellt, und ich sollte später erfahren, daß er zu den qualifiziertesten Kennern der modernen Türkei zählte. Insgeheim träumte er vielleicht davon, die Rolle eines »Lawrence of Anatolia« zu spielen. Die uns begleitenden türkischen Soldaten waren herzliche und sympathische Gesellen, wenn ich sie auch nicht mit der gleichen homophilen Zuneigung betrachten konnte wie mein britischer Weggefährte. Lord Kinross hatte sich in seinen Veröffentlichungen für die

Solidarität des Westens mit dem verläßlichen türkischen NATO-Verbündeten engagiert. »Europe minor«, so würde sein nächstes Buch heißen. »Man sollte doch endlich aufhören, Anatolien Kleinasien zu nennen«, plädierte er damals, statt dessen sei es an der Zeit, den Ausdruck »Klein-Europa« einzuführen.

Am Ende unseres Gerumpels durch die trostlose Hochebene erreichten wir die persische Grenzstation Maku. Die Stimmung hier veränderte sich schlagartig. Ich wurde von dem iranischen Chef der Kontrollstation zum Tee geladen und beobachtete amüsiert einen persischen Polizisten, der mit hochgekrempelten Hosenbeinen durch ein herrliches Blumenbeet stelzte und seine Gießkanne leerte. Auf dem Kopf trug er würdevoll eine schwarze Pickelhaube mit blitzender Spitze und dem goldenen iranischen Löwen. Der persische Grenzkommissar, ein stoppelbärtiger Polizeioffizier, bemerkte meine Belustigung. »Wir sind keine wilden Berserker, wie unsere türkischen Freunde nebenan«, sagte er in fließendem Englisch. »Ich stamme aus Schiras, der Stadt der Rosen und Gedichte. Wenn ich schon nach Aserbaidschan verbannt bin, so will ich wenigstens von Blumen umgeben sein.«

Unterdessen trug ein kurzsichtiger Schreiber mit seltsam verbogenen Schriftzeichen meine Personalien in eine dicke Kladde ein. Eine Stunde später rollte der Autobus – nur fünf Kilometer von der sowjetischen Grenze entfernt – in den sinkenden Abend. Die Schotterstraße war fürchterlich. Der Chauffeur sang mit rauher Kehle aserbaidschanische Kriegslieder, und die unrasierten Passagiere mit dem stechenden Blick stimmten im Chor ein. Sie sahen furchterregend aus, diese Aserbaidschaner, die sich ausdrücklich auf türkisch artikulierten, aber sie überschütteten mich, den einzigen Fremden, mit Trauben, Melonenscheiben und rohen Salatgurken. Die Landschaft war kahl, und die untergehende Sonne überzog die schroffen Felsen mit rotem Glanz. Die Straße schlängelte sich über schwarze, erstarrte Lavaströme, die der Berg Ararat wohl ausgespien hatte. Alle zehn Kilometer wurden wir angehalten. Persisches Militär, in Khaki gekleidet und reichlich verwahrlost, kontrollierte umständlich die Passagiere. Von der türkischen Exaktheit war hier keine Spur mehr. Stets wurde an den Sperren Tee serviert, aber das Mißtrauen war mit Händen zu greifen.

Nicht weit von Khoj hielten wir in der Dunkelheit. Die Frauen waren tiefverschleiert und unermüdlich mit Wasserschleppen beschäftigt. Sie trugen die Krüge mit biblischer Geste auf der Schulter. Am Ende der Route, deren Schlaglöcher sich pausenlos und schmerzlos aneinanderreihten, erlitt unser Gefährt einen Achsenbruch, der uns beinahe eine steile Felswand hinuntergeschleudert hätte. Auf einem Lastwagen erreichte ich schließlich Tabriz, die Provinzhauptstadt von Iranisch-Aserbaidschan. Die Gassen waren noch vom jüngsten Bürgerkrieg gezeichnet. Die Russen hatten während des Zweiten Weltkriegs die turksprachigen und kurdischen Separatisten begünstigt. Nach 1945 hatten sie sogar eine prosowjetische Volksrepublik Aserbaidschan und in Mahabad einen kurdischen Satellitenstaat proklamiert. Durch äußersten Druck – man sprach dabei sogar von atomarer Drohung – hatte Präsident Truman Ende 1946 von Marschall Stalin den Abzug der Roten Armee ertrotzt, aber auch nach der sowjetischen Evakuierung hatten die örtlichen Kommunisten den vorrückenden Persern hartnäckigen Widerstand geleistet. Die Soldaten des Schahs hatten in Tabriz die marxistischen Führer, deren sie habhaft wurden, am Galgen aufgeknüpft. Zur Zeit meiner Ankunft war die Unsicherheit überall zu spüren. Es kam gelegentlich zu Demonstrationen unter roten Fahnen. Mir fielen Zivilgefangene auf, die unter strenger Militäreskorte abgeführt wurden. Ich kam in der einzig akzeptablen Herberge »Metropol« unter. Das Hotel lag unweit der zyklopischen Wälle, die angeblich die Horden Dschinghis Khans hinterlassen hatten. Im Restaurant spielten armenische Musikanten, die sich durch französische und englische Sprachkenntnisse auszeichneten und dem seltenen Ausländer eine verdächtige Aufmerksamkeit widmeten.

Den späten Abend verbrachte ich beim französischen Konsul, einem älteren Lothringer, der das Pech gehabt hatte, Marschall Pétain noch anläßlich der amerikanischen Landung in Nordafrika seiner Treue zu versichern und der deshalb nach 1945 auf diesen verlorenen Posten verschickt wurde. Hinter der abweisenden Lehmmauer eröffnete sich ein herrlicher Garten, und ein idyllischer Kachelbrunnen spendete Kühle. Wir lagerten auf Kissen und Teppichen. Der Lothringer sah mich prüfend an. »Ich weiß nicht, in welcher Mission Sie hierhergekommen sind, aber was sich im Iran dieser Tage abspielt, ist hochdramatisch, ja ich möchte von historischer Bedeutung sprechen. Seit der persische Regierungschef Mohammed Mossadeq das abenteuerliche Wagnis eingegangen ist, vor ein paar Monaten die bislang allmächtige Anglo-Iranian Oil Company zu verstaatlichen, ist Aserbaidschan zum Tummelplatz des Kalten Krieges geworden. Die Geheimdienste des Westens und des Ostens liefern sich hier eine Schlacht im Dunkeln. Wenn nur die Amerikaner etwas diskreter wären. Die Sowjets sind zwar weg, aber ihr Informationsbüro ist auch nach der Zwangsschließung des russischen Konsulats äußerst aktiv geblieben. Moskau will aus dem Erdöl-Konflikt, der zwischen London und Teheran entbrannt ist, Vorteile ziehen, und niemand weiß heute, ob Ministerpräsident Mossadeq mit seiner Nationalisierung nicht am Ende den Sowjets in die Hände spielt. Jedenfalls klammert sich Großbritannien verbissen an seine bislang dominante Machtposition ›East of Suez‹.«

In der Hauptstadt Teheran eingetroffen, logierte ich in einer jugoslawischen Pension und führte bis in die späte, heiße Nacht Tagebuch. Für politische Analysen gab es überreichen Stoff. Mohammed Mossadeq, der den britischen Wirtschaftsimperialismus am Persischen Golf auf Leben und Tod herausgefordert hatte, beherrschte die Schlagzeilen der westlichen Presse fast in gleichem Maße wie dreißig Jahre später der Ayatollah Khomeini.

Der »Urknall«:
Die CIA stürzt Mossadeq

Auch Persien hatte seinen Atatürk, aber das nationale Temperament ist in beiden Ländern zutiefst unterschiedlich. Fünfzehn Jahre lang hat Schah Reza Pahlevi, der erste authentisch persische Herrscher seit der fernen, sagenumwobenen Epoche der Achämeniden, mit eiserner Faust versucht, das Land zu modernisieren. Aus dem verlausten Marktflecken Teheran machte er eine halbwegs moderne Hauptstadt, die, abgesehen von der mangelnden Kanalisation, den Vergleich mit Ankara aushielt, wenn sie mehr dargestellt hätte als den steingewordenen Willen eines Despoten, wenn sie wirklich eine nationale Erneuerung symbolisiert hätte, wie das in Ankara zweifellos der Fall war.

Was half es Reza Schah, daß er Eisenbahnen baute, Straßen anlegte, Hotels entwarf? Wo sich ihm Widerstand entgegenstellte, brach er ihn mit allen Mitteln. Er stellte ein einheitliches Heer auf, unterwarf die aufsässigen Stämme der Kurden, Bakhtiaren und Kaschgai, die das Land unsicher machten, und setzte die Bevölkerung unter den Druck seiner

allmächtigen Polizei. Das Volk fügte sich. Die reichen Großgrundbesitzer zitterten, der Schwung einer patriotischen Be-
geisterung wurde nie wach. Unter der Knute des Schahs sahen sogar die Mullahs ihren religiösen Einfluß schwinden.
Die Frauen in Teheran hörten auf, sich zu verschleiern, die
Gesetze des Korans machten einem modernen Lebensstil
Platz. Insgesamt jedoch blieb die iranische Masse das, was sie
war: ein altes, dekadentes Volk, das paradoxerweise nie reif
geworden war. Diejenigen, die es leiten sollten, führten ihr
nutzloses Feudalleben weiter, ohne von der importierten Zivilisation mehr als den blinkenden äußeren Schein zu übernehmen.

Als daher 1941 Engländer und Russen, die ohnehin die
Versuche einer Wiedergeburt Persiens und die Sympathien
Reza Schahs für das Dritte Reich mit Mißtrauen verfolgten,
das Land besetzten, den Herrscher zugunsten seines Sohnes
zur Abdankung zwangen und ihn nach Südafrika deportier-
ten, brach auch sein Werk wieder auseinander. Das Land at-
mete auf, als das eiserne Regime verschwand, aber die Straßen verfielen, die Verwaltung kehrte zum alten Schlendrian
zurück, die Stämme begannen zu rumoren, die Mullahs gewannen wieder ihren Einfluß über das dumpfe Volk, und die
reiche Großgrundbesitzer- und Händlerschicht bildete an
der Stelle der erbarmungslosen, aber wirksamen Diktatur
eine korrupte Oligarchie, die das breite Volk in unsagbarem
Elend und erbärmlicher Unwissenheit stagnieren ließ.

Man kann die Lage Irans im Sommer 1951 ohne diese Vor-
geschichte nicht verstehen und noch weniger ohne das Wissen um die sowjetische Besatzung im Norden des Landes, die
binnen fünf Jahren den Iran in unmittelbaren Kontakt mit
dem Kommunismus brachte. In Teheran hatte die Bevölkerung Gelegenheit, die russische und die englische Besatzung
zu vergleichen, und der Vergleich fiel – oh Wunder! – nach

allgemeinem Urteil zugunsten der Sowjets aus. »Das sind nicht die ›Nikolai‹ von früher«, sagten die Perser, die sich noch der zaristischen Einfälle entsannen. Nach Kriegsende wurde das Land gleichzeitig im Norden und Süden geräumt, und als die aserbaidschanische Revolte 1946 zu Ende ging, blieb von der russischen Besatzung kaum mehr als die Drachensaat der marxistischen Ideologie, die bei vielen jungen Intellektuellen auf fruchtbaren Boden gefallen war.

Die Russen gingen, aber die Engländer behielten eine diskrete Präsenz bei. Sie stützten sich auf zahllose Konsuln, Kaufleute, Erdölspezialisten und Geheimagenten, die zwar hier nicht mehr das Vorfeld Britisch-Indiens schützten, der angeschlagenen britischen Nachkriegswirtschaft jedoch das kostbare Erdöl von Abadan und eine reiche Dollarquelle offenhielten. 1946 schien es, als hätte England alle Trümpfe in der Hand. Es gab kaum einen Abgeordneten in den Majlis, im iranischen Parlament, der nicht direkte Einkünfte von der Anglo-Iranian bezogen hätte. Wenn trotzdem die Regierung nicht gefügig war, hielten sich die Stämme des Südens als altbewährtes Druckmittel zur Verfügung. Der Intelligence Service scheute sich nicht, sogar unter den Arbeitern der großen Städte kleine, rötlich gefärbte Unruhen in Szene zu setzen, um der herrschenden Clique mit dem Gespenst des Kommunismus Angst einzujagen.

Damit aber auch von dieser Seite keine unerwarteten Sorgen auftauchten, wurde der schiitische Klerus mit Nuancen unterstützt. Der Islam, so schien es manchen englischen Spezialisten, würde hier dem Bolschewismus eine unüberwindliche Mauer entgegensetzen, gleichzeitig aber jeder modernen und radikalen Erneuerung auf nationaler Grundlage den Wind aus den Segeln nehmen. Der Sohn Reza Schahs war zudem aus einem viel weicheren Holz als sein Vater geschnitzt. Sein Bild, das in jedem öffentlichen Gebäude dutzendweise hing, täuschte nicht über seine stark verminderte Stellung als konstitutioneller Monarch hinweg. Im Ausland interessierte man sich vor allem für die galanten Abenteuer des schüchternen Playboys. Unterdessen ging die Auflösung der iranischen Staatsgewalt unerbittlich voran. Die sozialen, wirtschaftlichen und religiösen Mißstände häuften sich zu einem explosiven Gemisch unter diesem jungen Schah, der den Namen Mohammed Reza Pahlevi trug.

Die modernistische Auflehnung, zu der sich der Nationalist Mossadeq aufgerafft hatte, paßte schlecht zu diesem im feudalen Mittelalter erstarrten Land, zu dieser phantastischen Wüstenlandschaft und ihren rosa, gelben, schwarzen Felsen, zu diesen Lehmdörfern, die durstig an einem Brunnen oder an ihrem Qanat hockten. Sie kontrastierte mit den goldenen oder smaragdgrünen Kuppeln der Moscheen, die wie steingewordene Ekstasen über der trostlosen Steppenlandschaft leuchteten. Was verstanden diese Menschen, denen die hochentwickelte Technologie der Bohrtürme unheimlich und unverständlich blieb, von der wirtschaftlichen Rolle des Petroleums, wenn sie in Isfahan und Schiras unter revolutionären Transparenten oder grünen Fahnen demonstrierten und Solidaritätstelegramme an Ministerpräsident Mossadeq schickten?

Für die Masse gehörte der Streit mit der Anglo-Iranian in eine orientalische Fabelwelt. Selbst im Bazar von Teheran wurde die Auseinandersetzung mit den Engländern weniger durch Förderzahlen und Statistiken belegt als durch plumpe Zeichnungen mystifiziert. So wurde der britische Imperialismus durch einen Drachen dargestellt, dessen bluttriefendes Maul die iranische Bevölkerung verschlang. Eine andere Karikatur zeigte Ministerpräsident Mossadeq, der mit kühner Geste eine Kapitalistengestalt mit Zylinder und Zigarre – Symbol der Anglo-Iranians – erdolchte, aber aus dem Hintergrund feuerten bereits finstere Verschwörergestalten ihre Revolver auf den Helden der Nationalen Erneuerung ab. In der Vorstellung der Orientalen vollzog sich hier ein Kampf der Gespenster, der Ungeheuer, der okkulten Kräfte. Wo das müde persische Temperament der nationalen Leidenschaft nicht fähig war, steigerte es sich zu anglophober Hysterie.

Auch das Programm der revolutionären Regierung war von Wunschdenken geprägt. Man sollte die Männer in der Umgebung Mossadeqs nicht für naiver halten, als sie waren. Eine tief eingefleischte Geheimniskrämerei beherrschte ihre politischen Winkelzüge. Die internationalen Korrespondenten, die sich an der Bar des Hotel Ritz trafen, diskutierten lange. Ein »old hand« der Region belehrte mich folgendermaßen: »Wenn Sie nicht um die Taqiya wissen, my young friend, dann verstehen Sie nichts von der iranischen Revolution.« Taqiya, so lautet bei den Schiiten, mit denen wir es in Persien zu tun haben, die Kunst der Verheimlichung der innersten Überzeugung, die Gewohnheit instinktiver Verstellung, nicht nur wenn es um die Mysterien des Glaubens geht.

Ähnlich äußerte sich übrigens der stellvertretende iranische Ministerpräsident Fatemi, der mich in einem pompösen, altmodischen Spiegelsaal empfing. Er räumte ein, daß der Ursprung des Petroleumkonflikts in den unbeschreiblichen sozialen Mißständen des Landes zu suchen sei und daß der Ansturm gegen die korrupten Feudalherren, die die Majlis beherrschten, aus zwei Richtungen kam. Da waren einerseits junge religiöse Fanatiker, die ursprünglich von den Engländern in ihrer Ablehnung der Pahlevi-Dynastie unter der Hand aufgewiegelt worden waren. Diese schiitischen Extremisten schlossen sich in der Fedayingruppe zu einer blindwütigen Terroristenorganisation zusammen, denen trotz ihrer koranischen Grundüberzeugung angeblich nihilistische Züge anhafteten. Zu spät wurden sich die Briten bewußt, daß sie dank ihrer Förderung der islamischen Kräfte im Nahen und Mittleren Osten ein selbstmörderisches Manöver eingeleitet hatten. Auf der anderen Seite stießen die Großgrundbesitzer, Finanzherren, die komplottierenden Generale und Stammesfürsten, die die Wandelgänge des Parlaments bevölkerten, auf die rabiate Opposition einer kleinen Gruppe bürgerlicher und verwestlichter Abgeordneter, die meist in Teheran gewählt waren und sich unter dem Sammelnamen »Nationale Front« der Öffentlichkeit vorstellten. Dieses kleine Fähnlein von Intellektuellen, die in London oder Paris studiert hatten, war fest entschlossen, das Herrschaftsmonopol der feudalistischen und kaufmännischen Oligarchie zu brechen.

Mit dem kühnen Überraschungsschlag der Verstaatlichung der Anglo-Iranian Oil Company hatte die Minderheitsbewegung der Nationalen Front es im Frühjahr 1951 geschafft, die Regierung Persiens zu übernehmen, und nun diente dieser Konflikt dazu, die Gruppe von nur acht Abgeordneten an der Macht zu halten. Natürlich wäre es dem greisen Mossadeq, der auf Grund seiner rhetorischen Gaben die Nationale Front beherrschte, nie gelungen, sich die Führungsstellung zu erkämpfen, wenn nicht die islamische Massenbewegung unter Führung des listenreichen Ayatollah Kaschani ihr Gewicht in die Waagschale geworfen hätte. Die letzte Entscheidung zugunsten Mossadeqs fiel in der Stunde, als der englandfreundliche Regierungschef Razmara mit seinem Erziehungsminister den Kugeln der »Fedayin-e-Islam« zum Opfer fiel. Razmara war gerade damit beschäftigt, seinen eigenen Staatsstreich anzuzetteln, um die Proklamation einer nationalen Diktatur vorzubereiten. Die schiitischen Fedayin waren ihm zuvorgekommen, und nun fand sich niemand mehr unter den Parlamentariern, der bereit gewesen wäre, das tägliche Risiko einer solchen Nachfolge auf sich zu nehmen, mit Ausnahme der kleinen Fraktion der Nationalen Front, denen die Drohung religiöser Fanatiker ihr Regierungsmandat verschaffte. Die Gefolgsleute Mossadeqs bezeichneten sich oft als Sozialisten, aber das war ein großes Wort für diese disparate Fraktion aufbegehrender Intellektueller, die sich fortschrittlich und liberal gebärdeten. Mossadeq selbst stammte aus einer Großgrundbesitzerfamilie, war angeblich sogar mit jener Khadjaren-Dynastie verwandt, die der Emporkömmling Reza Schah erst 1925 mit seinen Kosaken vom Thron gejagt hatte. Insgeheim trug er vielleicht – jenseits der großen nationalen Anliegen – eine familiäre, eine persönliche Fehde gegen den Pahlevi-Kaiser, diesen Usurpator auf dem Pfauenthron, aus. Auch Mossadeq war ein wahrer Sohn seines Landes und des schiitischen Glaubens. Bevor er den kühnen Entschluß zur Verstaatlichung des iranischen Erdöls faßte, so verkündete er dem Volk, war ihm im Traum ein von Allah entsandter Engel erschienen.

Unterdessen verbreiteten die britischen Geheimdienste, das Minderheitsregime Mossadeqs sei ohnehin eine Übergangserscheinung und öffne den Weg für eine kommunistische Machtergreifung im Iran. Bei ihren amerikanischen Verbündeten, den angelsächsischen »cousins«, fanden sie mit diesen finsteren Prognosen bereitwilliges Gehör.

*

Von ihren verschwommenen sozialen Absichten hatte die Nationale Front noch kein Jota in die Tat umgesetzt. Wie konnte sie auch? Ihre Selbstbehauptungstaktik in den Majlis bediente sich des Erdölstreits wie einer Peitsche, und für jedes andere Programm würden ihr die Abgeordneten die Zustimmung entziehen. Als der Wirtschaftsminister ein paar Tage nach der Nationalisierung dem Volk versprochen hatte, in Zukunft werde jedem persischen Staatsangehörigen aus den Einkünften des Petroleums täglich 200 Rial ausbezahlt, gab er sich der Lächerlichkeit anheim. »Mein Programm ist das Erdöl«, erklärte Mossadeq hingegen, »und das Erdöl allein.« Dennoch gelang es dem alten, kahlköpfigen Aristokraten, der seine Besucher am liebsten in einer Art Pyjama empfing, das Volk in Trance zu versetzen. Ein religiöser Schwärmer war er nicht. Der britische Intelligence Service versuchte sogar, ihn gegenüber den amerikanischen Vettern als einen verkappten Kommunisten darzustellen, der die Petroleumquellen des Golfs den Sowjets in die Hände spielen würde.

Bemerkenswert in jenem Sommer 1951 war die Tatsache, daß ich als einsam reisender Ausländer, der für einen britischen oder amerikanischen Agenten hätte gehalten werden können, von den ausschließlich iranischen Passagieren meiner Reisebusse mit außerordentlicher Zuvorkommenheit und Hilfsbereitschaft behandelt wurde. Das Experiment Mossadeq sollte nicht lange dauern. Die Welt befand sich damals in einer extrem angespannten Phase des Kalten Krieges, und die Amerikaner waren nicht gewillt, in Teheran die geringste marxistische Infiltration zu dulden. Von nun an war es die Central Intelligence Agency und nicht mehr der britische MI6, die unter der Anleitung des Urenkels des Präsidenten Theodore Roosevelt das Komplott schmiedete. Mossadeq hatte den Fehler begangen, mit der kommunistischen Tudeh-Partei Kontakt aufzunehmen, deren Sympathisanten später bei der deutschen 68er Generation eine beachtliche Rolle spielen sollten. Der amerikanische Geheimdienst stützte sich auf die unterschiedlichsten Elemente, um der anklagenden Larmoyanz Mossadeqs ein Ende zu setzen. Neben kriminellen Schlägertrupps wurden in Teheran auch die legendären Keulenschwinger der Zurkaneh sowie Teile des schiitischen Klerus in den Dienst des gewaltsamen Regimewechsels gestellt. Die korrupte und intrigierende Generalität hatte ohne-

hin niemals die geringste Sympathie mit den aufbegehren-
den iranischen Nationalisten empfunden. Von nun an würde
Washington systematisch darauf hinarbeiten, im »Land der
Arier« am Persischen Golf eine Bastion der eigenen Hegemonie im Mittleren Osten zu errichten.

Die Episode Mossadeq hat sich tief in das nationale Gedächtnis der Iraner eingegraben. Wenn ihnen heute oder
auch schon zur Zeit des Schah-Regimes vorgeworfen wurde,
sie würden den westlichen Vorstellungen der Demokratie
nicht genügen, konnten sie glaubwürdig darauf verweisen,
daß ein säkulares, ein parlamentarisches System ja bereits unter Mossadeq, wenn auch mit völlig unzulänglichen Mitteln,
in die Wege geleitet worden war und daß dieser Versuch an
der Intervention der Vereinigten Staaten von Amerika schei-
terte. Die Behauptung mag überzogen klingen, aber sie wirkt
wie ein Urknall fort, steht sie doch am Anfang jener Auseinandersetzung mit den USA, die nach der Machtergreifung des
Ayatollah Khomeini zur Schicksalsfrage der gesamten Region
werden sollte.

*

Die Amerikaner, die sich nach der Restaurierung der Pahlevi-Dynastie als Gönner und Waffenbrüder Teherans gebärdeten, sind sich bis heute nicht bewußt geworden, daß der
Putsch gegen den exzentrischen Regierungschef Mossadeq
von breiten Schichten der Bevölkerung auch weiterhin als
Demütigung und Schmach empfunden wird.

Washington hatte manche Kompensation zu bieten. Die
vergammelten Streitkräfte Irans wurden auf den Stand mo-
derner Kriegführung gebracht und mit Rüstungslieferungen
überschüttet. Der Erdöl-Boom des Jahres 1973 verschaffte
dem Monarchen beachtlichen finanziellen Aktionsraum. Mit
Ermutigung aus Washington hatte die iranische Marine im

Handstreich die Eilande Tumb und Abu Musa annektiert, die bislang zum arabischen Emirat Ras-el-Khaima oder Scharja gehörten – ganz genau wußte das wohl niemand –, und verfügte nunmehr am Ausgang des Persischen Golfs, am Nadelöhr der Straße von Hormus, über eine einzigartige strategische Stellung.

König Feisal von Saudi-Arabien hatte zwar gegen die persische Eigenmächtigkeit protestiert, nahm aber mit Befriedigung zur Kenntnis, daß seine iranischen und schiitischen Rivalen mit gewaltigem Aufwand einen revolutionären Brandherd im südöstlichen Küstengebiet von Dhofar – im Ursprungsland der großen Weihrauch-Karawanen – erstickten. Dort hatte sich – so bizarr es klingt – eine marxistisch orientierte Partisanenbewegung herausgebildet, die die auf China ausgerichteten Grundsätze des »Roten Buches« Mao Zedongs als oberste Richtschnur ihrer eigenen ideologischen Verirrung feierte. Die Niederschlagung des Aufruhrs in Dhofar, das unmittelbar an die mit Moskau verbündete sozialistische Republik Süd-Jemen grenzte, konsolidierte vor allem die Position des Sultans Qabus von Oman und ordnete ihn in das imperiale Dispositiv der USA ein.

Nicht alles im Iran des Großkönigs Mohammed Reza Pahlevi war so negativ, wie die von Rudi Dutschke zu tosenden Protestdemonstrationen aufgewiegelten Berliner Studenten und Schreihälse beim offiziellen Staatsbesuch in Berlin es darstellen wollten. Die Weiße Revolution, auf die sich der persische Monarch im Innern zu stützen suchte und die tatsächlich – zumal auf dem Gebiet der Frauenemanzipation und sogar der Bodenreform – nennenswerte Erfolge erzielte, hatte der Modernisierung des immer noch archaischen Landes kräftige Impulse gegeben. Es wurde auch eine breite akademische Schicht herangezüchtet, aber gerade aus den Reihen dieser aufsässigen Intellektuellen sollte sich eine brodelnde Opposition gegen die anmaßende dynastische Autokratie herausschälen und ihr am Ende zum Verhängnis werden.

Der Monarch, so meinten die Kritiker, sei sich vermutlich seines mangelnden Charismas, seiner geringen Autorität beim kleinen Volk bewußt geworden und kompensiere jene Schwäche nun durch einen ausschweifenden Personenkult. Er ließ sich als Prophet darstellen, der über den Wolken schwebte, und führte bei Hof eine Unterwürfigkeit ein, die mit der Kynesis, der hündischen Huldigung am Hof der frühen Achämeniden, verglichen wurde. Jeglicher Aufsässigkeit begegnete er mit dem fürchterlichen Terrorinstrument der Savak.

Doch als ich ihn mehrfach zum Gespräch traf – er drückte sich in elegantem Französisch aus –, war ich auf einen höflichen, gar nicht unsympathischen und gut informierten Reformer gestoßen, der den arabischen Nachbarn Irak, wo die Baath-Partei Saddam Husseins eine tyrannische Herrschaft an sich gerissen hatte, als seinen weitaus gefährlichsten Gegner betrachtete. Mindestens ebenso unerbittlich trat er jeder Hinwendung der Bevölkerung zur islamischen Theokratie entgegen. »Sire«, hatte ich ihn gefragt, »wir beobachten in der gesamten arabischen Welt eine Wiedergeburt des Islam. Kündigt sich eine vergleichbare Entwicklung auch im Iran an?« Der Kaiser reagierte kategorisch. Er sei zwar persönlich ein gläubiger Muslim und sei sogar nach Mekka gepilgert. Aber jedesmal, wenn die Mullahs und religiösen Eiferer versucht hätten, politischen Einfluß zu gewinnen, sei das Ergebnis katastrophal gewesen und ein solcher Irrlauf sei im Obskurantismus geendet.

Mit wachsender Konsolidierung seines Thrones steigerte sich auch die Megalomanie des Herrschers, der – vermutlich bereits von einer unheilbaren Krankheit gezeichnet – den Kontakt mit den Massen fürchtete und sich in eine arrogante Isolation begab. War er sich überhaupt bewußt, wie erbärmlich zahllose seiner Untertanen, die sich in Ermangelung von Ochsen oder Pferden selbst vor den Pflug spannten, dahindarbten? Während die neugegründete elitäre Partei Rastakhiz grandiose Huldigungskundgebungen veranstaltete – so hatte ich es in Kerman erlebt –, sammelten sich auf den Tribünen die Privilegierten des Regimes, die korrupten und skrupellosen Spekulanten, die geschickten Jongleure mit den Krediten, die ihnen der unbeliebte Ministerpräsident Hoveyda – angeblich eine Schlüsselfigur der ketzerischen Bahai-Sekte – so freizügig verteilte. Besonders protzig traten die Frauen der speichelleckenden Höflinge auf. Sie hüllten sich in edelste Pelze und brüsteten sich mit ihren Juwelengeschmeiden. Solange sie jung waren, rivalisierten sie mit den Prinzessinnen von Tausendundeiner Nacht. Aber mit zunehmender Reife und Fettleibigkeit wurden die durch Kleister gestrafften Gesichter zu starren, bösartigen Masken.

In Kerman fiel mir der zerlumpte Knabe ein, dem ich eine Woche zuvor unter dem Zelt einer Nomadenschule begegnet war. Der junge Kaschgai-Nomade, offenbar der Sprecher seiner Klasse, verfügte über schauspielerische Begabung, als er mit ungewollter Komik das Loblied auf den König der Könige, Schah-in-Schah, anstimmte und dabei mit kahlgeschorenem Schädel die schlotternden Ärmel seines Gewandes zu ausschweifenden Gesten bewegte. Seine schrille Stimme trug folgendes Poem vor: »Oh Schah! Unsere Herzen sind von Liebe zu Dir erfüllt. Gott, der Mächtige, sei Dein Beschützer. Oh Arm Allahs, Du hast unser Land gerettet, den Armen geholfen, unserem Leben einen Sinn gegeben und das Elend beseitigt. Oh Kaiser! Wie schwer mußt Du gekämpft und gelitten haben, um aus dem alten Iran einen neuen Iran zu machen.«

Die Hybris des Herrschers verlor offenbar jedes Maß. Der Gipfel war erreicht, als Mohammed Reza Pahlevi zum

2500jährigen Bestehen des persischen Großreiches in Persepolis sich als Nachfolger des großen Achämeniden-Kaisers Darius gebärdete und vor einer grotesken Karnevalskostümierung nicht zurückschreckte. In sämtlichen Gesellschaftsschichten dieses historisch bedeutsamen Landes regten sich Überdruß, Verachtung, ja Haß gegen die dynastischen Ausschweifungen. Selbst die amerikanische Diplomatie nahm allmählich zur Kenntnis, daß die Basis des Regimes zu bröckeln begann. Die Experten und »think-tanks« in Washington schwankten – wie ihnen das so oft passieren sollte – zwischen dem Beharren auf ihren unverhohlenen imperialen Expansionsinstinkten und einer oft heuchlerisch verbrämten Mahnung an ihre Verbündeten, größere Toleranz und ein Minimum an Demokratie zu gewähren. Im Niavaran-Palast von Teheran, wo mit der Schahbanu Farah Diba eine umsichtige und energische Frau eingezogen war, nahm man die amerikanischen Stimmungsschwankungen deutlich und argwöhnisch zur Kenntnis. Der Schah erkannte, daß er sein Umfeld absichern müßte.

Im Sommer 1975 kamen die Regierungen von Teheran und Bagdad endlich überein, ihren uralten Erbstreit, der bis auf das babylonische Altertum und die ersten Jahrzehnte des Islam zurückging, durch einen Modus vivendi zu unterbrechen, der beiden Teilen Vorteile brächte. Im Norden des Irak dauerte seit Jahren der separatistische Aufstand der Kurden an. Der Iran hatte den Freiheitskampf dieses indoeuropäischen und sunnitischen Volkes systematisch mit Waffen beliefert und gegen die überlegene Armee Bagdads am Leben erhalten. Jetzt zeigte sich der neue starke Mann des Irak, Saddam Hussein, jedoch bereit, dem Schah im Hinblick auf die Schiffahrt im Schatt-el-Arab, wo Tigris und Euphrat einen gemeinsamen Strom bilden und in den Golf münden, substantielle Zugeständnisse zu machen. Als Gegenleistung

würde Mohammed Reza Pahlevi mit zynischer Rücksichtslosigkeit die kämpfenden Kurden des Irak, Peschmerga genannt, dem Baath-Regime von Bagdad ausliefern.

Kaum einer nahm die Nebenklausel wahr, die bei dieser
Gelegenheit vereinbart wurde. Sie betraf einen streitbaren
persischen Mullah namens Ruhollah Khomeini, der sich der
Pahlevi-Dynastie mit flammenden Predigten entgegenstellte.
Der Schah hatte sich damit begnügt, den störrischen Wider-
sacher in den Irak abzuschieben, nach Nedjef, in die Nähe des
Mausoleums des Gründer-Imams Ali Ibn Abi Talib. Dreizehn
Jahre lang sollte dieser Störenfried seinen theologischen Stu-
dien in Mesopotamien nachgehen. Sein politischer Einfluß
auf die frommen Schiiten des Iran schien zu verblassen. Aber
Saddam Hussein, der selbst sunnitischer Muslim war, ein
überwiegend säkulares Regime in Bagdad errichtet hatte und
eine akute Spannung zur schiitischen Mehrheitsbevölkerung
seines eigenen Staates zu zügeln suchte, erschien der Mullah
keineswegs geheuer. Der Theologe aus dem iranischen Qom
hatte eine spezielle Theorie des schiitischen Gottesstaates
entworfen. Jetzt drängte Saddam darauf, den Unruhestifter
aus dem Irak und aus der Nachbarschaft der dortigen schiitischen Sanktuarien zu entfernen.

Der irakische Geheimdienst hatte den persischen Kollegen
vorgeschlagen, den eigensinnigen schiitischen Greis nach
Tripolis oder Algier ausreisen zu lassen. Aber Teheran widersprach. Bei Präsident Boumedienne von Algier oder gar bei
Oberst Qadhafi von Libyen hätte Khomeini angeblich eine
revolutionäre Plattform gefunden, wäre zu einem bedrohlichen Fackelträger der islamischen Auflehnung geworden.
Also ließ Teheran in Paris beim Quai d'Orsay anfragen, ob die
Fünfte Republik Giscard d'Estaings bereit sei, diesem kaum
bekannten schiitischen Prediger ein Einreisevisum nach
Frankreich zu erteilen. Die französischen Behörden stimmten

zu und ahnten wohl ebensowenig wie ihre Kollegen von Teheran, daß sie damit die Büchse der Pandora öffneten. In Tripolis und Algier wäre Khomeini einer unter vielen Exil-politikern gewesen. Im lähmenden Netz der argwöhnischen lokalen Sicherheitsorgane wäre er möglicherweise ermordet oder zumindest unter Hausarrest gestellt worden. In Frank-reich hingegen, in unmittelbarer Nachbarschaft der Welt-stadt Paris, wo man ihm eine extrem bescheidene Unterkunft in dem Dorf Neauphle-le-Château zugewiesen hatte, wurde der Ayatollah Khomeini über Nacht zu einem exotischen Ku-riosum und – womit niemand gerechnet hatte – zum Auslöser eines politischen Erdbebens.

*

Im September 1978 hatte ich – aus Afghanistan kommend – in Teheran Station gemacht. Die Verblendung in den geho-benen Kreisen der Hauptstadt, die sich des revolutionären Grollens im eigenen Land offenbar überhaupt nicht bewußt waren, wirkte verblüffend. Dabei verging kein Tag, ohne daß die studentische Opposition zu Kundgebungen gegen den Schah aufrief. Es wurden Schaufenster zertrümmert, ja ganze Häuserzeilen niedergebrannt. Es hieß, daß die gefürchtete Savak ihre Provokateure ausgeschickt hatte. Die gefangenen Aufrührer wurden in den Gefängnissen schrecklich gefoltert. Im Umkreis der Teheraner Universität hatten Militär und Polizei mehrfach das Feuer auf die jugendlichen Demon-stranten eröffnet. Es war zu einem »blutigen Freitag« ge-kommen, und die Zahl der Opfer, so berichteten die teils islamischen, teils marxistischen Aufrührer, gehe in die Tau-sende. In den von der Sommerhitze ausgetrockneten Rinn-steinen der Innenstadt floß Blut.

Am Tag meiner Zwischenstation befand sich Hua Guofeng,

der Parteivorsitzende und Regierungschef der Volksrepublik China, in der iranischen Hauptstadt. Er stattete dem Schah einen offiziellen Staatsbesuch ab und gab damit zu erkennen, daß die Kommunisten Pekings ihn weiterhin als einen verläßlichen und soliden Gesprächspartner betrachteten. Selbst die Russen, die sehr diskret mit ihren Gefolgsleuten der iranischen Tudeh-Partei im Untergrund konspirierten, bauten offenbar auf die Permanenz des Pahlevi-Regimes, begegneten dem Herrscher mit größter Ehrerbietung. Der Schah war für den Herbst nach Ost-Berlin eingeladen. Die Geschäftsleute aus USA und West-Europa wollten nicht an eine iranische Götterdämmerung glauben. In der politischen Lagebeurteilung der westlichen Industrievertreter und auch Nachrichtendienste paarte sich ökonomisches Wunschdenken mit konservativer Nostalgie. Zwar beklagte man sich über die flegelhafte Anmaßung der persischen Hof- und Wirtschafts-Kamarilla, seit das Land im Erdölreichtum schwamm. Aber man blieb weiter überzeugt, daß der Iran längst nicht reif sei für den Aufstand der Massen.

Am späten Abend traf sich im Garten des Hotels Hilton die Creme der iranischen Geschäftswelt. Die Männer trugen weißen Smoking. Die Frauen hatten sich Dior-Abendkleider aus Paris kommen lassen. Auf den gewagten Dekolletés glitzerten kostbare Juwelen. Es war kaum vorstellbar, daß zur gleichen Stunde ein paar Straßenzüge entfernt Rotten von Jugendlichen und Regimegegnern Todesrufe gegen den Kaiser ausstießen und die Losung »Margbar Schah – Tod dem Schah« auf die Mauern pinselten. Es herrschte keine Weltuntergangs- oder auch nur Katastrophenstimmung bei den Reichen, den Günstlingen und Schönen des Hofes. Man protzte noch ein wenig demonstrativer als sonst, und wenn man schon nicht selbst bereit war, um den eigenen Besitz und die eigenen Privilegien zu kämpfen, so verließ man sich auf die braven

Soldaten der Armee und die Treue des Offizierskorps zu ihrem Monarchen. Eine Jazzband spielte den neuesten amerikanischen Beat. Die Champagnerpfropfen knallten.

Es fehlte nur noch ein Feuerwerk, um die Feststimmung zu vollenden. Aber dafür sorgten ein paar verzweifelte Revolutionäre in den Nebengassen der Reza-Schah-Avenue mit ihren Maschinenpistolen und Molotow-Cocktails. Ein alteingesessener deutscher Großindustrieller nahm mich spöttisch auf die Seite. »Dieses Mal werden Sie mit Ihren Kassandrarufen nicht recht behalten. Vielleicht zögert der Schah zu lange, seine Panzer rollen zu lassen, doch wenn sich erst seine Präsidialgarde, ›die Unsterblichen‹, in Bewegung setzen, dann wird dieser Krawall schlagartig zu Ende gehen.« Ich bin anschließend in mein im obersten Stockwerk gelegenes Zimmer gegangen und habe in die Nacht gelauscht. Ein gewaltiger Chor von Stimmen dröhnte aus den Straßen zu mir herauf, und er lautete: »Allahu akbar – Khomeini rachbar – Gott ist groß und Khomeini ist unser Führer.«

ROTKÖPFE
UND JANITSCHAREN

Die Niederlage ist der schönste Sieg

Bei den dramatischen Ereignissen, die aus dem nah- und mittelöstlichen Raum zu uns dringen, konzentriert sich die Aufmerksamkeit der Medien und der Politik auf den schwelenden Konflikt im Umkreis des Persischen Golfs, wo sich das Königreich Saudi-Arabien und die Islamische Republik Iran, anders ausgedrückt, wo sich Sunniten und Schiiten in eine tödliche Feindschaft verrannt haben. Persien, so wird allgemein angenommen, sei das Ursprungsland und das streitbare Zentrum der »Partei Alis«, wo doch in Wirklichkeit diese mystische Interpretation der koranischen Lehre in Mesopotamien, im heutigen Irak, ihren Ursprung nahm. Elf der zwölf heiligen Imame sind an Euphrat und Tigris bestattet.

Was nun den Anspruch Saudi-Arabiens betrifft, mit der Scharia die einzig wahre und gottgefällige Staatsform der koranischen Offenbarung und Sunna zu praktizieren, so steht diese Anmaßung der unduldsamen Potentaten der Arabischen Halbinsel auf schwachen Füßen. Schon die osmanischen Kalifen in Istanbul, die sich als Statthalter Gottes auf Erden betrachteten, bekämpften die Wahhabiten des heutigen Königreichs Saudi-Arabien als ketzerische Außenseiter. Die konfessionellen, politischen und ethnischen Gegensätze, die in dieser weiten Region immer wieder hochgespielt werden, blicken auf einen verschlungenen mystischen Werdegang zurück.

Als ich im Sommer 1995 beim iranischen Ministerium für »rechte Leitung« oder »Erschad« den Antrag stellte, im äußersten Nordwesten von Iranisch-Aserbaidschan, unweit der dortigen Metropole Tabriz, die hochgelegene Pilgerstätte Ardabil aufzusuchen, eine Art Gralsburg schiitischer Frömmigkeit, war ich auf freudige Zustimmung gestoßen. Man hatte mir sogar die Begleitung eines renommierten Geschichtsprofessors der Universität Tabriz angeboten, der selbst kein Perser, sondern ein aserbaidschanischer Türke war, ein frommer Schiite gewiß, der sich jedoch seiner turanischen Abstammung voll bewußt blieb. Während wir zum Heiligtum des Scheikh Safi-ud-Din emporkurvten und einen Blick auf das Kaspische Meer erhaschen konnten, habe ich ihm die Frage gestellt, wie denn der iranische Staat mit seinem beachtlichen Anteil an allogenen Völkern, indoeuropäischen oder turanischen Ursprungs, über die Jahrhunderte seinen Zusammenhalt wahren konnte. Der Professor holte zu einer kurzen Vorlesung aus:

»Sehen Sie sich in der Islamischen Republik Iran einmal genau um. In Tabriz behauptet man, das türkische Bevölkerungselement – mit den dynamischen Azeri an der Spitze – stelle mindestens ein Viertel, vielleicht sogar ein Drittel der Gesamtbevölkerung dar. Jedenfalls sind die Aserbaidschaner in den höchsten geistlichen und staatlichen Führungspositionen präsent. Ayatollah Khamenei, der oberste geistliche Führer, ist einer von uns, auch wenn er das Persische meisterhaft beherrscht. So setzt sich die Einflußnahme der Türken auf allen Ebenen fort. Ihr Hang zum Kriegerischen kommt ihnen bei den Streitkräften und dem Korps der Revolutionswächter besonders zugute. Wer im Westen bedenkt schon, daß Persien seit dem Zusammenbruch des Sassaniden-Reiches unter den Schlägen der arabisch-islamischen Eroberer bis hin zum Staatsstreich des Kosakenfeldwebels Reza Khan fast dreizehn Jahrhunderte lang von Monarchen, Emiren, Khanen und Tyrannen beherrscht wurde, die arabischen, mongolischen oder türkischen Ursprungs waren. Die arischen Perser hingegen spielten in dieser Herrschaftsfolge eine kaum wahrzunehmende Rolle.«

In Ardabil führen alle Wege zum Heiligtum Safi-ud-Dins, der im Volksmund überwiegend als »Scheikh Safi« verehrt wird. Dieser Mystiker war 1334 im Alter von 82 Jahren gestorben. Aus jener Zeit rührt die Grabstätte, die immer wieder verwüstet und erneuert wurde. Das Gebäude wird durch zwei eigenartige breite Türme gekrönt, die wie kunstvoll dekorierte Silos aussehen. Kuppeln und Ornamentik, vor allem die geometrische Anordnung der grünen, blauen und gelben Fayencen, verweisen auf die Seldschuken-Architektur. Scheikh Safi sei nicht nur ein landläufiger Sufi gewesen, bemerkte der Professor. Man müsse ihn als »Aref« bezeichnen, denn er habe unmittelbaren Zugang zur Offenbarung gefunden. Hingegen sei es unklar, ob man diesen türkischen Eremiten, der sich in die frostige Einsamkeit des Ardabil-Plateaus in 1300 Meter Höhe zurückgezogen hatte, als Sunniten oder Schiiten bezeichnen könne. Nach der arabischen Eroberung Persiens, nach der Unterwerfung des Sassaniden-Reiches durch den Kalifen Omar, hatte eine massenhafte Zwangsbekehrung zum sunnitischen Islam stattgefunden. Die schiitische Gemeinschaft – damals überwiegend in Mesopotamien ansässig – habe erst in den folgenden Jahrhunderten Zuflucht in den unzugänglichen Gebirgsgegenden Aserbaidschans gesucht, um sich den Verfolgungen ihrer sunnitischen Todfeinde, der Abbassiden von Bagdad, zu entziehen.

Nach dem Tod des »Aref« müssen sich seltsame Dinge abgespielt haben. In geistiger Anlehnung an den großen Sufi

1 Von seinen Janitscharen umrahmt empfängt der osmanische Sultan und Kalif den Gesandten des Römischen Kaisers Deutscher Nation.

2 In der albanischen Hauptstadt Tirana hat sich ein Zentrum des Bektaschi-Ordens erhalten. Dorthin waren die Janitscharen nach dem Massaker von Konstantinopel geflüchtet.

3   Dem türkischen Präsidenten Recep Tayyip Erdogan ist es gelungen, sich aus dem Schatten Atatürks zu lösen und Abstand zu gewinnen vom kemalistischen Laizismus.

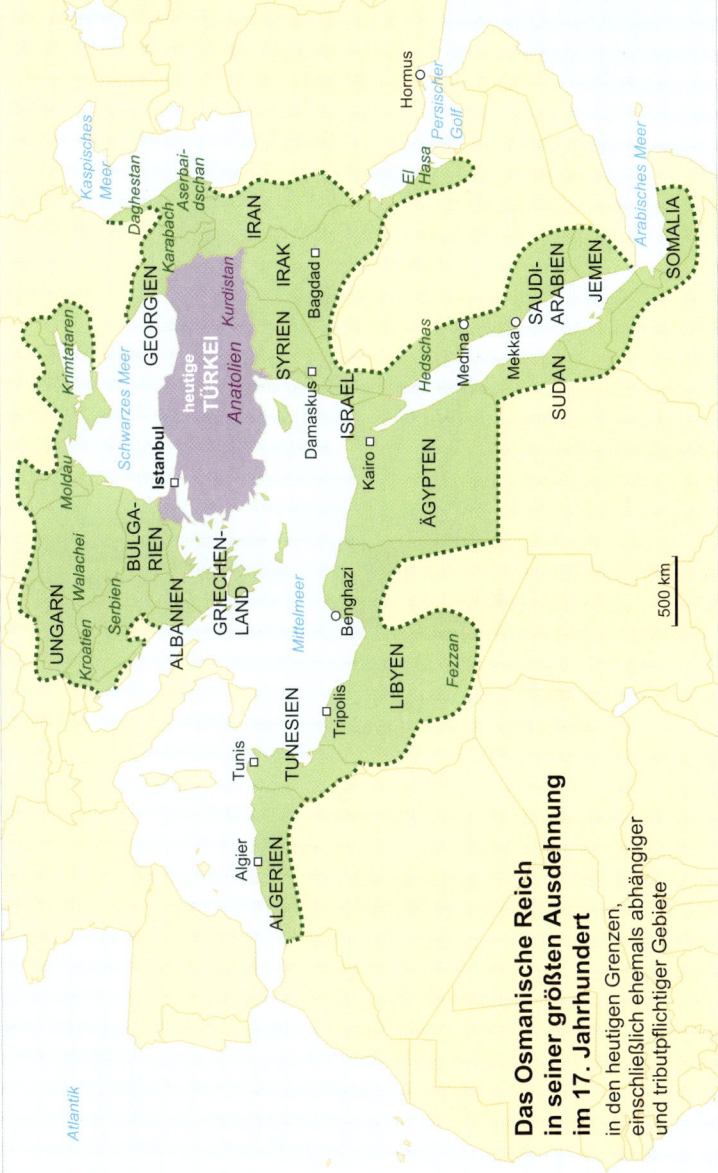

Das Osmanische Reich
in seiner größten Ausdehnung
im 17. Jahrhundert

in den heutigen Grenzen,
einschließlich ehemals abhängiger
und tributpflichtiger Gebiete

500 km

Atlantik

Kaspisches
Meer

Hormus

Persischer
Golf

Arabisches Meer

Daghestan

Aserbai-
dschan

Karabach

IRAN

SOMALIA

Krimtataren

Schwarzes Meer

GEORGIEN

Kurdistan

IRAK

Bagdad

El
Hasa

JEMEN

SAUDI-
ARABIEN

heutige
TÜRKEI

Anatolien

SYRIEN

Damaskus

Hedschas

Medina

Mekka

Istanbul

ISRAEL

SUDAN

Moldau

BULGA-
RIEN

GRIECHEN-
LAND

Kairo

ÄGYPTEN

Walachei

Serbien

UNGARN

Kroatien

ALBANIEN

Mittelmeer

Benghazi

Tunis

TUNESIEN

Tripolis

LIBYEN

Fezzan

Algier

ALGERIEN

4   Recep Tayyip Erdogan glorifiziert immer wieder die Eroberung von Konstantinopel durch den osmanischen Sultan Mehmet II. Hier endete das Mittelalter und begann die Neuzeit.

5   Wer heute den russischen Staatschef trifft, muß sich dem Verdacht aussetzen, ein »Putin-Versteher« zu sein.

6   Im Namen Europas profilierte sich Angela Merkel, die »mächtigste Frau der Welt«, als strenge Mahnerin gegenüber Wladimir Putin.

7   Im März 1918 beugte sich Lenin in Brest-Litovsk dem Diktat Deutschlands und Österreichs. Die damalige Grenzlinie entspricht fast genau der
heutigen Verdrängung Russlands aus der Ukraine und dem Baltikum.

8   Die Anti-Putin-Kampagne Obamas treibt die Russische Föderation in
eine enge Bindung zu China.

9   Erinnerung des Ruhms in Zeiten der Schmach. Denkmal für den
»Großen Vaterländischen Krieg« in Lugansk (Ost-Ukraine).

10   Wenn der syrische Präsident Bashar el-Assad gegen den Aufstand weiter Bevölkerungsschichten überleben konnte, verdankt er das nicht zuletzt dem Führer der schiitischen Hizbullah des Libanon, Scheikh Hassan Nasrallah.

11   Der Autor im Gespräch mit Scheikh Nabil Qaouk, Befehlshaber der Südfront der Hizbullah des Libanon.

12 Allen Voraussagen der westlichen Nachrichtendienste zum Trotz übt der syrische Präsident Bashar el-Assad in Damaskus und im syrischen Küstengebiet weiterhin seine Autorität aus.

13 Das ehrwürdige christliche Heiligtum von Maalula wurde bei einem Überfall fanatischer Islamisten verwüstet. Die orthodoxen Nonnen traten eine lange Geiselhaft an.

14 Der selbsternannte Kalif Abu Bakr el-Baghdadi beansprucht die geistige Führung sämtlicher Muslime zwischen Marokko und Indonesien.

15 Die Augen dieses Usurpators sind auf die heiligste Stätte des Islam, die Kaaba von Mekka gerichtet, deren Wächteramt vom saudischen Königshaus ausgeübt wird.

16   Radikaler als El Qaida gebärdet sich die internationale Kerntruppe des »Islamischen Staates«, die auf das Territorium zwischen Aleppo und Bagdad Anspruch erhebt.

17   Für die Gotteskrieger des »Kalifen« el-Baghdadi gelten die Schiiten als todeswürdige Ketzer und werden brutal hingerichtet.

18 Wie der Verborgene Imam hat sich der einflußreichste schiitische Geistliche, Groß-Ayatollah Ali es-Sistani, von jedem Kontakt mit der Öffentlichkeit abgeschirmt. Als die heiligen Mausoleen von Nedjef und Kerbela bedroht wurden, rief er seine treu ergebene Gefolgschaft durch eine Fatwa zum Heiligen Krieg gegen die sunnitischen Erbfeinde auf.

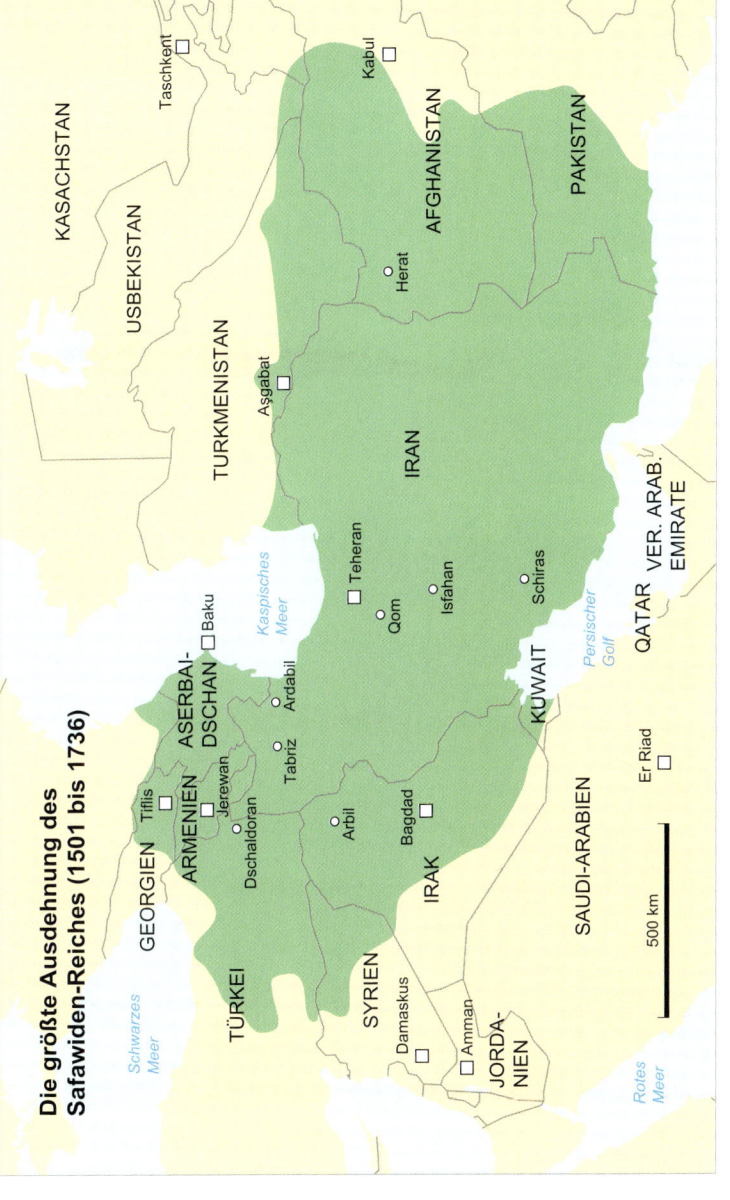

Die größte Ausdehnung des
Safawiden-Reiches (1501 bis 1736)

19   An den Grabstätten der Imame Ali und Hussein konzentriert sich die mythische Frömmigkeit des schiitischen Glaubenszweiges.

20   Seien es Schiiten, Alawiten oder Aleviten, sie alle verehren den Märtyrer
Imam Hussein, den Enkel des Propheten Mohammed.

21   Am Tag nach der Besetzung der amerikanischen Botschaft von Teheran
im November 1979 führte der Autor ein langes Gespräch mit Ayatollah
Ruhollah Khomeini im religiösen Zentrum von Qom.

22   In der Pilgerstadt Samarra mit ihrem babylonisch anmutenden Turm soll der zwölfte Imam der Schiiten vor seinen sunnitischen Häschern in die Verborgenheit entrückt worden sein. Zwischen den konfessionellen Bürgerkriegsparteien des Irak wurde dort heftig um die Vorherrschaft gerungen.

23   Bei ihrem Vormarsch zerstören die Terroristen des »Islamischen Staates« immer wieder schiitische oder christliche Heiligtümer. Nach der Eroberung der nordirakischen Stadt Mossul sprengten sie im Juli 2014 das Grab des Propheten Jonas, der von Christen und Muslimen gleichermaßen verehrt wird.

von Ardabil hatte eine Zusammenballung schiitischer Gläubiger türkischer Volkszugehörigkeit in diesem Hochland stattgefunden. Unter dem Urenkel Scheikh Safis, der als Schah Ismail I. in die Geschichte eingegangen ist, kam es zum offenen Konflikt mit der Großmacht der Osmanen, die sich nach der Unterwerfung des Balkans nun auch nach Ostanatolien in Richtung Persien auszudehnen trachteten. Zwei türkische Völker, die Osmanen und die Azeri, holten zum unerbittlichen Bruderkrieg aus. Nicht die ethnische und linguistische Einheit gab hier den Ausschlag, sondern die konfessionelle Spaltung in Sunniten auf der einen, Schiiten auf der anderen Seite. Nachdem der ostpersische Dichter Ferdowsi fast fünfhundert Jahre zuvor eine kulturelle Wiedergeburt Persiens unter Berufung auf die prä-islamischen, auf die zoroastrischen Helden des »Schahnameh«, das »Buch der Könige«, eingeleitet hatte, waren es jetzt seltsamerweise türkische Aserbaidschaner, die sich auf die persische Dichtung und Kultur stützten und einen neuen iranischen Staatsgedanken aus der Taufe hoben. Im Zentrum dieses mystischen Aufbegehrens stand das Bekenntnis zur »Partei Alis«, die Exaltierung des schiitischen Glaubensweges.

Die geschichtlichen Abläufe, die mir Professor Dschibraili aufzeichnete, klangen wie eine Chronik des Horrors. Es war sehr grausam zugegangen in diesem neugegründeten Persien der Safawiden. So nannte man die Dynastie, die Ismail I. begründet hatte und die sich auf die Heilige Stiftung des weltentrückten Scheikh Safi-ud-Din Ardabili berief. Es seien nur einige besonders befremdliche Ereignisse erwähnt. Etwa 150 Jahre nach dem Tod des weisen Scheikh Safi hatte dessen Nachkomme eine fanatisierte Heerschar türkisch-aserbaidschanischer Schiiten um sich versammelt. Als äußeres Kennzeichen trugen die Derwische eine rote Mütze, die mit zwölf Zipfeln oder Troddeln das Bekenntnis zu den Imamen der

Zwölfer-Schia bekräftigte. »Kizylbasch« hießen von nun an diese »Rotkappen« oder »Rotköpfe«, ein Titel des Ruhms in der iranischen Legendenbildung, wo sie verherrlicht werden, ein unflätiges Schimpfwort für jene sunnitischen Osmanen, die mit dem Wort Kizylbasch heute noch die Vorstellung von »Blutschande« verbinden. Im zarten Jünglingsalter stürzte sich Ismail I. bereits in den heiligen Glaubenskrieg gegen den Sultan von Istanbul. Im Jahr 1502 ließ er sich zum ersten Schah, zum König der Safawiden-Dynastie krönen.

Ismail I. hat die entscheidende Schlacht seines Lebens, den Zusammenprall mit den Janitscharen des osmanischen Sultans bei der Ortschaft Dschaldoran, auf katastrophale Weise verloren. Seine glaubenstrunkenen Rotkappen, die noch mit mittelalterlicher Bewaffnung als Bogenschützen und Lanzenreiter gegen den Feind stürmten, wurden durch die Kanonen und Arkebusen der Sultans-Armee, die damals über das modernste Rüstungsarsenal verfügte, reihenweise niedergestreckt. Die Schlacht von Dschaldoran endete mit der totalen Vernichtung des schiitischen Safawiden-Aufgebots. Die Historienschreiber haben sich dieses Ereignisses bemächtigt und aus dem kriegerischen Desaster ein Heldenepos gemacht.

Der schmächtige Professor aus Tabriz geriet in Verzükkung, als er vom Untergang der Kizylbasch berichtete. Sie hätten sich bis auf den letzten Mann abschlachten lassen. Ihr Tod für die gute Sache umgebe sie mit dem Glorienschein des Martyriums. Die Schuhada, die Märtyrer seien von jenem Tage an, als der heilige Imam Hussein sich mitsamt seinen Getreuen bei Kerbela durch die Schergen des teuflischen Omayyaden-Kalifen Yazid in Stücke hacken ließ, stets die wahrhaft Auserwählten der schiitischen Glaubensgemeinschaft gewesen. Die Niederlage in der Nachfolge Alis sei doch der höchste Triumph, der Untergang der schönste Sieg. Des-

halb bezeichne man auch die Schlacht von Dschaldoran als
»zweites Kerbela«.

Ähnlich, so fügte Ibrahim nachdenklich hinzu, müsse auch
der vergebliche Ansturm der Revolutionswächter Khomeinis
und des kindlichen Aufgebots der Bassidji im Krieg gegen den
irakischen Despoten Saddam Hussein gewertet werden.
»Diese Freiwilligen des Todes wurden in den feindlichen Mi-
nenfeldern zerfetzt, sie erstickten und verbrannten im Giftgas
der materiell weit überlegenen Streitkräfte der Arabischen
Republik Irak. Ihre Opfer waren kaum zu zählen, und ihr kla-
res Ziel, die Rückgewinnung der heiligen Stätten von Kerbela
von Nedjef, haben sie nicht erreicht. Zu Hunderttausenden
verbluteten sie, krepierten im schrecklichsten Sinne des Wortes in den Sümpfen des Schatt-el-Arab. Aber irgendwie ver-
leiht ihnen die vergebliche Selbstaufopferung, ihr Scheitern
im Auftrage Allahs und der Zwölf Imame die Aura höchster
Heiligkeit.«

Ein seltsamer Herrscher war dieser Schah Ismail I. Er, der
türkische Schiite aus Aserbaidschan, ließ sich im Kampf
gegen den osmanischen Imperialismus von drei Prinzipien
leiten, die er als oberste Richtschnur an seine Gefolgschaft
weitergab. Der Azeri aus Ardabil sah sich berufen, die Macht
und Einheit Persiens wiederherzustellen. Der Urenkel des
Scheikh Safi-ud-Din ordnete an, daß das schiitische Glaubensbekenntnis von nun an – notfalls durch Zwangsbekehrung – zur Staatsreligion des Iran erhoben wurde. Schließlich
empfahl er seinen Untertanen das intensive Studium des
»Buchs der Könige«, jener prä-islamischen Legenden, die
mit der Verherrlichung der frühpersischen Heroen das iranische Nationalbewußtsein wiederbelebt hatten.

*

Ein halbes Jahrhundert später erklomm die Safawiden-Dynastie unter Schah Abbas den Höhepunkt ihres kulturellen und militärischen Ruhms. Um sich der Bevormundung der arrogant gewordenen Kerntruppe der Rotkappen im rauhen Aserbaidschan zu entziehen, hatte Schah Abbas, der im Jahre 1587 den Thron bestieg, die Hauptstadt des Reiches nach Isfahan verlegt. Auf seine Weisung entstanden dort zierliche, elegante Paläste und vor allem jene wundervollen Moscheen, deren geheimnisvolle Zauberwelt jeden Besucher in Verzükkung versetzt. Schah Abbas war kühner Eroberer und grausamer Despot zugleich. Er verjagte die Portugiesen aus ihrer strategisch beherrschenden Festung Hormus am Persischen Golf. Seine Rotkappen waren in westlicher Richtung bis Ankara vorgedrungen.

Es bleibt noch zu klären, ob im Zuge der damals stattfindenden turanischen Migrationen und Nomadenzüge die Konfessionsgruppe der »Aleviten«, eine schiitische und schamanistisch geprägte Geheimsekte, im Begriff stand, ein religiöses und politisches Übergewicht in Anatolien zu gewinnen. Nach seinem Sieg von Dschaldaron über den schiitischen Safawiden-Schah hatte der osmanische Sultan Selim I., genannt der Grausame, zur Ausrottung der Aleviten ausgeholt, deren Mysterien und Riten mit der koranischen Rechtgläubigkeit der Sunna nicht zu vereinbaren waren.

Das Schicksal der persischen Safawiden bietet ein typisches Beispiel für die Willkür orientalischer Despotie. Auf die desaströse Niederlage von Dschaldaron erfolgte um 1600 der phänomenale Siegeszug Schah Abbas des Großen. Er unterwarf weite Teile Afghanistans, Armeniens und Georgiens, doch seinen höchsten Ruhm erntete er in Mesopotamien, als er die schiitischen Heiligtümer von Nedjef und Kerbela mit den Gräbern Alis und Husseins seinem Imperium einverleibte.

Trotz seiner demonstrativ praktizierten Frömmigkeit geriet der Hof Abbas des Großen sehr bald in den Ruf von Ausschweifung, Trunkenheit und Laster. Kein Wunder, daß vier Jahrhunderte später die Revolution des Ayatollah Khomeini sich von dieser finsteren Erbschaft kategorisch lossagte. Die Tatsache, daß die Nachfolger Ismails I. sich den Titel eines »Mursched«, des höchsten geistlichen Führers, zulegten, wo doch der Gang der Welt den geheimen Ratschlüssen des Verborgenen Imam unterworfen war, mußte Khomeini zutiefst verbittern.

Unter Schah Hussein, dem letzten Herrscher der Dynastie, versackte das Reich vollends im Chaos. Finsterer Fanatismus und blinder Aberglaube machten sich breit, führten zu Massakern unter den christlichen Armeniern, denen einst die Gunst Abbas des Großen gegolten hatte. Die Mullahs nutzten die Schwäche des Staates zu ihrem Vorteil. Vor allem aber waren die Derwische des Kizylbasch-Ordens, die ursprünglich als Eiferer einer egalitären Erneuerung aufgetreten waren, zum ständigen Ferment der Rebellion geworden. Die letzten Rotköpfe, deren Kommandeur den Hof tyrannisierte und deren ursprüngliche Religiosität abscheulicher Grausamkeit gewichen war, führten sich als unberechenbare Prätorianergarde auf.

Die persische Anarchie brachte zu Beginn des 18. Jahrhunderts die afghanischen Eroberer ins Land. Die wilden sunnitischen Krieger des Hindukusch brandschatzten sogar die Städte Isfahan und Qom.

*

Vor unserer Rückfahrt von Ardabil nach Tabriz hatte der Muezzin mit mächtiger Stimme das Mittagsgebet angestimmt. Wieder fiel mir auf, daß im Glaubensbekenntnis der Schiiten neben der Beteuerung, daß es außer Gott keinen

Gott gebe und daß Mohammed sein Prophet sei, noch eine zusätzliche Anrufung angefügt war. Die »Schahada« endet dort nämlich mit dem Bekenntnis, daß Ali der Begründer der schiitischen Glaubensrichtung des Islam, der wahrhaftige Statthalter Allahs auf Erden sei – »wa aschhadu anna Aliya Wali Allahi«.

Unser Fahrer hatte das Radio laut aufgedreht. Ein süßlicher Schlager nistete sich in mein Ohr. Ich verstand nur die zwei sich endlos wiederholenden Wörter »Leila« und »Majnun«, die Namen eines legendären Liebespaares der aserbaidschanischen Dichtung, eine kaukasische Variante von »Romeo und Julia«. Der Dichter Nizami habe einen großen Teil seines Lebens in Schuscha verbracht, wurde mir erklärt, und plötzlich wurde mir die ganze Zerrissenheit dieser südlichen Kaukasusregion bewußt, wo heute noch der Konflikt zwischen Aserbaidschanern und Armeniern um den Besitz der Enklave Nagorny Karabagh ausgetragen wird. Schon Zarin Katharina II. war in diese Südregion des Kaukasus vorgedrungen, und Josef Stalin hatte – wohl um den dauerhaften Zwist zwischen den dortigen Gebirgsvölkern wachzuhalten – absurde Grenzen und geographische Exklaven entworfen. Es ist bezeichnend, daß der türkische Dichter Nizami seine Verse auf persisch verfaßte. »Majnun! Majnun! Majnun!« steigerte sich der Sänger mit schmalzigem Tremolo. Das Wort stammt aus dem Arabischen und bedeutet »verrückt«. Der Verehrer der schönen Leila war offenbar hoffnungslos seinem Liebeswahn verfallen.

Für mich verband sich mit dieser Klage eine ganz andere Erinnerung. »Insel des Wahnsinnigen«, Majnun, hieß jene Sandbank im Schatt-el-Arab, die die iranischen Pasdaran und Bassidji im Jahr 1983 nach schrecklichen Verlusten bei ihrem Vorstoß auf die Straße Basra–Bagdad besetzt hatten. Im Sommer 1982 hatte ich an dieser Stelle die Front besichtigt. Es war ein deprimierendes Erlebnis. Die Hitze, die über der Sumpflandschaft des Schatt-el-Arab lastete, erreichte nahezu fünfzig Grad, und die extrem hohe Luftfeuchtigkeit war vollends unerträglich. Bis zum Horizont dehnte sich eine trostlose Schilfebene, aus der Myriaden von Moskitos aufstiegen. Das brackige Wasser war mit einer schillernden Ölschicht bedeckt, denn in diesem Abschnitt ging es nicht nur um den strategischen Durchbruch, sondern auch um den Zugang zu reichen Ölreserven. Im glühendheißen Bunker erklärte uns ein bärtiger Pasdaran-Führer anhand der Landkarte die Frontlage. Ein Major der regulären iranischen Armee hob sich durch seine fast elegante Khaki-Uniform, den soignierten Schnurrbart und urbanes Auftreten vom rüden Erscheinungsbild des Revolutionswächters deutlich ab. Den Lagevortrag verfolgte er mit einem vorsichtig überlegenen Lächeln.

Die Stimmung am Schatt-el-Arab war zutiefst bedrückend. Die Iraner hatten quer durch die Sümpfe lange Holzstege gelegt, auf denen sie ihre selbstmörderischen Sturmangriffe nach vorn trugen. Die schwankenden Bretter verloren sich irgendwo im urweltlichen Schlamm, aus dem – wie mir schien – jederzeit vorsintflutliche Ungeheuer auftauchen konnten. Wir hatten auf der Insel Majnun, der blutigsten Opferstätte des iranisch-irakischen Krieges, die vorderste Stellung der vergeblichen Gegenoffensive der Khomeini-Truppen erreicht. Als der Landrover zur Rückfahrt nach Ahwas wendete, kam von irakischer Seite sporadisches Artilleriefeuer auf.

Der kranke Mann am Bosporus

Was gehen uns die Rotkappen des Schah Abbas an? Immerhin verkörpern sie eine verblüffende Parallelität innerhalb des weitgestreckten Rechtecks zwischen Isfahan und Kairo, Moskau und Istanbul. Wir wollen hier keinen chronologischen Ablauf skizzieren, aber auf das weitverbreitete System präpotenter Söldnertruppen verweisen – Kriegssklaven oder Mameluken genannt –, die in fremden Ländern als Leibgarde des Sultans oder Emirs rekrutiert, die Macht an sich rissen. So sei hier die rauhe Horde der Mameluken erwähnt, meist Kaukasier, die nach Ausschaltung der Ayyubiden-Dynastie die reichen Pfründe des Niltals vier Jahrhunderte lang untereinander aufteilten und die als einzige in der Lage waren, den schier unbezwingbaren mongolischen Heerscharen Tamerlans standzuhalten.

Es bedurfte des Erdbebens, des gewaltigen Modernisierungsschubs, mit dem Napoleon Bonaparte die verkrusteten Strukturen der osmanischen Dependenz Ägypten erschütterte, und des Sieges der französischen Armee in der Schlacht der Pyramiden, um dem ersten reformerischen Regenten Kairos, dem albanischen Pascha und Vizekönig Mehmet Ali, die Möglichkeit zu verschaffen – etwa ein Jahrhundert nach dem Massaker der persischen Kizylbasch –, sich der ungestümen Mameluken-Warlords zu entledigen. Deren Rädelsführer hatte er nach bewährtem Vorbild zu einem prunkvollen Bankett in die Zitadelle von Kairo geladen und einem heimtückischen Gemetzel ausgeliefert. Mit ähnlicher Grausamkeit war im fernen Moskau Peter der Große gegen die verwilderte Palastgarde der Strelitzen vorgegangen, die im Begriff standen, die zaristische Erbfolge zum Spielball ihrer Willkür zu machen. An der gnadenlosen Abschlachtung der Rebellen soll sich der Monarch auf dem Roten Platz persönlich mit dem Beil beteiligt haben.

In diese Serie staatserhaltender Brutalität und Tücke reiht sich das tragische Schicksal der osmanischen Janitscharen ein, als Sultan Mahmut II. sich gezwungen sah, gegen die Aufsässigkeit der verrohten Elitetruppe mit gnadenloser Arglist einzuschreiten. In diesem Fall können wir uns auf einen nüchternen Augenzeugen, den preußischen Hauptmann Helmuth von Moltke, verlassen. Der Niedergang der einst allmächtigen Pforte hatte sich parallel zur Verwilderung und Anmaßung, zu den exorbitanten Soldansprüchen der Janitscharen vollzogen. Die ursprünglich dem Sultan blindlings ergebene Garde verwandelte sich in einen unberechenbaren Haufen von Rabauken und Plünderern. Die Verwilderung der Janitscharen war zugleich Folgeerscheinung und Beschleunigungsfaktor des Reichszerfalls. Ihr Willkür- und Schreckensregiment am Goldenen Horn dauerte bis zum Jahr 1826, als der Sultan endlich mit Hilfe der neuen Regimenter des »Yeni Nizam« das Gros seiner früheren Militärelite unter dem Vorwand von Solderhöhungen zum Hippodrom von Istanbul lockte und sie dort erbarmungslos zusammenkartätschen ließ.

»Am Mittag des 14. Juni 1826«, so berichtet Moltke, »hörte man in Pera den Donner der Kanonen von Konstantinopel herüberschallen, und die nächste Nachricht war schon, daß die türkischen ›Strelitzen‹, die Prätorianer des Islam nicht mehr existierten. Gestützt auf die unter allerlei Namen und Verkappungen gebildeten regulären Truppen und ganz besonders auf einen großen Teil der türkischen Bewohner der Hauptstadt selbst, ausgerüstet mit dem Heiligen Banner des Propheten und einer Verdammungs-Fatwa des Scheikh-ul-Islam trat der Großherr aus dem Seraj hervor. Hussein Pascha, der Janitscharen-Aga, war das tätigste Werkzeug ihrer Vertilgung. Aber während man die Kaserne auf dem At Meydan frontal mit Kanonen beschoß, ließ man die Türen der Rückseite zur Flucht offen, und obwohl Ströme von Blut innerhalb der alten Mauern von Rumeli-Hissar und an vielen anderen Punkten des Reiches flossen, war man froh, die Kinder des Hadji-Bektasch nicht zu sehen, welche sich verbergen wollten. Denn die Janitscharen, die 199 Orta oder Bataillone zählten, bildeten den streitbarsten Teil des Osmanischen Reiches selbst. Nur die am höchsten Stehenden, die Gefährlichsten und Trotzigsten, wurden mit schonungsloser Strenge geopfert, so die berüchtigte Otuz-bir oder 31. Orta, welche in den europäischen Dörfern am Bosporus hauste, die bis auf den letzten Mann vertilgt werde. Die bei weiterem größere Menge der Janitscharen blieb im Land verborgen, und noch heute siehst Du in allen Provinzen des Reiches alte, kräftige Gestalten, denen das Abzeichen ihrer Orta auf dem rechten Arm mit unverlöschlichen blauen Zügen eingeätzt ist …«

Rückblickend will ich die »Knabenlese« oder »Devshirme«, der zur Institution erhobene Raub christlicher Kinder, der von den Osmanen fünf Jahrhunderte lang praktiziert wurde, erwähnen. Dieser barbarische Brauch belieferte die Elitetruppen des Padischah mit seinen besten Kriegern, während die begabtesten der entführten Knaben mit Einweisung in die Palastschule Zugang zu den höchsten Ämtern des Reiches fanden. Die Folgen der Devshirme wirken bis in die Gegenwart fort. Jedenfalls trübt diese Erinnerung das idyllische Bild »multikultureller Harmonie« im Zeichen des Halbmonds, das gelegentlich entworfen wird. Erneut greife ich auf zwei Zeugenaussagen Helmuth von Moltkes zurück, der durch intime Kenntnis des Terrains vor jeder Verharmlosung gefeit war. So schildert der preußische Offizier im Mai 1837 aus dem bulgarischen Schwarzmeerhafen Varna, damals Bestandteil des Osmanen-Imperiums, den Besuch des Sultans und Kalifen:

»... Seine Kaiserliche Majestät steigen eine Viertelstunde vor der Stadt in ein Zelt ab, um den blauen Überrock mit der bewußten roten Uniform zu vertauschen. Für wen er eigentlich diese Toilette macht, weiß ich nicht; bei uns ist man gewohnt, die Pracht des Monarchen durch den Glanz der Großen und Mächtigen, die ihn umgeben, gehoben zu sehen. Hier ist nur ein Herr, die übrigen sind Knechte. Sobald Seine Hoheit zu Pferde stiegen, ließ man eine Menge Minen in den Steinbrüchen auf den Bergen ringsumher auffliegen. Zu beiden Seiten des Weges paradierten die Notabilitäten der Stadt, rechts die Muslime, links die Rajahs. Obenan stehen die Mullahs oder Geistlichen, welche noch immer den schönen, weißen Turban tragen, dann folgen die weltlichen hochstehenden Personen. Links paradierten erst die Griechen mit Lorbeerzweigen, dann die Armenier mit Wachskerzen und endlich die armen verhöhnten und mißhandelten Juden. Die Muslime standen aufrecht mit über den Leib verschränkten Armen. Die Rajahs aber und selbst Bischof und Priester mit den geweihten Kirchengeräten warfen sich nieder und blieben mit der Stirn an der Erde, bis der Sultan vorüber war. Sie durften das Antlitz des Padischah nicht schauen.« Mit der privilegierten Stellung der Juden, von der nach ihrer Vertreibung aus Spanien und ihrer partiellen Niederlassung im osmanischen Orient manche Historiker heute schwärmen, kann es so weit also nicht hergewesen sein.

*

Noch zu Beginn des 16. Jahrhunderts hatten die Osmanen unter Suleiman dem Prächtigen die Safawiden aus Mesopotamien vertrieben, die Ungarn in der Schlacht von Mohacs vernichtend geschlagen und beinahe die Stadt Wien an sich gerissen. Aber die Gesetze der Erbfolge wurden dem Imperium zum Verhängnis. Schon Mehmet II., der der Glorie von Byzanz ein Ende setzte, hatte einen unerbittlichen Brauch zum Gesetz erhoben. Er bestand darin, daß der aussichtsreichste Anwärter auf den Sultanstitel seine eigenen Brüder oder Halbbrüder, die ihn als Rivalen herausforderten, der Tortur der »seidenen Schnur« auslieferte und umbringen ließ. Aus jener Zeit stammt wohl der Spruch, daß der Padischah die Harems-Intrigen seiner Eunuchen mehr fürchten mußte als die Aufsässigkeit seiner Janitscharen.

So wurde auf Betreiben Roxelanes, der Lieblingsfrau Suleimans des Prächtigen, deren unfähiger Sohn Selim II. statt eines anderen fähigen und legitimen Anwärters zur Würde des Sultans und Kalifen erhoben. »Selim Mest«, der Säufer, wie er beim Volk hieß, war ein Schwächling und Versager. Es verging kaum eine Generation, da verloren auch schon die Admirale und die kühnen Korsaren des Padischah nach der Seeschlacht von Lepanto die Herrschaft über das Mittelmeer. Ihre altertümlichen Galeeren waren gar nicht mehr imstande, mit jenen kühnen Karavellen zu wetteifern, die die Könige von Portugal und Spanien zur Erschließung neuentdeckter Seerouten und Kontinente ausschickten. Wie rasend schnell die scheinbar solidesten Konstruktionen zerfallen, haben wir in jüngster Vergangenheit am Beispiel des Untergangs europäischer Weltherrschaft erlebt. Schon spekuliert man ja verfrüht über »the decline and fall of the American Empire«.

Es konnte nicht ausbleiben, daß die Verfaulungen der staatlichen Autorität und ihrer Institutionen, die zur Zeit der sogenannten »Weiberherrschaft« teilweise groteske Züge annahmen, sich verheerend auf die Kampftauglichkeit der osmanischen Streitkräfte und auf deren Bereitschaft zur Selbstaufopferung auswirkten. Zu den widersprüchlichsten Aspekten des osmanischen Herrschaftssystems zählte die

Tatsache, daß die geistliche Ausbildung und Anleitung der Janitscharen – angefangen mit deren koranwidriger Zwangsbekehrung – den Derwischen des Bektaschi-Ordens anvertraut war. Der Kalif von Istanbul, dieser Garant sunnitischer Rechtgläubigkeit, der sich oft genug durch die Unterdrückung jeder theologischen Abweichung vor allem schiitischer Inspiration hervortat, griff auf die »Mönche« einer zutiefst ketzerischen Sekte, auf eine im Irrglauben der Aleviten wurzelnde Bruderschaft zurück, um die unbezwingbare Infanterie des Sultans religiös zu inspirieren, über das Zölibat der kasernierten Soldaten zu wachen und ihnen Unterwürfigkeit vor dem Padischah einzuimpfen. Die Ausrichtung auf diese Derwische ging so weit, daß die Janitscharen deren weithin sichtbare Mützen aus weißer Wolle trugen, die der Kopfbedeckung der Sufi entsprachen und – zum Schutz gegen Säbel- und Keulenhieb – mit Sägemehl ausgefüllt waren.

Ein Historiker der Bosporus-Universität von Istanbul hat mir versichert, daß die seltsame Allianz zwischen dem höchsten muslimischen Herrscher und den in häretischer Abweichung von der Sunna gedrillten Janitscharen dazu dienen sollte, die Verfügungstruppe gegen jede Einflußnahme der offiziellen Korangelehrten, der Ulama, und vor allem der höchsten sunnitischen Autorität des Scheikh-ul-Islam abzuschirmen, zumal letzterer gelegentlich der Allmacht des Sultans mit der kategorischen Weigerung »olmaz« – es ist laut Koran nicht erlaubt – in den Arm fallen konnte. Darüber hinaus beabsichtigte wohl das Serail, mit Hilfe dieser in türkischer Umgebung entwurzelten, allein auf den Herrscher eingeschworenen Mannschaft von Fremdkriegern den endlosen Clan- und Stammesverschwörungen einheimischer Feudalcliquen den Boden zu entziehen.

Das osmanische Imperium war inzwischen zum Spott seiner Söldner, zum »kranken Mann am Bosporus« geworden.

Erst im späten 19. Jahrhundert kam jene nationalistische, den unterworfenen Völkerschaften mit extremer Unduldsamkeit entgegentretende Erneuerungsbewegung der »Jungtürken« auf, die vergeblich versuchte, den staatlichen Zerfall aufzuhalten. Aber da hatte Prinz Eugen bereits die Festung Belgrad gestürmt und die Kosaken des Zaren die türkischen Befestigungen am Schipka-Paß durchbrochen, um unmittelbar vor den Mauern des alten Konstantinopel zu kampieren. Die überlebende Kerntruppe der Janitscharen und deren Bektaschi-Prediger flüchteten überwiegend in die Gebirge des heutigen Albaniens, schufen dort einen zusätzlichen Herd der Sezession und verfügen heute noch am Stadtrand von Tirana über ein Sanktuarium, in dem alevitische Religiosität mit der kriegerischen Veranlagung der Skipetaren eine seltsame Kombination eingegangen ist.

Wie wenig das verzweifelte elitäre Aufbäumen der »jeunes Turcs« den hartnäckigen Illusionen der breiten Masse entsprach, schildert wiederum Helmuth von Moltke in einem Brief aus Konstantinopel: »Man möchte sagen, Europa nimmt mehr Anteil an der Türkei als die Türkei selbst«, so schrieb er nach der Niederlage von Nizip. »Der gemeine Mann lebt noch immer in der Meinung, daß die Eltschis oder Gesandten aus dem Ausland da sind, um vom Padischah eine Krone für ihre Könige zu erbitten. ›Warum‹, sagt ein Mullah in der Versammlung von Biradschik, ›sollten nicht heute noch zehntausend Osmanli aufsitzen und mit festem Glauben an Allah und scharfen Säbeln durch Moskau reiten?‹ – ›Warum nicht?‹ antwortete ein anwesender türkischer Offizier. ›Wenn ihre Pässe von der russischen Gesandtschaft visiert sind, immerhin.‹ Dieser Offizier, der seine Erziehung in Europa erhalten hatte, äußerte sich auf französisch, wo er freilich das Kühnste sagen durfte, denn niemand verstand ihn. ›Ne sarar var!‹ – Was schadet's – meinten die Leute nach der Katastro-

phe von Nizip, ›der Padischah ist reich genug, um hin und
wieder eine Schlacht und ein paar Provinzen zu verlieren‹!«

Als schließlich die archaischen Strukturen am Bosporus
zusammenkrachten, die Regierung Abdulhamid II. unter
dem revolutionären Zwang der Jungtürken 1908 eine kon-
stitutionelle Monarchie ausrief und ein auf Europa ausgerichtetes Reformwerk an Haupt und Gliedern vornehmen wollte,
war es zu spät. Am Vorabend des Ersten Weltkrieges hatte
sich zwischen Berlin und Istanbul eine enge wirtschaftliche
und militärische Zusammenarbeit entwickelt. Wilhelm II.
war begeisterter Befürworter dieser Solidarisierung mit dem
untergehenden Halbmond. Es entstand das grandiose Projekt der Bagdad-Bahn. Um den religiösen Widerwillen der
islamischen Völker gegen die Entente-Mächte Großbritannien und Frankreich anzufachen, wurde ein zusätzlicher
Schienenstrang für die Pilger des »Hadj« durch die arabische
Wüste in Richtung Mekka und Medina ausgebaut.

Die türkische Armee, die an der Seite der Mittelmächte in
den Ersten Weltkrieg eintrat, war miserabel kommandiert
und erbärmlich bewaffnet. Aber sie kämpfte mit großer Bra-
vour und errang bei der Schlacht um die Dardanellen im Jahr
1915 sogar einen spektakulären Erfolg. Unter dem Befehl eines stahlharten Kommandeurs, der seinen Namen Kemal Pascha später in Atatürk umwandeln sollte, wurden die Australier, Briten und Franzosen, die laut Planung des Ersten Lords
der Admiralität, Winston Churchill, die Meerengen Konstan-
tinopels unter ihre Kontrolle bringen sollten, unter schweren
Verlusten zur Wiedereinschiffung, zum unrühmlichen Rückzug gezwungen. Nach der bedingungslosen Kapitulation des
Sultans und nach Auflösung des Osmanischen Reiches genoß
Kemal Pascha, der in erfolgreichen Abwehrschlachten die bis
Ankara vorgedrungenen Griechen bei Sakarya vernichtend
besiegte und auf dem Restbestand des Imperiums in Anato-

lien und Ost-Thrakien eine türkische Republik völlig anderen
Zuschnitts zusammenfügte, nunmehr beim Volk ein unver-
gleichliches Prestige und eine erdrückende Autorität.

Eine andere Persönlichkeit jener tragischen Wende, der
letzte Kriegsminister des Padischah, Enver Pascha, wird zwar
nur noch am Rande der Geschichtschroniken erwähnt, hat
jedoch in unseren Tagen eine hohe symbolische Bedeutung
gewonnen. Enver Pascha hatte sich als junger Offizier an der
Spitze der Jungtürken hervorgetan. Als Generalmajor von
32 Jahren hatte er das Kriegsministerium an sich gerissen. Zuvor hatte er im Abwehrkampf gegen die italienische Koloni-
alarmee in der Cyrenaika und dann im zweiten Balkankrieg
von 1913 hohes Ansehen erworben. Die Niederlage der Mittelmächte wurde Enver Pascha zum Verhängnis. In seiner
Heimat verurteilte man ihn zum Tode. Deshalb floh er erst
nach Deutschland und dann – auf Einladung Lenins – nach
Rußland. In dieser frühen bolschewistischen Phase wurden in
Moskau seltsame Pläne geschmiedet, um die damals fünfzehn
Millionen zählende Glaubensgemeinschaft der Muslime im
ehemaligen Zarenreich auf revolutionären Kurs zu bringen.
Parallel zu der Jadiden-Bewegung des Tataren-Sultans Gha-
liew, der eine utopische Kombination von Marx und Mohammed anstrebte, wurde Enver Pascha durch die bolschewisti-
sche Heeresführung ausersehen, die Muslime Zentralasiens
im Bürgerkrieg gegen die »weißen« Konterrevolutionäre zu
sammeln und sie in den Dienst der Weltrevolution zu stellen.
Der ehemalige osmanische Kriegsminister, der sich mit dem
Schöpfer der neuen Türkei, Kemal Pascha, unwiderruflich
überworfen hatte, nahm sogar 1920, nach der Eroberung Aserbaidschans durch die Rotarmisten Kirows, an jenem »Kongreß der Völker des Orients« in Baku teil, der unter Anstiftung
Sinowjews die Fackel des Kommunismus in alle Regionen
tragen sollte, die man später als Dritte Welt umschrieb.

Als Mann von Ehre, als türkischer Nationalist, als devoter Muslim hatte Enver Pascha wohl keinen Moment lang ernsthaft daran gedacht, jener islamischen Befreiungsbewegung in den Rücken zu fallen oder sie im sowjetischen Sinne zu gängeln, die zu Beginn der zwanziger Jahre ganz Zentralasien erfaßt hatte. Statt die frommen Gegner der gottlosen Bolschewiki zu bekämpfen, stellte er sich mit dem ganzen Prestige, das er damals genoß, an die Spitze der »Basmatschi«, jener Räuber und Wegelagerer, wie die Russen sie nannten, die von Turkmenistan bis Xinjiang zum Heiligen Krieg ausgerückt waren. Als »Oberbefehlshaber aller Armeen des Islam, Stellvertreter Gottes auf Erden« – er war mit dem letzten osmanischen Kalifen über seine Gattin entfernt verwandt – ließ er sich von den Reiterbanden der damaligen Mujahidin akklamieren. Eine Reihe tatarischer Offiziere hatte sich ihm zugesellt. Zusätzlich zur panislamischen Zielsetzung des Aufstandes entwickelte Enver Pascha die Vorstellung einer geeinten türkischen Völkerfamilie, die Osmanen, Azeri, Turkmenen, Usbeken, Tataren, Baschkiren, Kirgisen, Kasachen und alle versprengten Stämme bis zum Altai umfassen sollte, also sämtliche Komponenten der vielfältigen turanischen Rasse. Bei den frommen Basmatschi fand diese hochtrabende Idee des »Panturanismus« jedoch wenig Verständnis und geringen Widerhall.

Auf Dauer waren die muslimischen Steppenreiter der Dampfwalze der neustrukturierten Roten Armee nicht gewachsen. Atatürk hatte sich längst mit Moskau arrangiert, und die Briten hüteten sich, sich in das Abenteuer eines neuen »great game« einzulassen. Die Rebellenarmee wurde durch innere Zwistigkeiten und Verrat geschwächt. Am Ende war Enver Pascha nur noch von einer Handvoll Getreuer umgeben. Er hätte ohne Umstände nach Afghanistan oder China flüchten können. Aber er zog es vor, als romantischer

Held unterzugehen. Beim Dorf Abiderya im heutigen Tadschikistan, am Ufer des Flusses Pjandsch ereilte ihn am 4. August 1922 das Schicksal. Mit nur 25 Gefolgsleuten ritt er – den Säbel in der Faust – eine selbstmörderische Attacke gegen die Maschinengewehre der Bolschewiki. Er starb, von sieben Kugeln durchbohrt. Ein Mullah fand seine Leiche, so heißt es. Und als sich die Nachricht vom Tod des wackeren Streiters des Islam verbreitete, sollen 15 000 Fromme in Abiderya zusammengeströmt sein, um das koranische Totengebet zu sprechen.

Wer hätte damals geahnt, daß sechzig Jahre später auf dem Boden des ehemaligen Kolonialreichs des Zaren in Zentralasien und anstelle der willkürlich konstituierten Sowjetrepubliken zwischen Wolga und Altai eine Serie von unabhängigen Staaten entstehen würde, an deren Spitze die höchsten lokalen Parteifunktionäre der Kommunistischen Partei der Sowjetunion – ob sie nun Karimow oder Nazarbajew hießen – zu ihren teils mongolischen, teils tatarischen Wurzeln zurückfänden, sich als Sultane und Emire, kurzum als orientalische Despoten aufführen würden? Diese Opportunisten erkannten schnell, daß sie auf den im Volk verwurzelten Islam Rücksicht nehmen mußten. Dabei unterwarfen sie jedoch die koranischen Kultübungen und vor allem die Freitagspredigt, die Khutba der Imame, einer strengen Kontrolle.

»Das Glück, Türke zu sein«

In der neuen Hauptstadt Ankara mochte zwar Kemal Pascha darauf pochen, daß es keine Zivilisation »außerhalb der europäischen« gäbe. Er mochte seine Verachtung der islamischen

Religiosität so weit treiben, daß er den Propheten Mohammed – ein bislang einzigartiger Frevel – als räuberischen und
verlogenen Nomaden bezeichnete. Eine Demokratie westlicher Vorstellung hatte Atatürk jedoch nicht geschaffen, auch
wenn zu seinen Lebzeiten der Laizismus auf die Spitze getrieben wurde. Bis zu seinem Tod ließ er nur eine Einheitspartei
zu. Als wirkliches Rückgrat seiner brutal erzwungenen Mo-
dernisierungen erwies sich die verschworene Gemeinschaft
des Offizierskorps. Die mißachteten und ausgegrenzten Hodschas mochten sich darüber ereifern, daß an der Spitze des
Staates zwei »notorische Säufer« standen. Gemeint waren
Kemal Pascha und sein engster Vertrauter Ismet Inönü, die
durch ihren hemmungslosen Alkohol- und Raki-Genuß an
Leberzirrhose starben. An der frevelhaften Vergötzung Atatürks, die nunmehr einsetzte, konnten sie nicht ernsthaft rüt-
teln.

Noch im August 1984, als ich mit einem Kamerateam Zugang zur Kadettenanstalt von Bursa erhielt, war – mehr als
vierzig Jahre nach dem Tod des Staatsgründers – die Härte
des Drills, die eiserne Disziplin, die nationale Exaltation bei
der militärischen Ausbildung nicht gelockert worden. Wir
filmten den Deutschunterricht. Auch in der Sprache Goethes
klang uns ein ehernes Bekenntnis zu den Dogmen des Staats-
Kemalismus entgegen. »Wodurch zeichnete sich Atatürk
schon in seiner Jugend aus?« lautete die Frage des Prüfers.
»Der junge Mustafa zeichnete sich schon in seinen ersten Un-
terrichtsjahren durch eine so hohe Intelligenz, durch Selbst-
beherrschung und Lerneifer aus, daß ihm seine Professoren
den Titel ›Kemal – der Vollkommene‹ verliehen. Von nun an
wurde er ›Mustafa Kemal‹ genannt«, klang die prompte Antwort des Offiziersschülers in fehlerfreiem Deutsch.

»Wie definiert sich der Laizismus der Türkischen Republik?« Auch hier kam das Gelöbnis wie auf Knopfdruck von

einem anderen Kandidaten, der stramme Haltung annahm: »Atatürk hat eine strikte Trennung zwischen Staat und Religion verordnet. Es soll verhindert werden, daß zwielichtige Elemente, Volksbetrüger und Obskurantisten sich der Religion bedienen, um das Volk auszubeuten und es in die Irre zu führen. Die Reaktionäre verlangen, daß die Koranschulen wieder geöffnet werden, aber Atatürk lehnte das grundsätzlich ab.«

Die Armee war weiterhin die Schule der Nation, und ein junger Mann galt nichts in seinem Dorf, war kaum heiratsfähig, ehe er nicht seinen Wehrdienst abgeleistet hatte. Bei den städtischen Jungakademikern mochte das anders aussehen. Viele von ihnen – zumal wenn sie lange im Ausland residierten – konnten sich für eine Summe, die ungefähr dem Gegenwert von fünftausend Euro entsprach, von der Einberufung freikaufen.

Im aktiven Offizierskorps jedenfalls sollte todesmutiger Kampfgeist, bedingungsloser Gehorsam gezüchtet werden. Die Armeeführung bildete mehr denn je eine extrem abgesonderte Kaste mit großen Privilegien und strengen Pflichten. Dennoch bestand ein grundsätzlicher Unterschied zu den osmanischen »Yeniceri«, den Elitekriegern des Sultans. Die Janitscharen waren verschleppte Christenkinder, die als Prätorianergarde des erobernden Islam erzogen und ihrer ursprünglichen Persönlichkeit beraubt waren. Sie besaßen keine familiären Bindungen, keinen organischen Bezug zum türkischen Milieu. Die Offiziere und Kadetten der kemalistischen Streitkräfte hingegen, auch wenn sie in klösterlicher Zucht von ihrer Umwelt abgeschirmt wurden, entstammten meist bescheidenen Bevölkerungsschichten, waren Söhne von Kleinbürgern oder Bauern, die zwar durch eine eiserne Auslese gingen, aber ihre Familien- und Sippenbande nie ganz abbrechen ließen. Wenn wirklich die Nation vom islamischen

Erneuerungswillen in ihrer Mehrheit eines Tages erfaßt werden sollte, wären sie auf Dauer schwer dagegen zu immunisieren, könnten sogar – wie damals schon spekuliert wurde – der Versuchung erliegen, sich an die Spitze einer unaufhaltsamen Entwicklung zu stellen, um sie notfalls zu kanalisieren.

Dem Nachfolger Atatürks, dem erfolgreichen Feldherrn Ismet Inönü, war es nach Ausbruch des Zweiten Weltkrieges gelungen, die »splendid isolation«, die ihm der 1938 verstorbene Staatsgründer vorgegeben hatte, allen Pressionen und Lockungen aus Berlin zum Trotz beizubehalten. Das änderte sich erst, als bei den Verhandlungen, die Roosevelt, Stalin und Churchill über die Neugestaltung Ost-Europas führten, die Sowjetunion mit der Forderung an die Angelsachsen herantrat, die türkischen Meerengen der sowjetischen Einflußzone auf dem Balkan einzugliedern. Ankara war auf das Wohlwollen der USA angewiesen und erklärte Deutschland und Japan im Februar 1945 den Krieg. Fünf Jahre später trat Präsident Inönü zurück, nachdem er eine vorsichtige Anpassung an die demokratischen Vorstellungen des Westens einleitete und die Gründung ideologisch differenzierter Parteien zuließ. Diese Lockerung der autoritären kemalistischen Staatsführung erlaubte es der Türkei, im Jahr 1952 der NATO beizutreten.

Die zunehmende Liberalisierung, die nunmehr in sämtlichen Staats- und Wirtschaftssektoren einsetzte, vor allem die behutsame Neubelebung der islamischen Religionsausübung, wurde von der bislang allmächtigen Armeeführung mit tiefem Mißtrauen beobachtet. Die hohe Generalität holte zum Putsch gegen den Ministerpräsidenten Menderes aus, ließ den Premierminister sogar hinrichten, als sein politischer Kurs ihren laizistischen Vorstellungen widersprach, Unruhe in der Bevölkerung stiftete und er – wie sie es sahen – Verrat am kemalistischen Erbe beging. Es sollte nicht die letzte Konfrontation sein zwischen einer sich formierenden

Zivilgesellschaft, die vielfältige und widersprüchliche Facetten entfaltete, und den Gralshütern einer staatlichen Ordnung, deren letzter Rekurs die Armee blieb.

Zudem verstärkte sich – quer durch die politischen Parteien – die Forderung nach Meinungsfreiheit, parlamentarischer Kontrolle und Rechtsstaatlichkeit, wie sie den europäischen Vorstellungen entsprach und die Voraussetzung schaffen sollte für die volle Mitgliedschaft in der Europäischen Union. Diese wurde im Jahr 1987 von der regierenden Mutterlandspartei des dynamischen Regierungschefs Turgut Özal offiziell beantragt. Die dominante Rolle, die die selbstbewußte Generalskamarilla weiterhin in Ankara ausübte, stieß natürlich bei den europäischen Partnern und Eurokraten von Brüssel und Straßburg auf Widerwillen und Ablehnung, ja sie galt als unüberwindliches Hindernis für die Aufnahmekandidatur Ankaras.

Diese Vorbehalte, dieses Drängen auf eine Liberalität und Toleranz, für die Anatolien und dessen rückständige Bevölkerung noch gar nicht reif oder geeignet schienen, warfen einmal mehr ein grelles Licht auf die Unfähigkeit der meisten europäischen Politiker, den Vorstellungen und Geboten anderer Kulturkreise mit Unbefangenheit und Einfühlungsvermögen zu begegnen. Es gab ja Phasen in der turbulenten Umgestaltung der türkischen Republik, in denen die Sicherheitsgewähr der Armee durchaus nicht nur als willkürliche Unterdrückung empfunden wurde.

In diesem Zusammenhang möchte ich auf eine gesellschaftliche Zusammenkunft aus dem Herbst 1982 zurückgreifen, die ich in meinen damaligen Reisenotizen festgehalten hatte. Wir waren in einer Penthouse-Wohnung des Cankaya-Viertels von Ankara zusammengekommen. Gemeinsam mit einer kleinen Gruppe türkischer Journalisten, Dozenten und Beamten blickte ich auf das Lichtermeer der Hauptstadt tief unter uns. Der Meinungsaustausch, der nach gebührendem Alkoholgenuß mit bemerkenswerter Offenheit geführt wurde, drehte sich sehr bald um die neue Verfassung, die General Evren, der vor zwei Jahren, am 12. September 1980, die Macht an sich gerissen hatte, den Türken zur Abstimmung vorlegen wollte. Jedermann betrachtete es als einen Makel, daß der starke Mann von Ankara seine persönliche Wahl zum Präsidenten der Republik für eine Periode von sieben Jahren mit dem konstitutionellen Volksentscheid verknüpfte.

Die Machtergreifung der Militärs war von der Mehrheit der Türken damals als eine Erlösung empfunden worden. Seit Jahren versank das Land im Terrorismus links- und rechts-radikaler Kampfgruppen, steuerte unvermeidlich auf den offenen Bürgerkrieg zu. Vor dem Putsch der Streitkräfte waren binnen zwanzig Monaten fünftausend Menschen auf offener Straße umgebracht worden. Kein Wunder, daß die Städte bei Einbruch der Dunkelheit verwaisten. Mit der Türkei war ein allmählicher Degradierungsprozeß vor sich gegangen. Sie lief Gefahr, wieder zum »kranken Mann« am Rande Europas zu werden. Die kraftvolle, disziplinierte Republik, die Atatürk hinterlassen hatte, war nach und nach den Prinzipien und Idealvorstellungen des Kemalismus entfremdet worden. Mit eiserner Faust, ja mit der Knute hatte Kemal Pascha dieses Rumpfgebiet des Osmanischen Reiches in Anatolien und Ost-Thrakien nach Europa ausgerichtet. Er hatte den Islam mit oft brutalen Methoden verdrängt, die Scharia durch westlich inspirierte säkulare Gesetzgebung ersetzt, die Hodschas ge-zwungen, den Koran auf türkisch zu beten, die lateinische Schrift eingeführt, eine Vielzahl von Moscheen geschlossen – die größte von ihnen, die von den Byzantinern übernom-mene Hagia Sophia, in ein Museum verwandelt –, das weib-liche Wahlrecht dekretiert, den Frauen den Schleier vom Ge-sicht reißen lassen und das Tragen von Fez und Turban unter

Todesstrafe gestellt. Der letzte osmanische Kalif war 1924 schimpflich ins Exil gejagt worden. Die religiösen Bruderschaften wurden verboten. Die türkische Republik sollte sich endgültig vom Orient abwenden.

Mit teilweise leninistischen Methoden schuf der herrische Staatsgründer einen umfangreichen staatlichen Sektor in Industrie und Handel, enteignete die Beys in West- und Zentral-Anatolien, verteilte das Land an die Bauern. Wichtigstes Instrument dieser reformistischen Gewalt, Garant der republikanischen und laizistischen Ausrichtung war die Armee. Das Parlament, dem Kemal Atatürk gebieterisch die neue Hauptstadt Ankara zugewiesen hatte – er mißtraute der levantinischen Fäulnis der alten Metropole Istanbul am Bosporus –, wurde durch eine regimekonforme Einheitspartei gegängelt. Der Botschaft des Propheten Mohammed begegnete der »Vater der Türken« mit Grimm und Feindschaft. Auf das grandiose Mausoleum dieses gewalttätigen Mannes, das Ankara wie ein antiker Tempel überragt, hätte man den Leitsatz gravieren können: »Es gibt keinen Gott außer der Nation, und Atatürk ist ihr Prophet.« Wenn ein Land der Umma erfolgreich und konsequent die totale Abkehr von den überlieferten Prinzipien des islamischen Gottesstaates vollzogen hatte, dann war es die kemalistische Türkei.

In unserem Kreis von Cankaya waren die Meinungen keineswegs einheitlich. Die Parteikämpfe, die die Türkei in den letzten Jahrzehnten heimsuchten, hatten zahllose Narben hinterlassen. Unter den Intellektuellen hatte der Marxismus Fuß gefaßt. Die ländlichen Massen hingegen suchten wieder Halt im religiösen Brauchtum. Am Nachmittag hatte ich die Universität von Ankara besucht, deren Autonomie durch das Militärregime drastisch beschnitten wurde. Unter den Studenten waren die blutigsten Kämpfe ausgetragen worden. Nun saßen die Aktivisten der verschiedenen Richtungen hinter Schloß und Riegel. Polizeiwagen stationierten vor dem Eingang des Instituts für Politische Wissenschaften. Die diversen marxistischen Fraktionen seien – wie mir der Verfassungsrechtler Mümtaz Soysal in seinem Büro erklärte – durch den regen Zulauf jener jungen Leute verstärkt worden, deren Eltern bereits die anatolische Weite mit der Enge der Städte eingetauscht hatten. Diejenigen Bauernburschen hingegen, die unmittelbar aus der ländlichen Familienatmosphäre in die Anonymität der Massensiedlungen hineingestoßen wurden, schlossen sich überwiegend den islamischen oder nationalistischen Kampfbünden an, von denen die »Grauen Wölfe« des Oberst Türkes der bekannteste war. Parallel zu dem politischen Chaos, dem weder die Sozialdemokraten des Premierministers Bülent Ecevit noch die konservative Gerechtigkeits-Partei des Routiniers Demirel in irgendeiner Weise mehr beikommen konnten, versank die Türkei im wirtschaftlichen Debakel. Die jährliche Inflation hatte 120 Prozent erklettert, die Exporte schrumpften. In der Republik Atatürks sprach man vom Staatsbankrott.

Als General Evren kurzerhand die Parteien verbot, die Gewerkschaften ausschaltete, zahllose Politiker verhaftete, die Universitäten disziplinierte, hatten viele Studenten, wie Professor Soysal mit einem resignierten Lächeln bemerkte, vergeblich auf einen Aufstand der Arbeiterklasse gewartet. Die junge Intelligenzija hatte nicht wahrgenommen, daß die Masse der Türken – gerade in den unteren Schichten – nach Ruhe und Ordnung hungerte, daß die Herrschaft der Generale die Hoffnung auf eine begrenzte ökonomische Besserung in sich trug. Aber wie würde es weitergehen? Darüber wurde an diesem Abend pausenlos und kontrovers diskutiert. General Kenan Evren, der im Volksmund bereits Evren Pascha genannt wurde, hatte die Rückkehr zum strikten Kemalismus befohlen. Niemals wurde der Name Atatürk so häufig zitiert, waren seine Staatsrezepte so eifrig nachgebetet worden. Schon gingen politische Witze um über die bedingungslose Nachahmung des Staatsgründers, des »Ghazi«, wie er zu Lebzeiten gerühmt wurde.

Die Armee habe nicht begriffen, so argumentierte der Journalist Adnan, daß die Türkei seit dem Tode Kemal Paschas eine tiefgreifende soziologische Wandlung durchgemacht habe. Die Verstädterung habe psychologische Umschichtungen bewirkt. Die Schulpflicht, auch wenn sie die entferntesten Dörfer noch nicht erfaßt habe, wirke sich als unberechenbares Element politischer Bewußtseinsbildung aus. So knapp die bürgerlichen Freiheiten in den Agrarprovinzen Anatoliens auch bemessen gewesen seien, ihre Abschaffung per Dekret löste nun Widerspruch aus. Zu viele Gegen- und Parallelkräfte hatten sich seit 1938 konstituiert, und die Streitkräfte – im Verbund mit einem Teil des hohen Beamtenapparats – erschienen vielen Kritikern der bescheidenen Mittelklasse als eine Art türkische Nomenklatura, die im geschlossenen Kreise lebte und dank ihrer Stiftungen und konzernähnlichen Betriebe über beachtliche Privilegien verfügte. – Man solle sich nicht täuschen, wandte Sedat, Lehrer an einer technischen Berufsschule, ein. Es gehe vielen einfachen Leuten in der Türkei wie den meisten Sowjetrussen. Bevor man daran denke, die Mauern der Nomenklatura, der abgeschirmten Elite einzureißen, versuche man sie zu überspringen, zumindest seinen Söhnen Zugang zu dieser Bevorzugung zu verschaffen. Für die Landbevölkerung stelle die Armee immer noch die einzige erfolgreiche Chance des gesellschaftlichen Aufstiegs dar.

Ob die Generale in ihrer zunehmenden Abkapselung, in ihrem etatistischen Sendungsbewußtsein überhaupt noch repräsentativ waren für die breiten Stimmungsströmungen? »Der Kemalismus ist trotz seiner forcierten Wiederbelebung unter Evren Pascha ein gescheitertes Experiment«, behauptete die dunkelhaarige Soziologin Nuriye, die sich bisher mit ihrer progressistischen Meinung zurückgehalten hatte; »man hat die Bäume gefällt, aber die Wurzeln belassen.« – Jetzt meldete sich Celal, ein Beamter des Landwirtschaftsministeriums, zu Wort, und unterstrich die fast tragische Situation der krampfhaft nach Westen, nach »Avropa« ausgerichteten Offiziere. Genau wie in West-Europa würde ihr säkulares, den Islam und seine Unwägbarkeiten eindämmendes Experiment im Namen eines theoretischen und für Anatolien vermutlich untauglichen Demokratiebegriffs verworfen.

Was man sich denn an der Stelle der Neo-Kemalisten wünsche? Vielleicht spekulierten gewisse Fortschritts-Utopisten im Ausland auf eine unwiderstehliche Hinwendung der Türkei zum Sozialismus. Aber der Sozialdemokrat Bülent Ecevit hatte sich durch seine allzu auffälligen Appelle an die Solidarität fremder Bruderparteien, durch seinen beim Volk verpönten Internationalismus in Mißkredit gebracht. Ob nun die angeblich freiheitlichen Kräfte des Westens auf umstürzlerische Kräfte spekulierten, um die Türkei nach ihrem Geschmack umzumodeln? Vergleichbare Phantastereien hätten die amerikanischen und europäischen Politiker unterschiedlichster Couleur schon gegenüber Persien genährt, als Mohammed Reza Schah noch herrschte. Am Ende habe die schiitische Revolution der Mullahs gestanden. Auch in Anatolien sei nicht völlig auszuschließen, daß nach einem eventuellen Scheitern Evren Paschas die Stunde der Hodschas schlagen würde.

Man hüte sich vor voreiligen Hypothesen, widersprach Sedat. Wer wisse eigentlich, wie es im unteren und mittleren Offizierskorps aussehe? Gelegentlich sei von nasseristischen Strömungen die Rede, was immer das bedeuten möge. Im übrigen sei die gesamte bisherige Führungsmannschaft der türkischen Innenpolitik kaltgestellt. Nicht einmal der frühere

Premierminister Demirel könne auf eine Reaktivierung hoffen. Ecevit sei für die Militärs zur »bête noire« geworden. Oberst Alparslan Türkes, der einst die rechtsextremistische Nationale Bewegungspartei und die »Grauen Wölfe« befehligte, befinde sich in einer Kaserne am Rande Ankaras hinter Schloß und Riegel. Er werde so bald nicht mehr seine panturanischen Utopien von der Einheit aller Türken zwischen Bosnien und Baikalsee aufwärmen können und müsse froh sein, daß er auf Grund seines fortgeschrittenen Alters der Vollstreckung der Todesstrafe entgehe. Was den religiösen Reaktionär Necmettin Erbakan beträfe, den Vorsitzenden der Nationalen Heils-Partei, so befände auch er sich in Haft, könne den Militärs jedoch auf die Dauer am gefährlichsten werden. Immerhin hätten sich bei den letzten Wahlen zehn Prozent aller Türken für sein Programm der konsequenten Re-Islamisierung ausgesprochen, und das sei nur die Spitze eines Eisbergs.

Die Debatte fand bei Raki, türkischem Wein und Whisky statt. Dazu wurde ein vorzüglicher Fisch aus dem Schwarzen Meer gereicht. Die Argumente wurden stets maßvoll und höflich ausgetauscht. Der Alkohol ließ die Stimmung nicht lauter werden. In dieser Etagenwohnung, in Blickweite des von Scheinwerfern angestrahlten Grabmals Atatürks, wurde ein bemerkenswertes Zeugnis politischer Bildung und Reife abgelegt. Celal meldete sich noch einmal zu Wort und wischte jeden Widerspruch beiseite. »Die politischen Massenverhaftungen, die Schauprozesse, die Hinrichtungen plädieren gewiß gegen die Militärs. Dennoch – ob man es in West-Europa gern hört oder nicht – der Kemalismus, wie ihn General Evren noch einmal anfachen möchte, bleibt die solideste und wohl die letzte Chance, das westliche Staatsmodell in Anatolien für die Zukunft zu retten. Die Alternative könnte finster sein.«

Weniger als dreißig Jahre sind vergangen, und die türkische Gesellschaft hat seitdem eine Transformation durchlaufen, die sich damals – nach dem dritten und letzten Putsch der Armee – kaum jemand vorstellen konnte. Als charismatische Führungsgestalt, die diese Umwandlung zunächst mit viel Umsicht und List einleitete, dann mit den Zwangsmethoden, die eines gestrengen Sultans würdig waren, verordnete, offenbarte sich Recep Tayyip Erdogan, ein frommer Muslim, der die religiöse Ausbildung der »Imam Hatip-Schulen«, die Lehrstätten für koranische Gemeindevorsteher und Prediger, durchlaufen hatte. Der kemalistische Laizismus war aus diesen Instituten längst verbannt worden, und nun schien es, als würde Erdogan – ein Sohn aus bescheidenem Elternhaus, der sich als Fußballer einen Namen gemacht hatte und seinen politischen Durchbruch als gewählter Bürgermeister von Istanbul erzielte – das Schicksal der Republik gründlich umgestalten. Der Emporkömmling bewies bei der Verwaltung der riesigen Metropole am Bosporus eine ungewöhnliche Begabung.

Erdogan galt in jenen frühen Tagen als durchaus toleranter Politiker, doch sehr bald sollte das ihm anfangs gewogene Ausland entdecken, daß man es bei diesem Volkstribun, der an der Spitze seiner islamisch inspirierten AKP-Bewegung immer wieder von einer überwältigenden Wählermasse bestätigt wurde, mit einem Nostalgiker osmanischer Größe zu tun hatte, der im Begriff stand, die kemalistische Orientierung der Republik Stück um Stück zu verwerfen. Dem Mausoleum Atatürks, das bislang die Stadtsilhouette von Ankara beherrschte, wurde eine gewaltige Moschee entgegengesetzt, deren Architektur sich auf das Modell der sakralen Monsterbauten am Goldenen Horn ausrichtete.

Spätestens nach den Kommunalwahlen des Frühjahrs 2014, die er für seine Gefolgschaft entschied, wurden sich die

Türken bewußt, daß ihr Land auf einen autoritären Kurs gebracht wurde, der sich mit den abendländischen Vorstellungen von Meinungsfreiheit und politischer Vielfalt nicht vereinbaren ließ. Während in Brüssel weiterhin über einen Beitritt Ankaras zur Europäischen Union geschwafelt wurde und die Befürworter wie auch die Gegner einer solchen kontinentalen Ausweitung mit durchweg heuchlerischen Argumenten oder naiven Wunschvorstellungen die Entscheidung verschleppten, stellte Erdogan seine zögerlichen Partner vor vollendete Tatsachen.

Von Pressefreiheit hielt er wohl nicht viel, sondern berief sich auf die Zahl der Stimmzettel als Legitimation. Er zögerte auch nicht, im Justizapparat eine Vielzahl von Versetzungen und sogar Verhaftungen von Richtern und Staatsanwälten vorzunehmen, die er mangelnder Loyalität verdächtigte. Mindestens ebenso radikal ging er gegen Polizei und Sicherheitsdienste vor, die er der kemalistischen Verstocktheit bezichtigte.

Das Volk sah fassungslos zu, wie diese Halbgötter von einst unter recht dubiosen Vorwänden ihrer Privilegien beraubt und einer zivilen Autorität unterworfen wurden. Bei seinem Vorgehen gegen die Militärs stützte der Regierungschef sich unter anderem auf die religiöse Bruderschaft des Predigers Fethullah Gülen, mit dem er einst gemeinsam die Imam Hatip-Schule besucht hatte und der inzwischen über ein gewaltiges Imperium von prosperierenden Industrieunternehmen, Medienkonzernen und vor allem Unterrichtsstätten verfügte. Daß dieses Bündnis mit Fethullah Gülen, der vorsichtshalber im amerikanischen Pennsylvania residiert und einer diskreten Connection zu amerikanischen Nachrichtendiensten verdächtigt wird, kurz danach zerbrechen und einer grimmigen Feindschaft Platz machen würde, ahnten zu diesem Zeitpunkt die wenigsten.

190

Im Ausland und vor allem im Brüsseler Behördenapparat ist man sich der fundamentalen Bedeutung der Entmachtung der Generale offenbar gar nicht bewußt geworden. Viele europäische Politiker hatten den militärischen Zugriff auf die türkische Republik als eine Vergewaltigung der Zivilgesellschaft getadelt und daraus ein zusätzliches Hindernis konstruiert, um die Aufnahmewürdigkeit Ankaras in die Europäische Union ad calendas graecas hinauszuzögern. Hier offenbarte sich die Ignoranz der meisten europäischen Parlamentarier, hätten sie doch wissen müssen, daß die türkische Armee als unerbittlicher Wächter über die laizistischen Dogmen des Kemalismus die wirksamste und vielleicht einzige Garantie dagegen bot, daß die Türkei einer schleichenden Re-Islamisierung verfiel und sich von den westlichen Vorstellungen, die Atatürk so radikal durchgesetzt hatte, Schritt um Schritt entfernte.

Es war mir in den neunziger Jahren vergönnt gewesen, unmittelbaren Kontakt zu dem damaligen Oberkommando aufzunehmen, das ansonsten für seine Verschwiegenheit bekannt war. Von Public Relations hielt man nicht viel. Die Begegnung fand nach einer ausführlichen Inspektionsreise statt, die mich in die abgelegensten Winkel Ostanatoliens führte. Im Raum von Hakkari waren damals die kurdischen Aufständischen der PKK noch überaus aktiv. Als ich einem Komitee von drei Generalen und zwei Obersten in der streng abgeschirmten Ordensburg der Streitkräfte gegenübersaß, richtete sich die erste inquisitorische Frage nach meinem Verhältnis zu den kurdischen Peschmerga, deren Kommandeur Abdullah Öcalan sich damals in der Obhut seiner syrischen Gönner aufhielt und dort Ausbildungslager unterhielt. Daß sie diesen Zustand nicht länger dulden würden, gaben mir die Offiziere, die in der Mehrheit vorzüglich Englisch sprachen und in irgendwelchen amerikanischen Akademien ihre Lehrgänge absolviert hatten, nachdrücklich zu verstehen.

Als ich darauf hinwies, daß der Leitspruch der Republik »Frieden nach innen, Frieden in der Welt« obsolet geworden sei und von Atatürk heute wohl auch nicht mehr in dieser Form formuliert würde, stieß ich auf keinerlei Widerspruch. Der türkische Generalstab war sich seiner geographischen Schlüsselposition bewußt. Den ausländischen Verteidigungsattachés, die zu einem der seltenen Briefings eingeladen wurden, war sogar gesagt worden, in ihrem Umfeld sei die Türkei »ein Riese«, sie habe sich vom Flankenstaat zum Frontstaat gewandelt und bewähre sich als unentbehrlicher stabilisierender Faktor. Die alte Selbstbescheidung gehörte der Vergangenheit an. 2300 Offiziere aus Zentralasien, aus dem Kaukasus und dem Balkan wurden damals in türkischen Militärakademien ausgebildet und durch 1700 zusätzliche Kandidaten ergänzt.

Bei dem Treffen wußte ich von Anfang an, daß die Ausbeute an militärischen Fakten dürftig sein würde. Was mich interessierte, war die psychologische Grundstimmung. Wenn ich mich weit aussagefreudiger verhielt als die Offiziere, so tat ich das, um ihre Reaktionen zu studieren. Die Beteuerung, daß die Türkei ihre Pflicht als Partner und südöstlicher Pfeiler des Atlantischen Bündnisses stets hundertprozentig erfüllt habe und das auch in Zukunft zu tun gedenke, gehörte nun einmal zum offiziellen Credo, ebenso wie die Betonung, die auf die Priorität der strategischen Zusammenarbeit mit den USA gelegt wurde. Laut iranischen Experten, zu denen ich in Teheran Kontakt geknüpft hatte, waren im orientalischen Großraum zwei Achsen entstanden: auf der einen Seite die Türkei, die Vereinigten Staaten von Amerika und Israel; auf der anderen die Russische Föderation, die Islamische Republik Iran und die armenische GUS-Republik von Eriwan. Im Generalstab von Ankara machte man sich dennoch Gedanken über die Unberechenbarkeit gewisser Washingtoner

Schachzüge und war keineswegs bereit, das eigene Schicksal in fremde Hände zu legen. Mehr denn je war die US Air Force auf die anatolische Basis von Incirlik für ihre völkerrechtlich dubiosen Luftschläge gegen den Irak Saddam Husseins angewiesen. Damit verfügte die Türkei über ein Druckmittel, gewisse Nahost-Intrigen des Pentagons in ihrem Sinne zu korrigieren.

Im Hauptquartier der »Neuen Janitscharen«, deren kemalistischer Laizismus mindestens ebenso radikal gegen den Geist des Korans und des wahren Islam verstieß wie die Irrlehre der Bektaschi-Derwische von einst, hatte ich gar nicht erst versucht, die politischen Mißstände ihres Landes und die Ränke im Parlament von Ankara zur Sprache zu bringen. Kenan Evren, einer der Ihren, hatte seine Auffassung darüber einmal drastisch geäußert, bevor er seine eigene Militärvollmacht schrittweise an den Gründer der Mutterlandspartei, den hochbegabten Turgut Özal, abtrat. In der Politik, so hatte er seinen Standesgenossen geraten, könne man nicht vorgehen wie bei der Aufstellung einer Brigade oder einer Armee. Man habe es in der Politik nicht mit Offizieren zu tun, die man strammstehen lassen könne. Da seien bissige Schakale am Werk, die jeden Außenseiter zur Tür hinausdrängen möchten. Turgut Özal, der sich durch wirtschaftliche Kompetenz auszeichnete, breite Popularität genoß und angeblich der islamischen Bruderschaft der Naqschbandiya nahestand, hat den Argwohn am eigenen Leibe zu spüren bekommen. Es hieß damals, er sei durch einen anonymen Attentäter vergiftet worden.

Die Spannungen innerhalb dieser martialischen Tarikat wurden unterirdisch ausgetragen. Am Tag nach meinem Gespräch im Hauptquartier entnahm ich der »Turkish Daily News«, daß 24 Kommandeure wegen islamistischer Neigungen aus der Armee verstoßen wurden. Im Juni waren bereits

160 Offiziere aus dem gleichen Grund geschaßt worden. Es genügte, daß die Frau eines Offiziers ein Kopftuch trug oder er selbst beim Gebet in einer Moschee ertappt wurde, um seine sofortige Entlassung aus den Streitkräften zu verfügen. Eine gründliche Umbesetzung der Armeeführung sollte wenige Wochen später stattfinden. Über deren Hintergründe und realen Positionsverschiebungen drang aus dem abgeschotteten Konklave der Generale nicht die geringste Indiskretion nach außen. So bleiben auch heute die Auswirkungen der radikalen Entmachtungsmaßnahmen Erdogans auf den Zustand der Streitkräfte ein undurchdringliches Geheimnis.

Die kurdische Zeitbombe

Die Generale, die mich im August 1998 mit einer Stellungnahme zum Kurdenproblem bedrängt hatten, waren längst in Pension gegangen, als Recep Tayyip Erdogan zum Schlag gegen hohe kemalistische Offiziere ausholte und sogar den früheren Generalstabschef Ilker Basbug zu lebenslanger Haft verurteilen ließ. Dreihundert Militärs und ihnen nahestehende Beamte wurden im August 2012 in einer haarsträubenden Spionageaffäre festgenommen und zu langen Gefängnisstrafen verurteilt. Sie waren angeklagt, gegen Erdogan konspiriert und unter dem Codenamen »Ergenokon« einen Militärputsch geplant zu haben.

Inzwischen hat man sich in Ankara – aus welchen Gründen auch immer – eines anderen besonnen. General Basbug wie die meisten seiner »Komplizen« wurden durch einen Parlamentsbeschluß freigesprochen. Für diesen Justizskandal wurde der sogenannte »Parallelstaat« Fethullah Gülens und

dessen Verbindungen zu einer internationalen »Zins-Lobby«
verantwortlich gemacht.

Wie ehrlich die Versöhnung der regierenden AKP mit der
Armeeführung in Wirklichkeit ist, läßt sich schwer ermessen.
Zumindest im Hinblick auf den existentiell bedrohlichen
Kurden-Konflikt dürfte die Armeeführung zutiefst überrascht und schockiert gewesen sein, als Erdogan die wesentlichen kemalistischen Grundsätze über Bord warf. Von nun
an war im offiziellen Sprachgebrauch nicht mehr von »Berg-
Türken«, sondern von »Kurden« die Rede. Es kam zu Verhandlungen mit militanten Führern der kurdischen Bevölkerung. Ihr wurden jetzt eigene Schulen und Fernsehstationen
zugestanden, die in kurdischer Sprache lehren beziehungs-
weise senden konnten. Mit der »Demokratischen Partei der
Völker« HDP, die unter diesem unverfänglichen Namen für
die Sonderstellung, ja für die allmähliche Verselbständigung
der kurdischen Landesteile eintrat, ging die AKP sogar eine
parlamentarische Zusammenarbeit ein, zumal die Kurden gegenüber der stärksten Oppositionsfraktion, den Kemalisten
der »Partei der Nationalistischen Bewegung« MHP in ererb-
ter Feindschaft verharrten. Viele Türken wittern in der offiziell zugelassenen HDP, die getarnte Interessenvertretung
der gewaltsamen Aufstandsbewegung PKK. Immer wieder
richten sich die Blicke auf deren heimlichen Inspirator und
Führer Abdullah Öcalan – von seinen Gefolgsleuten »Apo«
genannt –, der im Mai 1999 in den gut bewachten Hochsicher-
heitstrakt der Insel Imrali im Marmarameer eingeliefert
wurde und weiterhin von den marxistisch geprägten Anhängern der PKK als Idol und Held verehrt wird.

Was ist in diesem grobschlächtigen Mann mit dem Stalin-
Schnurrbart vorgegangen, der noch nach seiner vergeblichen
Flucht durch halb Europa auf einer Fahrt zum Flugplatz von
Nairobi von türkischen Agenten überwältigt und entführt

wurde? Anfangs war er vom türkischen Fernsehen als gefangenes Raubtier vorgestellt worden. Aber bei seinen Auftritten vor Gericht überraschte dieser Revolutionär durch seine Versöhnungsangebote an Ankara und seine Unterwürfigkeit vor seinen Anklägern. Die Kehrtwende des brutalen Revoluzzers hat die bedingungslose Ergebenheit der für ihn kämpfenden Peschmerga offenbar nicht beeinträchtigt. Die Delegierten und Partisanenführer der PKK haben dem Gefangenen von Imrali auf einem geheimen Parteikongreß ihr Vertrauen ausgesprochen und ihren obersten Kommandeur in seiner Autorität bestätigt. Ob diese Nibelungentreue in den kurdischen Ballungszentren Ostanatoliens auf Dauer erhalten bleibt, ist kaum nachzuprüfen, aber noch vor kurzem begab sich eine Delegation der offiziell zugelassenen Kurdenpartei auf die Insel Imrali, um sich mit Apo zu beraten. Der Waffenstillstand, auf den sich im Jahr 2013 die kurdische Arbeiterpartei und die türkische Armee verständigten, ist allerdings in Frage gestellt durch die Weigerung der Kurden, ihre Kämpfer zu entwaffnen, und durch den Ausbau zahlreicher schwerbefestigter Stützpunkte, die das Oberkommando von Ankara in Ostanatolien forciert. Als Reaktion darauf blockierten PKK-Aktivisten den Zugang zu ihrer heimlichen Hauptstadt Diyarbakir.

Einer wirklichen Aussöhnung steht auch die Geringschätzung entgegen, mit der das türkische Staatsvolk auf diese rückständigen und aufsässigen Mitbürger herabblickt. In ihrer Argumentation greifen die kurdenfeindlichen Kommentatoren auf das ferne Altertum zurück. Sie zitieren die »Anabasis« des Chronisten Xenophon, der den Rückzug von zehntausend griechischen Hopliten aus Mesopotamien besang. In der wilden Gebirgslandschaft Ostanatoliens stießen die hellenischen Krieger auf den verbissenen Widerstand der »Karduchai«, wie Xenophon die Kurden nannte. Er schildert sie als »heimtückische Lügner, als Menschen ohne Treu und Glauben, die zu jedem Verrat fähig sind«. In Wirklichkeit handelt es sich bei den Kurden um Nachfahren jener Meder, auf die sich das persische Achämeniden-Reich stützte. Die Kurden gehören – im Gegensatz zum turanischen Staatsvolk der heutigen Türkei – der indoeuropäischen Völker- und Sprachfamilie an. Wie die Perser betonen sie gern die Überlegenheit ihrer »arischen« Abstammung.

An dieser Stelle will ich eine persönliche Erfahrung aus dem Sommer 1998 einflechten, als der grausame Bürgerkrieg noch nicht abgeklungen war. Ich hatte die seltene Genehmigung erhalten, die entlegene Provinzhauptstadt Hakkari aufzusuchen, die im äußersten Südosten Anatoliens im Grenzdreieck mit der Irakischen Republik und der Islamischen Republik der persischen Mullahs eingezwängt liegt. Die Felskämme erreichen hier die Höhe von viertausend Metern. In diese abweisende Landschaft war der regimekritische Autor Ferit Edgü seinerzeit von den kemalistischen Behörden verbannt worden, und dort hatte er 1977 den kleinen Band »Ein Winter in Hakkari« verfaßt, aus dem ich einen ergreifenden Auszug in der Übersetzung von Sezer Duru zitiere: »H., meine Stadt – Deine leidgeprüften Augen – leprös, tief – und der Schnee trägt Deinen Namen weiter. Höhe 1600 Meter. Einwohner zehntausend – davon die Hälfte Soldaten. Ohne Straßen, ohne Waffen bist Du – wäre nicht der Tap, der durch die Schluchten stiebt und den verschmolzenen Bergschnee dem Sommer zuträgt. Eine seltsame Stadt bist Du, genau wie H. (gemeint ist Hakkari) Dein Name. – Die in Dir wohnen – Wetter und Menschen – haben keine Spur hinterlassen. Die Götter kamen vielleicht ja nie in diese Gegend, aber die Menschen, die für Jahrhunderte sich bei Dir niederließen, die vor Dir flohen, Dich fürchteten, bei Deinen steilen Felsen Schutz fanden, trotz Deiner Dürre, trotz Deines unerträglichen Klimas bei Dir ausharrten, Dich als Obdach wußten, bei Dir blieben; – Warum ließen sie keine Spur, die sie versprengten, ewig fliehende Völker, die Verjagten und die Jagenden? ... H., meine Stadt, meine Stadt – Deine Hoffnung und Deine Hoffnungslosigkeit – Deine Sonne und Dein Schnee – Dein Schlaf und Deine Schlaflosigkeit – Deine Menschen und Deine Tiere – Deine Wölfe und Deine Hunde – wisse, daß alles lebt weiter in mir wie ein Stöhnen ...«

Zwanzig Jahre später war ich an dieser Stelle in die vertraute Welt der Aufstandsbekämpfung, der »counter-insurgency«, eingetaucht. Sobald mein Mietwagen – von zwei gepanzerten Mannschaftswagen eskortiert – die Kurven des Güzeldere-Passes erklettert und wir gleich dahinter von phantastischen Steilwänden umklammert wurden, erwies sich die militärische Abschirmung durch die türkische Armee und die Jandarma als allgegenwärtig. Da wölbten sich die überhängenden Gesteinsmassen wie Höllentore über dem schäumenden Flüßchen Taz. Die gut ausgebaute Straße schlängelte sich an dem schlammig-braunen Sturzbach entlang, der sich durch das Hakkari-Massiv eine schmale Rinne in Richtung Mesopotamien gefressen hat. Vergleiche mit dem Hindukusch in Afghanistan, mit dem Aurès-Gebirge in Algerien, mit dem Hochland von Pamir in Tadschikistan drängten sich auf. Sollte diese fernste Vilayet der Türkei, die schon zu den endlosen Leerräumen Zentralasiens überleitet, eines Tages die weit nach Osten vorgeschobene Bastion, die Wehrgrenze Europas sein? Bei dem Gedanken konnte einem angst werden.

Der Dichter Ferit Edgü, dieser bescheidene Ovid des Kemalismus, würde seine Stadt Hakkari, wie sie sich bei meinem damaligen Aufenthalt darbot, kaum wiedererkennen. Die explosive, fast gewalttätige Modernisierungswelle, die die gesamte Türkei von West nach Ost mit einem Netz von Beton-Wohnbauten, Industriebetrieben und Infrastruktur-Investitionen überzog und das traditionelle Antlitz Anatoliens zutiefst veränderte, hatte sogar Hakkari erreicht. Eine alpine Abendstimmung senkte sich über die grandiose Landschaft. Die letzten Schneefelder des Hochgebirges glühten in zartem Rosa. Am Eingang von Hakkari ähnelten die hastig hochgezogenen Appartement-Häuser auf den ersten Blick den häßlichen Ski-Unterkünften von Lac de Tignes in Hoch-Savoyen. Heer und Jandarma waren omnipräsent, aber die Bevölkerung zeigte sich ziemlich unbeeindruckt von den Mannschaftswagen in sowjetischer Bauart. Neben Soldaten in gutgeschnittenen Tarnuniformen patrouillierten in regelmäßigen Abständen blaugekleidete Polizisten mit Stahlhelm, kugelsicherer Weste und Kalaschnikow. Ihr Augenmerk galt vor allem den kleinen, schäbigen Hütten, die den steilen südlichen Hang erklommen, den Gecekondus, in denen die Flüchtlinge eingepfercht waren und um ihre verwüsteten Dörfer trauerten.

Das moderne Geschäftsviertel von Hakkari – geradlinig an der neuen, vierspurigen Zentralallee ausgerichtet – wurde in den siebziger und achtziger Jahren gebaut. Die vierstöckigen Häuser wirkten schon heruntergekommen, Damals wurde noch kein Wert auf architektonische Gestaltung gelegt. Die bunte Vielfalt der Obst- und Gemüsesorten wurde von ihren Verkäufern zu ebenso kunstvollen Pyramiden getürmt wie in Konya oder Bursa. In meinem Sichtkreis machte ich sechs Teppichhändler aus, die bei gemächlichem Plaudern mit ihren Nachbarn auf einen Käufer ihres Kelim-Angebots warteten. Überall saßen die Männer in kleinen Gruppen, nippten am Kaffee, rauchten oder ließen die Glasperlenschnur mit den hundert Namen Allahs durch die Hand gleiten.

Ein paar Häuser weiter las ich in klarer lateinischer Schrift: »IPEK-Showroom«. Darunter stapelte sich jede Menge elek-

tronischen Geräts. Unmittelbar daneben sprudelte ein alter-
tümlicher Brunnen. Dorthin strebten zu dieser Tageszeit die
Kühe der umliegenden Almwiesen zur Tränke. Es konnte gar
nicht so lange her sein, da hatte die breite, unvollendete
Prachtallee von Hakkari die üppigen Weiden noch nicht verdrängt. Das Vieh, dem die Autofahrer den Vortritt ließen,
hatte die Veränderungen nicht zur Kenntnis genommen.

Ich stellte mit Verwunderung fest, daß die so unterschiedlichen Mädchen – die verschleierten wie die »entblößten« –
völlig ungezwungen miteinander verkehrten, sich in einer
amerikanisch gestylten Eisdiele trafen. Zwei riesige Gebäude
überragten diesen Treffpunkt zwischen Ost und West. Unmittelbar vor meinem Hotel wurde ein zehnstöckiger Beton-
gigant hochgezogen. Ein Supermarkt mit Büroetagen sollte
dort eingerichtet werden. Zu dieser späten Stunde wurde
noch gewerkelt. Die Arbeiter hievten mit akrobatischem Geschick Wassereimer in schwindelnde Höhe, um dort Zement
zu mischen. Eine andere Konstruktion schob sich gebieterisch vor die einschüchternde Felskulisse des Uludorug, die
neue Moschee, die kurz vor der Vollendung stand. Die Kuppeln mit dem Aluminiumdach wölbten sich wie ein Schild,
und die Minaretts berührten fast die blasse Mondscheibe, die
im späten Sommerlicht über den kahlen Kuppen auftauchte.

Bei Sonnenuntergang war der winzige Pappelwald jenseits
des Flüchtlingsviertels zu einem schwarzen Fleck erstarrt. Die
Obsthändler räumten ihre Auslagen ein. Die Teppichverkäu-
fer ließen die Eisenläden herunter. Es herrschte kein nächtli-
ches Ausgangsverbot in Hakkari, obwohl diese Provinz als
gefährlichster Winkel der gesamten südost-anatolischen Si-
cherheitszone galt. Aber auch hier wurde der Ausnahmezu-
stand verhängt. Ein weißer Lieferwagen mit der Aufschrift
»Polis« fuhr auf und ab, während das zivile Leben langsam
abstarb. In den Gebirgen verließen jetzt die »Dorfschützer«,

die kurdischen Heimwehren, die im Dienst ihrer Agas und der Regierung standen, ihre vorgeschobenen Wachposten. Mit Einbruch der Nacht schlug die Stunde der Rebellen. So war es auch damals in Vietnam, in Algerien, in Afghanistan.

Langsam wurde mir bewußt, wie undurchdringlich, wie schwer begreiflich dieses Land war trotz der gastlichen Jovialität, der ich überall – auch bei den Behörden – begegnete. Der Vali, Nihat Canpolat, etwa vierzig Jahre alt, war ein selbstbewußter, aber zurückhaltender Mann. Die anspruchsvolle Ausstattung seines riesigen Arbeitszimmers sollte wohl einen Eindruck von seinen weitreichenden Amtsbefugnissen vermitteln. Sein Gouverneursgebäude stand natürlich unter scharfer Bewachung. »Mein Vilayet zählt 210 000 Einwohner und verfügt über eine 343 Kilometer lange Grenze mit Iran und Irak. Damit habe ich unser Problem schon skizziert«, begann er sein kurzes Exposé. Die Grenze mit dem Irak sei zwar unsicher, aber hier verfüge die türkische Armee über ein Verfolgungsrecht gegen die PKK-Infiltranten und stoße notfalls bis zu den Nachschubzentren der Terroristen bei Dohuk vor. Schwieriger gestalte sich die Lage in der Randzone der Islamischen Republik Iran. Der Vali bestätigte, daß die gemäßigte Kurdenpartei HADEP in seinem Gouvernorat den weitaus stärksten Zulauf registriert habe, daß die Islamisten der Refah- oder Wohlfahrtspartei mit fünfzehn Prozent der Wähler jedoch relativ gut abgeschnitten hatten. Gewiß, die Menschen hier blieben tief religiös, aber ihre Politiker und Clanchefs wechselten ihre politische Ausrichtung häufiger als ihr Hemd.

Seit einem Jahr übte der Gouverneur seine Tätigkeit in Hakkari aus. Er stammte aus der zentralanatolischen Stadt Sivas. Ich sprach Canpolat auf die Bemühungen der Amerikaner an, im benachbarten Nordirak die beiden rivalisierenden Kurdenführer Barzani und Talebani miteinander zu versöh-

201

nen. Ob eine solche Annäherung zweier kurdischer Parteien, der Demokratischen Partei Kurdistans KDP und der Patriotischen Union Kurdistans PUK, nicht auf eine kurdische Autonomie für Nordirak hinauslaufe, ob da nicht ein Kristallisationspunkt für den gesamtkurdischen Nationalismus, ja der Ansatz für eine separate Staatsgründung geschaffen werde? Diese Frage überschreite seine Zuständigkeit, lautete die Antwort; da solle ich mich an die Ministerien in Ankara wenden. »Glauben Sie mir«, betonte der Vali, der sich vermutlich in nachrichtendienstlicher Erkundung recht gut auskannte, »ich bin jetzt zwölf Monate hier, aber ich behaupte nicht, die Menschen zu durchschauen.« Selbst Allah könne die Kurden nicht zusammenschließen, habe schon der Prophet in einem Hadith gesagt. Dieses angebliche Zitat war mir unbekannt. Aber auf einmal entdeckte ich eine gewisse geistige Verwandtschaft zwischen dem einsamen Gouverneur von Hakkari und jenem in die Trostlosigkeit seines Kurdendorfes verbannten Dorflehrer Ferit Edgü, der an dem traurigen Winter dieser gebirgigen Fremde verzweifelte.

Seine Entmutigung erinnerte an die Belehrung, die ein verdrossener Unteroffizier der türkischen Jandarma dem verbannten Lehrer in der Novelle Ferit Edgüs erteilte: »Hier kommt, der kommt, nimmt, der nimmt, schießt, der schießt, der Getroffene stirbt. Wer hat geschossen? fragst Du. Keiner weiß es. Alle wissen es. Niemand macht den Mund auf und sagt es. Dann gibt man es auf. Denn den Schützen erschießt ein anderer. Du wirst wohl sagen, wo ist hier die Justiz, das Gesetz? Das ist die Justiz, das ist das Gesetz des Berges.«

*

Mag er noch so geschickt taktieren, Präsident Erdogan sieht sich heute mit einer Staatswerdung Kurdistans konfrontiert, die sich als fatale Erschütterung seiner eigenen nationalen und religiösen Vorstellungen auswirkt. Ich will hier nicht ausführlich auf die Entstehung des autonomen Kurdistans im Norden des Iraks eingehen, das ab 1991 unter dem Schutz der USA noch zu Zeiten Saddam Husseins seine separate Peschmerga-Armee aufstellte und die irakische Fahne durch die rot-weiß-grüne Flagge mit der Sonne in ihrem Mittelpunkt ersetzte. Sobald mehr als zwanzig Jahre später die fanatischen Horden des Emir Abu Bakr el-Baghdadi die nordirakische Metropole Mossul im Handstreich eroberten und die irakische Nationalarmee unter Preisgabe ihrer Waffen das Heil in der Flucht suchte, stellten sich die Peschmerga Massud Barzanis den Jihadisten des »Islamischen Staates« resolut in den Weg. Sie nutzten das entstandene Vakuum südlich ihres Regierungssitzes Arbil, um einen alten Traum zu verwirklichen. Sie besetzten die Stadt Kirkuk mitsamt ihren immensen Erdöl-Revieren, das »Jerusalem der Kurden«, wie es in ihren romantischen Mythen hieß.

Bekanntlich ist die kurdische Ethnie nach dem Zerfall des Osmanischen Reiches in vier Teile zerrissen worden. Türkisch-Anatolien beherbergt die bei weitem bedeutendste Bevölkerungsgruppe von insgesamt fünfzehn Millionen Menschen. Es ist jedoch unmöglich, eine klare Demarkationslinie rund um die überwiegend kurdischen Landesteile zu ziehen. Im Zuge einer ganz natürlichen Landflucht und damit verbundenen Urbanisierung, vor allem aber auch als Folge von Kampfhandlungen und militärischer Repression hat sich die Kurdenbevölkerung unaufhaltsam nach Westen verlagert. Allein in Istanbul sollen über drei Millionen Kurden leben, im Großraum Ankara werden sie auf zwei Millionen beziffert. Obwohl manche Neuzuwanderer sich voll integrierten und sogar ihre Muttersprache verlernten, blieb das Zusammengehörigkeitsgefühl dieser weit verzettelten Nation in erstaunlichem Maße erhalten.

Eine offizielle Diskriminierung der Kurden – soweit sie assimilationswillig waren – hatte selbst unter Atatürk nicht stattgefunden. Angehörige dieses Volkes waren sowohl in den höchsten Staatsposten als auch in wirtschaftlichen Schlüsselstellungen zu finden. Kurdische Politiker – immer unter der Voraussetzung, daß sie ihre ethnische Identität unter den Scheffel stellten – haben es in Ankara bis zum Rang des Parlamentspräsidenten und von Ministern gebracht. Aber manche türkische Liberale – Professoren und Journalisten – hatten mir gegenüber ihre Verzweiflung darüber geäußert, daß die meisten kurdischen Intellektuellen, mit denen sie von Amts wegen Kontakt pflegten und oft recht herzlich verkehrten, die Sehnsucht nach Verselbständigung ihrer Nation unbeirrt hochhielten und oft genug in dem rauhen PKK-Führer Öcalan den einzig glaubwürdigen Hoffnungsträger ihres Irredentismus sahen.

Von der erdrückenden Vatergestalt des Öcalans hat Massud Barzani sich erfolgreich distanziert. Er verfügt über eine unentbehrliche Transitzone zwischen Türkei und Mesopotamien, die dank lukrativer Erdölgeschäfte und intensiven Warenverkehrs einen bemerkenswerten Wohlstand genießt. Er kann sich sogar den Luxus einer relativen Meinungsfreiheit leisten und eine für diese Gegend ganz ungewöhnliche Sicherheit garantieren. Die Rivalität zwischen Arbil und Suleimaniyeh, zwischen Barzani und Talebani – letzterer übte trotz schwerer Erkrankung das Amt eines irakischen Staatspräsidenten aus – wurde vielleicht dadurch gemildert, daß viele der aus dem Ausland heimgekehrten perfekt Deutsch sprechenden Intellektuellen, die in einflußreiche Ämter aufgerückt sind, durch die Kaderschulen der DDR gegangen sind und auch mit dem wiedervereinigten Deutschland engen Kontakt pflegen.

Massud Barzani, dessen Vater in der Uniform eines sowjetischen Generals die erste Unabhängigkeitsbewegung Kurdistans lanciert hatte, ist seit der Abspaltung des irakischen Teilstaates bemüht gewesen, die Türken zu beschwichtigen und die unvermeidlichen Reibungspunkte zu reduzieren. Die wirtschaftliche Verflechtung mit dem großen Nachbarstaat wurde so intensiv gestaltet, daß sie für beide Seiten unverzichtbar erscheint. Die überraschende Eroberung der Stadt Mossul und der sunnitischen Nord-Provinzen des Irak durch die fanatische Kampfgruppe der IS hat die noch verbliebenen Bindungen an Bagdad zusätzlich gelockert. Ein Plebiszit über die volle Souveränität, über die Gründung eines unabhängigen Staates der Kurden im Nordirak würde wohl eine erdrückende Stimmenmehrheit für die Sezession verbuchen.

Auf Dauer müßte die Regierung von Ankara befürchten, daß der östliche Teil ihres Staatsgebietes unwiderstehlich in den Sog der politischen Emanzipation Nordiraks gerät, auch wenn in Arbil beteuert wird, man wolle jedes Ausufern dieser freiheitlichen kurdischen Entwicklung auf den anatolischen Raum vermeiden. Die Annexion der Erdölfelder von Kirkuk wird dem neugegründeten Teilstaat einen wirtschaftlichen Rückhalt verschaffen, der mit den Ansprüchen der Türkei kaum zu vereinbaren wäre. Der neue Sultan Erdogan hat durch die Öffnung seiner Grenzen und die hemmungslose Einschleusung radikaler ausländischer Jihadisten nach Syrien die Formierung der Kerntruppe von IS ermöglicht. Er käme sich wie ein Zauberlehrling vor, wenn er der Kräfte, die er entfesselte, nicht mehr Herr wird.

Wie es passieren konnte, daß die einst offen zur Schau gestellte Freundschaft zwischen Recep Tayyip Erdogan und

Bashar el-Assad in Haß und Vernichtungswillen umschlug, wurde bislang nicht geklärt. Ebensowenig läßt sich die Frontstellung Frankreichs gegen das Assad-Regime deuten, dessen Bombardierung François Hollande lauthals forderte.

*

Auch im Norden Syriens haben die dort lebenden Kurden – etwa zwei Millionen – die Wirren des Bürgerkrieges genutzt, um sich mit Billigung des Assad-Regimes von Bagdad zu lösen. Die dortigen Peschmerga der »Partei der Demokratischen Union« bekannten sich in Abweichung von der Politik Barzanis zu den revolutionären Zielen Abdullah Öcalans und seiner »Kurdischen Arbeiterpartei«. Gegen die diversen Aufstandsbewegungen der islamistischen Gotteskrieger, zumal gegen die Takfiri von IS, wehrten sie sich mit Waffengewalt.

Bleibt noch jenes Siedlungsgebiet von etwa acht Millionen Kurden zu erwähnen, das im äußersten Westen der Islamischen Republik Iran der Fremdherrschaft Teherans unterworfen ist. Im Sommer 1981 hatte ich zwischen Urmia und Mahabad an Bord eines Hubschraubers der persischen Armee beobachten können, wie der Aufstand dieser Region, wo bereits im Jahr 1946 eine kurzlebige kurdische Volksrepublik proklamiert worden war, durch den Einsatz regulärer Einheiten der iranischen Armee und durch das Aufgebot der ersten Pasdaran-Einheiten niedergekämpft wurde. Die Kurden des Iran sind mit den Persern zwar ethnisch verwandt, aber ihre Zugehörigkeit zu der großen sunnitischen Mehrheit der islamischen Umma belastet zusätzlich ihr Verhältnis zur schiitischen Mullahkratie von Teheran. Ihr Aufbegehren wurde damals zügig und ohne viel Blutvergießen bereinigt. Der Anstifter dieser Revolte, Abdul-Rahman Ghassemlou, der enge

Beziehungen zu den Geheimdiensten des Ostblocks unterhielt, wurde im Juli 1989 in einem Wiener Hotel durch ein Killerkommando Teherans erschossen.

Im mörderischen Bürgerkrieg, der Syrien zerfleischt, hatten Ankara und Teheran gegensätzliche, schier unvereinbare Stellungen bezogen. Erdogan unterstützte den überwiegend salafistischen Aufstand gegen Bashar el-Assad, während der höchste geistliche Führer des Iran, Groß-Ayatollah Ali Khamenei, sich auf seiten der in Damaskus dominanten Sekte der Alawiten engagierte. Deren Geheimreligion setzte er wohlweislich nicht mit der im Iran und Irak vorherrschenden Glaubensrichtung der Zwölfer-Schia gleich. Das Bündnis mit Damaskus sollte den Machthabern Teherans erlauben, jene iranisch und schiitisch ausgerichtete Landbrücke und Herrschaftszone auszubauen, die von den mongolischen Hazara des Hindukusch bis zur libanesischen Hizbullah am Mittelmeer reicht.

Dieses Projekt war bislang von Israel als Casus belli hochgespielt worden. Es wurde jetzt von Erdogan als Blockierung seiner osmanischen Expansionsabsichten empfunden und bekämpft. Aber darüber entzündete sich kein öffentlicher Disput. Als der neue, moderate Präsident der Islamischen Republik Iran, Hassan Rohani, im Juni 2014 zu einem Staatsbesuch nach Ankara aufbrach, ging es vorrangig um die Vertiefung der wirtschaftlichen Beziehungen und um eine gewisse Distanzierung von der zunehmend unberechenbaren Orient-Politik der USA. Am Rande dürfte auch besprochen worden sein, welche Konsequenzen sich aus einer formellen Unabhängigkeit des Nordirak für die Kurden Ostanatoliens und Westirans ergeben und wie die Perspektive eines Groß-Kurdistans einzudämmen sei.

Eine halbwegs versöhnliche Episode aus jenen Tagen bleibt mir sehr deutlich in Erinnerung. In der Ortschaft Sero, unmittelbar an der Grenze zur Türkei, war ich von dem neu-ernannten iranischen Gouverneur zum üppigen Mahl mit den Dorfältesten und lokalen Stammesführern eingeladen worden. In diesem lieblichen Dorf, das zwischen saftigen Wiesen, Weidenbüschen und silbern fließenden Bächen ein-gebettet lag, hatte der Kurdenaufstand gegen den Schiiten-Staat des Ayatollah Khomeini seinen Ausgang genommen. Grobe Übergriffe der Revolutionskomitees hatten den nati-onalen und sunnitischen Widerstand der kriegerischen Ge-birgsstämme herausgefordert. Der Gouverneur wurde von den kurdischen Notablen festlich empfangen. Die buntge-kleideten Frauen waren unverschleiert, hielten sich abseits im kühlen Schatten der Bäume. Die Männer waren alle bewaff-net. Viele trugen die unvermeidliche Kalaschnikow. Nach dem Genuß von Reis, Hammel und Früchten versammelten sich die Kurdenführer in einem großen Obstgarten. Der Vali hatte in einem Polstersessel Platz genommen. Vor ihm war ein Teppich ausgebreitet. Es begann eine lange Debatte über die Schwierigkeiten mit den Behörden, über die Willkür der Khomeini-Komitees aus Teheran. Ich konnte den Einzelhei-ten nicht folgen, aber alle Parteien wirkten am Ende besänf-tigt und entspannt. Unter den Fransen-Turbanen zeichneten sich verwegene Profile ab. Einer der Kurdenführer nahm mich beim Spaziergang zur türkischen Grenzstation beiseite. »Diese offizielle Versöhnung mag schön und gut sein«, lachte er, »aber bei der nächsten günstigen Gelegenheit wer-den wir den persischen Eindringlingen doch wieder mit der Waffe begegnen.«

Im gleichen Moment hallte aus der Ferne eine Salve Schüsse zu uns herüber. Mit dem Feldstecher konnten wir am Steilhang, der längs der Grenze verlief, drei Reiter erkennen, deren galoppierende Pferde braune Staubfahnen aufwühlten. Auf dem Kamm waren einige türkische Soldaten mit dem

Gewehr im Anschlag zu sehen. »Das sind ganz gewöhnliche Schmuggler«, sagte mein kurdischer Begleiter mit dem gewaltigen Schnurrbart und zuckte die Achseln. Die Szene hätte sehr gut in eine Karl May-Schilderung gepaßt: »Durchs wilde Kurdistan«.

Wie wird sich das Schicksal Kurdistans am Ende gestalten? Dem Machtmenschen Erdogan werden folgende Vorstellungen zur Überwindung dieser schier unlösbaren Problematik unterstellt. In seiner idealisierenden Vision von Macht und Toleranz des Osmanischen Reiches zur Zeit seiner Größe – als Anatolien noch zu einem Drittel von armenischen, chaldäischen, assyrischen, orthodoxen oder nestorianischen Christen bewohnt war – hätten sich die rechtgläubigen sunnitischen Kurden reibungslos in die Theokratie des Sultans und Kalifen eingefügt. Gemäß dem Prinzip »Din wa Dawla – Einheit von Religion und Staat« hätte der Padischah die ethnischen Gegensätze durch die Berufung auf die konfessionelle Zusammengehörigkeit überbrückt und die Kurden ziemlich reibungslos in sein Imperium integriert. Die Gebote einer übergeordneten koranischen Brüderlichkeit gelte es heute neu zu beleben. So erklärten sich angeblich die Zugeständnisse, zu denen sich Erdogan gegenüber seinen kurdischen Untertanen bereitfand.

Daß diese historische Schönfärberei in keiner Weise der grausamen Wirklichkeit des 19. Jahrhunderts entspricht, geht aus dem nüchternen Bericht des Hauptmanns Helmuth von Moltke hervor, der sich im Jahr 1838 als unvoreingenommener Chronist in dem anatolischen Städtchen Karput aufhielt. Er gelangte dort zu einer für den Angehörigen des militärischen Standes seiner Epoche erstaunlich »antiautoritären« Schlußfolgerung:

»Gegen Morgen erreichten wir Meja-Farkin, den Sitz der einst mächtigen Könige von Armenien«, so notierte der preußische Offizier. »Die Stadt liegt auf der untersten Stufe des Gebirges, aus dem ein reicher Fluß hervortritt und in schönen Windungen durch die Ebene dem Tigris zuzieht; aber das Innere zeigt fast nur Trümmer und die frischen Spuren des Zerstörungskrieges, der die Kurden unlängst mit Mühe unter die Herrschaft der Türken gebracht hat. Diese Eroberung hat Tausende nicht nur von Bewaffneten, sondern auch von Wehrlosen, von Weibern und Kindern, das Leben gekostet, hat Tausende von Ortschaften zerstört und den Fleiß vieler Jahre nutzlos gemacht. Es ist betrüblich zu denken, daß diese Zwangsbefriedung wahrscheinlich auch diesmal, wie so oft früher, nur vorübergehend sein wird, wenn eine bessere Verwaltung den Kurden nicht ihre Unabhängigkeit ersetzt.«

Hochzeit in Yakub Abdal

Der wirklichen Türkei, der »Turquie profonde«, wie die Franzosen sagen würden, bin ich vermutlich weder bei unseren elitären Intellektuellentreffen von Cankaya noch in der streng abgeschirmten Kaderschmiede der Armee nähergekommen. Es hat sich vieles zum Besseren gewendet, seit Recep Tayyip Erdogan – trotz unvermeidlicher Rückschläge – seinem Land einen beachtlichen Wohlstand und eine funktionierende Sozialfürsorge verschaffte. Dennoch gibt es mit Sicherheit noch zahlreiche abgelegene Ortschaften, die dem Lebensrhythmus des Dorfes Yakub Abdal entsprechen, das ich um die Jahrtausendwende in Begleitung meines Freundes Hayrettin entdeckt hatte.

Wir waren eben von der vierspurigen Autobahn abgezweigt, die nach Samsun am Schwarzen Meer führt, und schon umfing uns die Steppe, baumlos, schwermütig, schier unendlich. Das Dorf Yakub Abdal schien in anatolischer Zeitlosigkeit erstarrt. Es hatte seine Lehmkaten von einst durch unverputzte Ziegelmauern oder hastig verschalte Zementhäuser ersetzt. Mehr als fünfhundert Menschen lebten hier nicht. Es hatte geregnet, und wir wateten in tiefem Schlamm. Am düsteren Himmel trieb der eisige Wind Wolkenfetzen nach Süden, zerrte an den verkümmerten Ästen einer entblätterten Pappel. Am Horizont, wo die Sonne versank, flackerte ein Karree aus Rot und Gold. Die Grasfläche des hügeligen Umlandes war schmutziggelb, mit schwarzen Flecken überzogen wie das Fell einer Hyäne. Es begegneten uns nur wenige Menschen im buckligen Labyrinth der Gassen. Die Frauen hüllten den Kopf in weit fallende Schleier und trugen noch die geblümte Pluderhose aus osmanischer Zeit. Sie huschten an den Fremden wie Schemen vorbei. Die Mädchen wendeten das bleiche Gesicht zu Boden, hüteten sich, den Eindringlingen auch nur einen Blick zu schenken. Ebenso teilnahmslos drängte das Vieh – einzeln streunende Kühe, Schafe und Ziegen – an uns vorbei. Die Kinder hingegen beäugten uns unbefangen mit Neugier und mit Respekt.

Wir hatten einen älteren Mann in einem unförmigen Mantel angesprochen. Er stellte sich uns bereitwillig als Lotse zur Verfügung. Aus dem stoppelbärtigen, verhärmten Hirtenantlitz sah er uns freundlich an. »Sie sind an einem besonderen Tag gekommen«, erklärte er meinem Freund Hayrettin, der an der Universität Köln an seiner Promotion in Politologie arbeitete. »Es werden heute in Yakub Abdal zwei Hochzeiten gefeiert.« Tatsächlich klang jetzt die Festmusik zu uns herüber. Ein Trommler und ein Flötenspieler kamen uns entgegen, als würden sie eine Beerdigung anführen. Die beiden waren erbärmlich gekleidet. Die Paukenschläge begleiteten die wimmernden Töne eines primitiven Blasinstruments aus

Schilf oder Bambusrohr. Heiterkeit konnte dabei nicht aufkommen. Mich erinnerte diese jammernde Weise an das Ächzen des Kagni, jenes für Anatolien seit der Frühzeit der kriegerischen Hethiter typischen Ochsenkarrens, der mit vollen, scheibenförmigen Holzrädern ausgestattet ist und bei meinem ersten Türkeibesuch im Sommer 1951 die örtlichen Verbindungswege beherrschte.

Der Einheimische im verbeulten Mantel lud uns zum Hochzeitsmahl ein. Wir seien als Gäste hoch willkommen und unsere Gegenwart werde als Ehre betrachtet. Aber vorher wollte er uns noch die wenigen Sehenswürdigkeiten seines Dorfes zeigen. Immerhin konnte er eine bescheidene Ambulanzstation des Roten Halbmondes vorweisen und eine von privaten Stiftungen finanzierte Schule. Auf der grobgetünchten Mauer dieser Behelfskonstruktion blickte das Porträt des Staatsgründers Atatürk überdimensional und heroisch auf den wuchtigen Rohbau der nahen, noch unvollendeten Moschee. Aber man lasse sich nicht täuschen. Der »Vater der Türken«, der Held von Gallipoli, der Schöpfer der modernen Republik von Ankara, wurde zwar in Yakub Abdal gebührend und untertänig geehrt, heimisch war Atatürk mitsamt seiner westlichen Staatsdoktrin hier nicht geworden. Ihm wurde von der autoritätsgewohnten, einfältigen Landbevölkerung als dem »ebedi chef« – als »unsterblichem Führer« – gehuldigt, als dem neuen Padischah und nicht als dem Verkünder einer schwerverständlichen säkularen Ideologie.

Auf ähnliche Weise waren ja auch die gebieterischen Anordnungen und Edikte des Obersten Herrn am Bosporus in den vergangenen Jahrhunderten unterwürfig akzeptiert und bauernschlau umgangen worden, ob es sich nun um das Timar-System der Sipahi-Pfründe handelte, mit denen Mehmet II. einst die vorherrschende Agrarordnung revolutionierte, oder um das ausgeklügelte Rechtssystem, das Süleiman der Prächtige erließ. Im anatolischen Hochland war auch die halbherzige Modernisierung der Tanzimat verhallt, die zu Beginn des 19. Jahrhunderts eine verfrühte Hoffnung auf radikale Neuerungen der Pforte weckte, und auch jener turbulente Aufbruch der Jungtürken, die unter der französischen Parole »Union et Progrès« um die letzte Jahrhundertwende angetreten waren, als nationalistische Vorläufer des von Anfang an militärisch ausgerichteten Kemalismus. Wer hätte unter diesen armseligen Bauern, Hirten und Pächtern jemals die erlauchten Firmane des Sultans und Kalifen zu diskutieren gewagt, wo es doch relativ einfacher war, ihnen mit gebeugtem Rücken und in devoter Scheinanpassung auszuweichen.

Unser dörflicher Führer, der sich unter dem Namen Tengiz vorgestellt hatte, nahm Hayrettin bei der Hand und wies auf ein altes, bescheidenes Gebetshaus, viel weniger anspruchsvoll als die neue »Cami« aus rohem Beton, die am Dorfrand mit aufragenden Minaretts auf ihre Vollendung wartete. Diese moderne Moschee wurde durch freiwillige Zuwendungen der Gläubigen oder durch Gaben reicher privater Spender errichtet, aber ihr Imam oder Hodscha, ihr Vorbeter und Prediger, wurde vom Regierungsamt für Religiöse Angelegenheiten in Ankara bestimmt.

Wir waren an das Grab, an die Türbe eines frommen Pir aus dem Mittelalter getreten, und meine beiden muslimischen Begleiter erstarrten mit erhobenen Händen zur Rezitation der Eröffnungssure des Korans, der Fatiha. Neben dem hohen, weißen Turban am Kopfende verwelkte ein Blumenstrauß. In arabischer und lateinischer Schrift wurde am Eingang des bescheidenen Mausoleums die Bedeutung des Ortes erklärt: »Sultan Evtad Yakub Abdal Dervish Sinan hat hier für seinen Sohn ein Grab gestiftet im Jahr 1077.« Nach Yakub Abdal wurde das Dorf benannt, vermutlich ein Anführer jener frühen turkmenischen Freischärler, ein Ghazi, kriegerischer Derwisch, der die christlichen Byzantiner Schritt für Schritt bis zur Ägäis zurückdrängen half und davon träumte, eines Tages die strahlende Polis am Goldenen Horn, die ruhmreiche Stadt Konstantinopel, dem Dar-ul-Islam einzuverleiben.

Tengiz beteuerte, daß die Dorfbewohner samt und sonders rechtgläubige Sunniten seien und der hanefitischen Rechtsschule oder Madhhab angehörten. Was nicht ausschloß, daß sie ebenfalls einer Tarikat, einem Derwisch-Orden, einer Sufi-Gemeine anhingen, deren kollektive Dhikr-Übungen in der ekstatischen Beteuerung der Einzigkeit Allahs – »la illaha illa Allah« – gipfeln und den strengen Korangelehrten, den Ulama, nie ganz geheuer waren. Alles deutete darauf hin, daß die geheimnisumwobene Lehre der Aleviten auch in diesem Erzland Anatoliens bei den turkmenischen Stämmen über starke Gefolgschaft verfügt hatte, ehe Selim I., der Grausame genannt, der gerade den Titel des Kalifen usurpiert hatte, mit Feuer und Schwert gegen alle ketzerischen Abweichler seines Imperiums vorging.

»Es wird Zeit, daß wir die Hochzeitsgesellschaft aufsuchen«, meinte der gastliche Tengiz. Die Brautleute, die noch getrennt in ihren jeweiligen Familien verweilten, bekamen wir nicht zu sehen. Das klägliche Zwei-Mann-Orchester geleitete uns zu einer kastenförmigen Zementkonstruktion, etwas stattlicher als die angrenzenden Unterkünfte, wo der Vater der Braut Verwandte und Freunde – wohlweislich nur Männer – um sich versammelt hatte. Auf dem flachen Dach wehte als einziger Schmuck jene rote türkische Fahne mit weißem Halbmond und Stern, unter der bereits die Janitscharen vor dreihundert Jahren vor den Toren Wiens kampiert hatten.

Bis auf ein brüchiges Sofa, die im Karree angeordneten

Sitzkissen, einen abgewetzten Teppich und einen Kanonen-
ofen war die gute Stube des Brautvaters unmöbliert. Der dun-
kelhäutige, etwa fünfzigjährige Hausherr mit dem buschigen
Schnurrbart entschuldigte sich für diese Dürftigkeit. Etwa
zwei Dutzend Männer hatten sich zusammengefunden. Sie
erhoben sich bei unserem Eintritt und reichten uns mit Ver-
beugungen beide Hände zum Gruß. Sie waren alle von Armut
und harter Arbeit gezeichnet. Ein einheitlicher rassischer Typus war nicht auszumachen. Die Farbe der Augen variierte
von Tiefschwarz bis zu hellem Blaugrau. Der Blick wirkte
intensiv, durchdringend, fremd. Sie waren alle kümmerlich,
in tristen Farben gekleidet. Die einen trugen wollene Pudel-
mützen, andere die scheußliche Schlägerkappe, die auf Geheiß des großen Atatürk den landesüblichen Fez verdrängt
hatte. Wie in abgelegenen Gebirgsdörfern Europas waren
manche Gestalten durch lange Inzucht gezeichnet. Dennoch
ging von dieser Runde armer Schlucker, die seit Jahrhunderten durch die Behörden nur ausgebeutet, oft auch mißhandelt
wurden, der Eindruck großer Würde, ein unzerstörbares
Selbstbewußtsein und auch eine gute Portion Bauernschläue
aus.

Natürlich hatten wir unsere Schuhe abgestreift. Während
das Essen auf runden Blechplatten serviert wurde, verließ ich
meinen bequemen Sofasitz, um mich auf den kalten Fußbo-
den zu kauern. Das Festmahl war bescheiden, aber schmack-
haft. Bohnen und Gemüse, eine fette Suppe, in der ein paar
Hammelfetzen trieben, Weinblätter mit Reisfüllung und als
Nachtisch eine stark gesüßte Mehlpampe. Dazu wurde Tee
gereicht. Die stoppelbärtigen Gesichter waren mit wohlwol-
lender Neugier auf mich gerichtet. Die Gastfreundschaft war
hier ein zwingendes, selbstverständliches Gebot. Ich fühlte
mich wohl bei diesen Hirten und Pächtern.

Das Gespräch kam ohne jede Hemmung in Gang. Zunächst ging es um die Sorgen des Alltags. Die Arbeitslosigkeit wurde als größtes Übel empfunden. Die jungen Männer gingen ohnehin im nahen Ankara ihrer Beschäftigung nach, falls sie eine fanden. Ob auch Deutschland an Arbeitslosigkeit leide? Die meisten Familien von Yakub Abdal waren davon betroffen, daß das Fleisch sich auf den nahen Märkten so schlecht verkaufte. »Gibt es auch in Europa Hammel?« fragte ein junger Hirte in abgewetzter Lederjacke. »Hammel gibt es überall in der Welt«, wies ihn ein weißhaariger Bartträger zurecht. Die Älteren interessierten sich vor allem für das Rentensystem in der Bundesrepublik, denn in dieser Hinsicht schien in der Türkei manches im argen zu liegen. Ob es denn stimme, daß die Deutschen türkenfeindlich geworden seien? Dem konnte ich mit gutem Gewissen widersprechen und warnte ganz offen vor den polemischen Exzessen der türkischen Sensations- und Skandalpresse. Meine Aussage wurde mit sichtlicher Erleichterung aufgenommen. Wie sich denn die Nähe der Hauptstadt auf das karge Dorfleben auswirke, fragte ich. Die großen Häuserblocks rückten eben immer näher, wurde resigniert festgestellt, und die Grundstücksspekulation könnte ihrem einfachen Leben, das sie trotz aller Entbehrungen wohl weiterhin als bescheidene Idylle empfanden, eines Tages ein jähes Ende setzen.

Die Stimmung war jetzt so aufgelockert, daß auch politische Themen aufgegriffen werden konnten. Da meldete sich gleich ein halbes Dutzend Stimmen zu Wort, und es wurde mit erstaunlicher Offenheit diskutiert. Alle waren sich einig, daß die Politiker und ihre Parteien insgesamt korrupt und kriminell seien. Das treffe für alle Richtungen zu. Sogar die Islamische Wohlfahrtspartei, die jetzt Tugendpartei hieß, sei schon allzusehr von diesem verlogenen System angesteckt. Dennoch sei es ein schwerwiegender Fehler, daß man die eifernden Muslime aus dem öffentlichen Leben verbannen wollte. Ich spürte, daß ich es mit sehr frommen Menschen zu tun hatte, urwüchsige Naturen, die ehrlich und sogar liebenswert geblieben waren in ihrer entbehrungsvollen anatolischen Abgeschiedenheit. Aber im bösen möchte man ihnen nicht begegnen.

Wie sie sich denn die Zukunft der Türkei vorstellten, forschte ich weiter, und da kam es zu einem erstaunlichen Spektrum unterschiedlicher Meinungen. Ein älterer Bauer, der über eine gewisse Autorität zu verfügen schien, sähe es am liebsten, wenn sein Staat sich nicht so sehr in auswärtige Dinge einmischte und sich auch nicht durch die diversen fremden Strömungen beeinflussen ließe. »Wir müssen uns selbst treu bleiben«, beteuerte er. Aber da regte sich Widerspruch. Der Beitritt Ankaras zur Europäischen Union würde doch große Vorteile bringen, sagte der Mann mit der Lederjacke. – »Am besten wären wir dran, wenn wir zur Größe des Osmanischen Reiches zurückfänden, wenn wir wieder so stark und mächtig wären wie unter unseren Sultanen und Kalifen«, bemerkte ein bislang schweigsamer Außenseiter mit scharfgeschnittenem Profil.

Die Nachricht, daß Abdullah Öcalan, der Führer der kurdischen Separatisten, ein paar Tage zuvor nach seiner Ausweisung aus Syrien in Rom angekommen sei, hatte sich in Yakub Abdal in Windeseile herumgesprochen, und darüber war bestimmt endlos palavert worden. Für diese türkischen Hirten und Bauern galt der PKK-Chef als die Ausgeburt alles Bösen. Er war der Feind, der die jungen türkischen Soldaten in den tödlichen Hinterhalt lockte. Dem Apo genannten Kurdenführer schlug offener Haß entgegen. »Unser Militär kommt mit diesen kriminellen Rebellen immer noch nicht zurecht. Es geht nicht radikal genug gegen die PKK-Terroristen vor«, beschwerte sich ein relativ junger Kraftprotz, der vielleicht in Ostanatolien gedient hatte. »Man soll mir einen

Säbel in die Hand geben und mich mit der Jagd dieses Verbrechers beauftragen; ich würde Öcalan den Kopf abschlagen.«

Zu meiner Linken kam ich über Dinge des täglichen Lebens mit einem freundlichen, weißbärtigen Greis, dem hochgeehrten Nestor des Ortes, ins Gespräch. Er trug eine schwarze Wollmütze, und seine blauen Augen lächelten mir verschmitzt zu. Wir stellten fest, daß wir gleichaltrig waren, und umarmten uns. Irgendwie entstand zwischen uns eine brüderliche, fast heitere Gemeinsamkeit beim Gedanken an das lange, wechselvolle Leben, das hinter uns lag, und an den Tod, der auf uns wartete. Beim Abschied führten die jungen Männer meine Hand an ihre Lippen und an ihre Stirn.

Der Mann aus Pennsylvania

Wie die armen Leute von Yakub Abdal in den Wahlkämpfen wohl reagiert haben, die den kometenähnlichen Aufstieg Erdogans begleiteten? Ich nehme an, daß sie massiv für dessen AKP-Partei gestimmt haben. Für den Durchschnittstürken bescheidener Herkunft ist Stabilität des gesellschaftlichen Rahmens zweifellos wichtiger als individuelle Ausdrucksfreiheit, was übrigens nicht nur für die Einwohner Anatoliens gilt. Eine Ironie der Geschichte hat es gefügt, daß die osmanische Rückbesinnung, der Erdogan sich verschrieben hat, weder durch die geballte Phalanx des Offizierskorps noch durch die unentwegten Anhänger eines flexibleren Kemalismus ernsthaft in Frage gestellt wurde, sondern durch die Rivalität, die Herausforderung einer parallel agierenden islamischen Bewegung, durch die Fethullah Gülen-Bruderschaft, die heute von Erdogan als »Staat im Staate« bekämpft wird.

Mit der flagranten Einmischung in den syrischen Bürgerkrieg hat Erdogan einer strategischen Ausrichtung Raum gegeben, die die Türkei den Unwägbarkeiten seiner arabischen Nachbarn aussetzt. Die von Atlantikern leichtfertig aufgebauschte Krise um die Zugehörigkeit der Halbinsel Krim sowie die ungelösten Spannungen, die am Kaukasus und auf dem Balkan sich jederzeit zu bewaffneten Lokalkonflikten anheizen könnten, rücken das Schwarze Meer, das bis zum Ende des 18. Jahrhunderts eine exklusive Domäne des Padischah von Istanbul war, ins Zentrum einer internationalen Kraftprobe, in der die tatarische Minderheit von Simferopol beliebig manipuliert werden kann. Der Beitritt der Türkei zur Europäischen Union, der bei den Mitgliedsstaaten weiterhin heftig umstritten bleibt und seit Jahrzehnten vielfach Anlässe zu schamloser Demagogie liefert, dürfte inzwischen von den Türken selbst als unerträgliche Einschränkung ihrer Souveränität, als Absage an ihre ehrwürdigsten Traditionen beurteilt werden.

Was steht am Ende der weitgehend religiös ausgerichteten Neuorientierung, die in Ankara in Gang gekommen ist? Bestimmt keine wahhabitisch geprägte Theokratie nach saudischem Vorbild und auch keine Islamische Republik, wie sie im benachbarten Iran von Ruhollah Khomeini seinen schiitischen Untertanen verordnet wurde. Im gnadenlosen Schattenkrieg, den heute die Fethullah Gülen-Bewegung dem Regime Erdogans liefert, ist es zu Enthüllungen gekommen, die ohne das technisch perfektionierte Abhör- und Entzifferungssystem der amerikanischen NSA kaum an die Öffentlichkeit gelangt wären. Dem Vorwurf von Korruption innerhalb der eigenen Partei und sogar der eigenen Familie ist Erdogan mit wütendem Widerspruch begegnet, ohne ernsthaft Schaden zu erleiden.

Schwerwiegender ist die Publizierung einer streng geheimen Generalstabsbesprechung unter der persönlichen Ägide des Regierungschefs, bei der diverse Möglichkeiten einer offenen türkischen Militärintervention in Syrien erwogen wurden. Der plausibelste Vorwand dazu, so wurde in der belauschten Runde festgestellt, würde durch einen Rückgriff in die fernste Historie geliefert. Die Vortäuschung eines Überfalls der Assad-Armee von Damaskus, die sich gegen eine winzige Exklave unweit von Aleppo richten würde, ließe sich inszenieren, wo unter dem Schutz türkischer Soldaten der ferne Stammvater der osmanischen Dynastie bestattet ist, die legendäre Gestalt des Predigers und Jihadi Suliman Schah. Dessen Sohn Osman Ghazi leitete die Erbfolge ein, die bis in die Gegenwart, bis in das Jahr 1924 andauerte, als am Tage meiner Geburt der letzte osmanische Kalif von Atatürk ins Schweizer Exil verbannt wurde.

Die wirklich relevante Frage richtet sich heute auf den Stand der Beziehungen zwischen Ankara und Washington. Hier steigern sich die Verstimmungen und Irritationen. In den westlichen Medien ist der »Volksaufstand« zur Rettung des Gezi-Parks in Istanbul ungebührlich hochgespielt worden. Erdogan hatte sich ja andernorts um die Schaffung von Grünflächen innerhalb seiner Siedlungsblocks bemüht und um die Anpflanzung von Tulpenfeldern, wie das der osmanischen Tradition entsprach. Die dramatische Verschlechterung der Beziehungen Ankaras zu Israel, die in der Kaperung eines türkischen Versorgungsschiffs für den Gaza-Streifen gipfelte, wird hingegen – angesichts der aufgebrachten öffentlichen Meinung – kaum mehr zu überbrücken sein. Da Jerusalem aufs engste mit der Strategie Washingtons verkoppelt ist, gerät auch die amerikanische Diplomatie als Feind des Islam in Verruf.

Negativ wirkt sich vor allem aus, daß die mächtige und finanzstarke Fethullah Gülen-Bruderschaft auf Grund des selbstgewählten Exils ihres Gründers und Führers im amerikanischen Pennsylvania im Verdacht steht, ihre weltweite Tätigkeit mit den US-Geheimdiensten zu koordinieren. Nach seinem Sieg bei den Kommunalwahlen im Frühjahr 2014 ließ der damalige Ministerpräsident seinem cholerischen Temperament freien Lauf. »Ihr habt eure Kassetten- und Video-Kampagne gegen die wahren Gläubigen entfesselt«, rief er in Anspielung auf die abgehörten Telephongespräche seiner Umgebung und seiner Familie. Dieser »Mann aus Pennsylvania« und das Kapital, das ihm nahesteht, hätten sich am türkischen Volk und an dessen demokratischem Willen versündigt. Schon setzte eine planmäßige Repression ein. Die Wirtschaftsholdings, die dem Konglomerat Gülens angehören, wurden diverser Steuervergehen bezichtigt. Das weitverzweigte und beim Volk hochangesehene Unterrichtsnetz sollte, soweit es auf türkischem Territorium aktiv war, bis September 2015 geschlossen werden. Die Sympathisanten dieser Bruderschaft – seien sie nun Journalisten, Akademiker, Geschäftsleute oder Beamte – wurden einer strikten Überwachung unterworfen. Die renommierte Tageszeitung »Zaman« sowie der Fernsehkanal »Samanyolu« wurden in Erwartung einer möglichen Schließung an die Kandare genommen und der staatlichen Zensur unterworfen. Das Ganze gipfelte im März 2014 in der Forderung Erdogans an die USA, den gealterten und kränkelnden Strippenzieher dieser globalen Organisation aus den USA auszuweisen und ihn der türkischen Justiz auszuliefern. Natürlich kann Obama einem solchen Ansinnen nicht nachgeben, und der Streitfall Fethullah Gülen dürfte weiterhin zur Verschlechterung der Beziehungen zwischen Ankara und Washington beitragen.

*

Mein erster Kontakt mit dem diskreten Imperium Fethullah Gülens geht auf den Sommer 1994 in Istanbul zurück. Ein Straßenschild signalisierte die Abzweigung in das Viertel Yeni Bosna, zu deutsch Neu-Bosnien. Das klang wie ein Programm. In einem Labyrinth von Gassen und Industrieanlagen hatte ich nach langem Suchen das stattliche Redaktionsgebäude der Zeitung »Zaman« – »Die Zeit« – entdeckt. Man hatte mir fälschlich angegeben, dieses Blatt stehe der Refah-Bewegung nahe. In Wirklichkeit gehörte Zaman jener religiösen Erweckungsbewegung an, die voll im Banne ihres Gründers Fethullah Gülen steht. Diese schillernde, charismatische Persönlichkeit, deren Bedeutung nur in der postkemalistischen Gegenwart, im Spannungsfeld zwischen fundamentalistischem Scharia-Islam und volkstümlichen Sufi-Orden gewertet werden kann, macht kein Hehl aus ihren missionarischen Absichten im Kaukasus, in Zentralasien, im Balkan.

In den Amtsstuben von Zaman ging es sehr diszipliniert zu, und der Herausgeber und Chefredakteur Mustafa Basari führte ein straffes Regiment. Mit Sakko und Schlips war er betont westlich gekleidet, wirkte fast wie ein Militär, aber als Absolvent einer Imam Hatip-Schule durfte auch er nicht türkischer Offizier werden. Neben der koranischen Theologie hatte er Rechtswissenschaften studiert und als Anwalt praktiziert, ehe er sich auf das Zeitungsgeschäft verlegte. Basari rief ein paar Redakteure herbei. Was die türkischen Kollegen stark beschäftigte, war das intensive Bemühen ihres geistlichen Führers Gülen, den Islam auch in Mittel- und Westeuropa auszubreiten. Deutschland zum Beispiel sei doch ein ideales Terrain für die Propagierung der unübertrefflichen Lehre der Propheten. »Wir suchen ein freundschaftliches Verhältnis zu den Christen«, bremste der Herausgeber die voreiligen Eiferer. »Wir sollten uns dabei Sultan Mehmet II., den Eroberer von Konstantinopel, zum Vorbild nehmen.« Daß diese Referenz für einen Abendländer nicht gerade besonders verlockend klang, wollte ihm offenbar nicht in den Sinn kommen.

Basari wunderte sich über die mangelnde Kenntnis namhafter Publizisten des Westens, die vor den religiösen Urkräften Anatoliens bislang krampfhaft die Augen verschlossen hatten, um ihre kemalistischen Illusionen nicht preiszugeben. »Die europäischen Menschenrechtsverfechter irren sich, wenn sie die Kurdenfrage stets nur als politische und völkische Problematik angehen. Die Kurden sind von Natur aus fromme Muslime. Zur Zeit der osmanischen Sultane haben sie sich in die Ordnung des islamischen Gottesstaates reibungslos eingeordnet, und wir werden mit ihnen auch wieder zurechtkommen, wenn wir uns von den nationalistischen Kriterien des staatlichen Zusammenlebens abkehren und in der koranischen Umma eine brüderliche Gemeinschaft auf religiöser Basis praktizieren.« Dennoch hütete sich der Herausgeber von Zaman, der Wiedereinführung der Scharia, der koranischen Gesetzgebung, das Wort zu reden oder gar die Ausrufung einer islamischen Theokratie zu fordern. »Es genügt zunächst, wenn die Türken die fünf Grundgebote, die ›Säulen des Islam‹ wieder zur obersten Richtschnur ihres religiösen Verhaltens machen«, so lenkte er ein. Dann stelle sich die wahre, gottgefällige Gesellschaft nach und nach von selbst ein.

»Die wirkliche Stärke von Fethullah Gülen liegt in der Sozialarbeit«, fuhr der Herausgeber fort. Er zählte Fakten auf: Die Jugendlichen unter 25 Jahren machten die Hälfte der türkischen Bevölkerung aus, davon seien 36 Prozent arbeitslos. Die Inflation bewege sich bei hundert Prozent im Jahr. Die Auslandsverschuldung habe zehn Milliarden US-Dollar erreicht. Die von der damaligen Ministerpräsidentin Tansu Ciller angekündigten Deflationsmaßnahmen würden die Unruhe bei den Beschäftigten zusätzlich schüren. »Die Zukunft unserer Bewegung«, so ging der Diskurs weiter, »liegt bei den Enterbten, Entrechteten, und unsere Aktion konzentriert sich auf soziale Beihilfe, auf den Bau von Krankenhäusern und Schulen, auf Armenspeisung, auf die Sorge um Witwen und Waisen, ja, wenn nötig, auch auf die bei uns übliche Beschaffung von Brautgeschenken. In diesem Bereich liegt unsere Kraft. Sie nährt sich aus dem wahren Glauben an Allah und seinen Propheten.«

Ein junger, bärtiger Hüne namens Zemai hatte das Gespräch gedolmetscht. Er hatte einige Jahre im Schwarzwald gelebt. Nun geleitete er mich nach dem Abschied von der Redaktion ins Hotel zurück. Wir kamen während der Fahrt ins Plaudern. Die Familie Zemais stammte ursprünglich aus dem Kaukasus. Deshalb verfolgte er mit besonderer Aufmerksamkeit die Bemühungen der Regierung Çiller, bei den überwiegend islamischen Nachfolgerepubliken der Sowjetunion im Namen der gemeinsamen turanischen Volkszugehörigkeit politisch und kommerziell Fuß zu fassen.

»Washington stellt sich wohl vor, wir würden in Aserbaidschan und in Zentralasien die säkulare Staatsform Atatürks heimisch machen und die Fortschritte der Re-Islamisierung eindämmen«, spottete er. »Wir sollten den Kemalismus exportieren, wo er doch schon in der Türkei in den letzten Zügen liegt.«

*

Heute richtet Recep Tayyip Erdogan seine ganze Wut und seine rhetorische Beschwörungskraft gegen den global ausgerichteten Verein Fethullah Gülen, der – wie ich noch vor drei Jahren in Ulan Bator feststellen konnte – sogar in der Hauptstadt der Mongolei, in der nur wenige Muslime leben, eine stattliche Moschee und ein umfangreiches Zentrum für Unterricht und Sozialleistung erbauen ließ. Erdogan deutete an, daß das rigorose Vorgehen gegen die hohen Offiziere, die angeblich in das Komplott »Ergenekon« verwickelt waren, auf Grund von Denunziation durch Aktivisten Gülens getroffen wurden und zu überstürzten Vorurteilen führten. Offenbar handelt es sich bei dem »Mann aus Pennsylvania« um einen wirklich gefährlichen Gegner. In seinen Reden kündigte der starke Mann von Ankara die Verfolgung dieser Rivalen bis in ihre Höhlen an. »Diese Erde«, so steigerte er sich, »auf der die Märtyrer knieten, werden wir nicht an Pennsylvania und dessen Verräter ausliefern.«

Nachdem Erdogan das Twitter-Netz in der Türkei begrenzte und dem Geheimdienst MIT unbeschränkte Kontrolle über die rechtsstaatlichen Institutionen einräumte, wird von »türkischem McCarthyismus« geredet. Der sich anbahnende Bruch mit den USA, denen Ankara auf dem Höhepunkt des Kalten Krieges aufs engste verbunden war, muß sich unweigerlich vertiefen. Hier drängt sich mir die Erinnerung an eine Zusammenkunft mit der Zaman-Redaktion im Dezember 1998 auf. Dem neuen Chefredakteur Abdullah Aymaz merkte man die theologische Prägung an. Er hatte eine lässige Wolljacke übergezogen und äußerte sich mit einer Freimütigkeit, die ihn heute wohl unweigerlich vor den Richter bringen würde. Verlagsangestellte servierten uns Tee in der devoten Haltung von Höflingen und zogen sich eilig zurück. Das Büro war immerhin mit einem großen Atatürk-Bild ausgestattet.

Aktuellen politischen Fragen ging Aymaz aus dem Weg. Selbst zu der drastischen Lehrplan-Reduzierung der Imam Hatip-Gymnasien, die durch eine Verfügung der damaligen Regierung Yilmaz nur noch auf den geistlichen Beruf vorbereiten und mit ihrem auf vier Jahre verkürzten Ausbildungscurriculum keine Universitätsreife mehr vermitteln durften, wollte er sich nicht äußern. Hingegen wurde die Zugehörigkeit der Publikation Zaman zum Sekten- und Wirtschaftsimperium Fethullah Gülens geradezu plakativ zur Schau gestellt. Um die Weltoffenheit und Toleranz seines Meisters zu belegen, überreichte mir der Chefredakteur eine Broschüre, die Fethullah Gülen, der der Erscheinung nach wie ein erfolgreicher levantinischer Unternehmer wirkt, im Gespräch mit Papst Johannes Paul II. zeigte. Auch Begegnungen mit dem griechisch-orthodoxen Patriarchen von Konstantinopel, dem Ober-Rabbiner der sephardischen Juden und sogar mit einem führenden »Dede« der Aleviten wurden im Bild festgehalten.

Die Organisation Fethullah Gülen, die Wert darauf legt, nicht als Tarikat bezeichnet zu werden, hat sich resolut aus der Parteipolitik herausgehalten, was ihr in der Stunde der Bedrängnis von Refah und Fazilet, den Vorgängern der AKP-Bewegung Erdogans, zugute kam. Es gehe dieser Erweckungsbewegung darum, Mittler zwischen Staat und Religion zu sein, den Beweis zu erbringen, daß Humanismus und Frömmigkeit einander ergänzen. Hier beriefen sich die Fethullah-Jünger auf die mystische Philosophie Jallaluddin-er-Rumis, des Gründers der Mevlana-Bruderschaft, die im 13. Jahrhundert eine geradezu kosmisch ausgreifende Liebe und die Versenkung in die Gnade Allahs gelehrt hatte. Seitdem hat sie die unterschiedlichsten Verehrer gefunden, von den gewalttätigen Eroberer-Sultanen des Osmanischen Reiches bis zu verzückten europäischen Intellektuellen, die sich gern als moderne Sufi gebärden.

Der Redaktionsleiter räumte ein, daß die religiöse Bruderschaft der Naqschbandiya über die zahlreichsten Muriden verfügen dürfte. Politisch sei sie jedoch relativ unbedeutend. Bei Zaman herrschte offenbar Verachtung für alle Parlamentarier vor, und die machte selbst vor gewissen islamistischen Abgeordneten nicht halt. Was nun die eigene Mission beträfe, so führte Abdullah Aymaz die Gründung von rund fünfhundert Schulen Fethullah Gülens in 25 Ländern auf. Die Zahl dürfte sich inzwischen erheblich gesteigert haben, und auch in Deutschland sind sie zahlreich vertreten. Der Schwerpunkt liege in den zentralasiatischen Republiken der GUS. Aber er räumte ein, daß in diesen fernen, dem Koran entfremdeten Regionen mit schnellen Erfolgen nicht zu rechnen sei. Irgendwie kam bei mir der Verdacht auf, daß die drakonischen Regierungsmaßnahmen gegen die Imam Hatip-Okullari, denen fundamentalistische Tendenzen und die Förderung eines strikten Scharia-Islam nachgesagt werden, der Fethullah Gülen-Bewegung gar nicht so ungelegen kamen. Sie gewann eine Vorzugsstellung bei der Ausbildung neuer, religiös orientierter Eliten, finanzierte das Studium armer, aber frommer Adepten und richtete ihnen, dank ihrer beachtlichen Finanzreserven, kostenfreie Wohnheime ein.

»Wir respektieren den Kemalismus«, versicherte der vorsichtige Chefredakteur, aber er bestritt heftig, daß Fethullah Gülen, wie gelegentlich behauptet wird, vom heimlichen Wohlwollen der USA begleitet, sich in den muslimischen Regionen der ehemaligen Sowjetunion als Instrument einer kemalistischen und laizistisch inspirierten Koran-Interpretation einsetzen lasse.

Bei unserer flüchtigen Tour d'horizon erfuhr ich, daß diese Gemeinschaft vor allem in den Städten stark vertreten sei, daß eine Lösung der Kurdenfrage angeblich nur im Rahmen eines großen europäischen Zusammenschlusses gefunden werden könne. Es sei weiterhin davon auszugehen, daß die rückhaltlose Hinwendung der Türkei zur Brüsseler Gemeinschaft jedoch von drei mächtigen Gruppierungen ausgebremst würde: von den Militärs, die auf ihre Vorrangstellung im Staat verzichten müßten, von einem maßgeblichen Teil der Großindustrie, die an ihrer Konkurrenzfähigkeit innerhalb der EU zweifelt, und von den Islamisten, die einen Identitätsverlust befürchten.

Es fiel mir auf, daß Aymaz sich vor jeder Kritik der Armee strikt hütete. »Trotz aller internen Spannungen, ob Sie es glauben oder nicht«, belehrte er mich, »achtzig Prozent aller Türken sympathisieren weiterhin mit ihren Streitkräften und sind stolz auf sie. So war es doch immer gewesen, auch unter den Osmanen, deren Imperium ganz und gar auf strategische Imperative ausgerichtet war.« Im übrigen, so erfuhr ich zum Abschied, lohne es sich, das Studium der hintergründigen Welt der Sufi-Orden, der Derwisch-Bünde, der Tarikat zu vertiefen. Das Grundkonzept Fethullah Gülens sei ohne die theologische Vorarbeit des Scheikh Said Nursi und seiner »Lichtsekte« kaum zu begreifen. Es handelt sich da um ein speziell türkisches Phänomen. Zur Zeit der Sultane und Kalifen von Istanbul habe es in Anatolien kaum einen Untertan gegeben, der nicht einem dieser eifernden frommen Männerbünde angehört habe.

Ali und der Löwe Allahs

An dieser Stelle kommen wir nicht umhin, uns mit der Religion der Aleviten zu befassen, der mindestens fünfzehn Millionen Türken Anatoliens angehören. Im Gegensatz zu den diversen Tarikat, deren Kultübungen sich durchaus mit den Vorschriften der Sunna vereinbaren lassen, weicht diese von wesentlichen Glaubenssätzen des Islam ab und verharrt in schamanistischen Bräuchen und Traditionen. Mit der stren-

gen koranischen Erneuerung, die Recep Tayyip Erdogan an-
strebt, muß sie unweigerlich in Konflikt geraten. Bei den Alawiten Syriens hatte ich mich mit vagen Auskünften meist
christlicher Interpreten dieses synkretistischen Geheimglau-
bens behelfen müssen. Den archaischen Zeremonien der türkischen Aleviten habe ich hingegen persönlich beigewohnt,
auch wenn sich mir der mystische Kern dieser Sekte nicht
offenbart hat.

Welchen dominanten Einfluß die Minderheit der Alawiten
in unseren Tagen in Damaskus gefunden hat, ist allgemein
bekannt. Die Aleviten der Türkei sind weiterhin der Diskriminierung und periodischen Pogromen ausgeliefert, jedoch findet in ihren nach außen getarnten Cem-Gemeinden
eine zunehmende Selbstbehauptung statt, der das Erdogan-
Regime mit Argwohn begegnet. Ist es nicht aufschlußreich,
daß dort, wo diese Abweichung sich ungestört entfalten kann,
etwa unter den in Deutschland lebenden türkischen Neubür-
gern, der Anteil der bekennenden Aleviten auf ein Drittel der
anatolischen Zuwanderer geschätzt wird?

Bei der Wahlkampf-Kundgebung in Köln, die er bei seinen türkischen Landsleuten im Mai 2014 einberief, wurde Erdogan auf die geballte Opposition der Aleviten durch eine
mächtige Gegendemonstration aufmerksam gemacht. Während die Anhänger der regierenden AKP am linken Rheinufer
zu massiven Huldigungen für den jetzigen Regierungschef
zusammenströmten, sammelte sich am rechten Ufer eine
noch größere Zahl von Regimegegnern – überwiegend Aleviten und Kurden –, um gegen dessen sunnitische Rückbesinnung zu manifestieren.

Wie sich diese nominell dem Islam zugeordnete Lehre mit
dem Projekt Erdogans, an die religiösen Traditionen des Os-
manen-Reiches wieder anzuknüpfen, vereinbaren läßt, bleibt
extrem problematisch. Die Aleviten, reine Türken im Gegen-

satz zu den Alawiten Syriens, die der semitischen Volks- und Sprachfamilie angehören, stimmen – wenn es zu Wahlen kommt – natürlich nicht für die regierende AKP, sondern neigen den Sozialdemokraten oder den Kemalisten zu. In einem Manifest dieser esoterischen Glaubensgruppe, »A brief knowledge about Alavism«, definieren sich ihre Wortführer wie folgt:

»Der Alevismus als Glaubenssystem leitet sich von Kulturen Mesopotamiens sowie Zentral- und Ostasiens ab. Der Schamanismus, der Zarathustra-Kult, der Buddhismus, mystische Philosophie, Polytheismus und Christentum – sie haben alle das alevitische Denken beeinflußt. Dieser synkretistische Charakter des Alevismus begründet seine Toleranz, verglichen mit anderen Sekten des Islam. Der Alevismus ist nicht nur ein religiöser Glaube; er trat auch als gesellschaftliche Oppositionsbewegung hervor und breitete sich in den ländlichen Gegenden aus, wo das zentrale Herrschaftssystem der Osmanen nicht voll zur Wirkung kam. Die Geschichte berichtet von zahlreichen Aufständen gegen die Seldschuken und das Osmanische Reich. Diese Revolten waren alevitische Basis-Reaktionen gegen das vorherrschend soziopolitische System. Haci Bektaş-i-Veli gilt als der Gründer des anatolischen Alevitentums und wird als der größte Pir oder Heiliger verehrt.

Als die osmanische Herrschaft sich zusehends zentralisierte, übten die Sunniten einen wachsenden Druck auf die anderen Sekten des Islam aus. Dafür scheint es einen politischen Grund gegeben zu haben, weil zu jener Zeit im Iran ein schiitisches Staatswesen, das Safawiden-Reich, gegründet wurde. Die Aleviten Anatoliens wurden verdächtigt, die persischen Safawiden unterstützt zu haben während des Krieges, der zwischen dem Schah und dem osmanischen Imperium ausbrach. Im Jahr 1514 wurden – laut offiziellen Angaben –

vierzigtausend Aleviten von den Osmanen massakriert. In Wirklichkeit sollen es mehr als hunderttausend gewesen sein. Die Verfolgung der Aleviten dauerte an, nachdem das Safawiden-Reich seine Macht eingebüßt hatte. So erklärte ein gewisser Mufti Hamza, der als religiöse Autorität der Sunna amtierte, daß es empfehlenswert sei, Aleviten zu töten, und bedeutete damit, daß solche ruchlosen Morde nicht als Sünde zu betrachten seien.

Im sechzehnten Jahrhundert proklamierte der sunnitische Würdenträger Ebussud Efendi, daß alle Aleviten ›Kizilbasş‹ (›Rotköpfe‹) seien, und daß es ein gottgefälliges Werk sei, sie umzubringen. Die Aleviten seien Vaterlandsverräter und Parteigänger der Safawiden-Dynastie ... Ganz im Geiste seines Vorgängers Selim I. hatte Suleiman der Prächtige – ›Kanuni‹ der Gesetzgeber, wie die Türken ihn nennen – die Ausrottung der alevitischen Ketzer weiter betrieben unter dem Motto: ›Der abgeschlagene Kopf eines Kizilbaş ist für mich mehr wert als die Köpfe von zwei erschlagenen Christen.‹«

Noch in den Jahren 1978 und 1979 fanden Massaker an Aleviten in den Städten Sivas und Corum statt, vor allem aber in Kahramanmaras, wo in unseren Tagen die deutschen Patriot-Raketen stationiert wurden. Im Juli 1993 fand in Sivas ein weiteres blutiges Pogrom statt. Im März 1995 fanden mörderische Ausschreitungen im Istanbuler Stadtteil Gaziosmanpasa statt, die vier Tage andauerten und bei denen 21 Aleviten umkamen. Die Verantwortlichen für diese Verbrechen wurden nicht bestraft. Es ist zu befürchten, daß im Zeichen der offiziellen Rückbesinnung auf osmanische Größe auch der schwelende Konflikt zwischen der sunnitischen Rechtgläubigkeit und den alevitischen »Ketzern« sich neu anheizen wird.

Im Mai 1999 habe ich eine Erkundungsfahrt in das konfessionelle Mischland unternommen, wo in unterschiedlichen

Kräfteverhältnissen Sunniten und Aleviten eng nebeneinan-derleben. Es ist eine liebliche, fast bukolische Gegend zwi-schen Corum und Sivas, aber zwischen den Sippen und Indi-viduen der beiden Bekenntnisse erhebt sich eine unsichtbare Schranke. An ihren Kultstätten, den Cem-Hallen, die sie erst seit wenigen Jahren errichten durften, sind die Jünger des Ha-dschi Bektasch nur sehr schwer zu erkennen. Allenfalls ent-deckte ich, unmittelbar an den knochigen Wurzeln eines weit ausladenden heiligen Baumes angelehnt, den schlichten grü-nen Stein-Sarkophag eines hochgeehrten Pir, eines Dede, dieser geheimen Sekte. Ähnlich bestatten ja auch die syri-schen Alawiten die hohen Angehörigen ihrer Priesterkaste, so erinnerte ich mich.

Für diese Recherche hatte sich mir eine ungewöhnliche Begleitung angeboten. Ich reiste in Gesellschaft einer weib-lichen Abgeordneten des Deutschen Bundestages, die der Fraktion der Grünen angehörte und als Türkin in dieser Gegend geboren wurde. Ekin Deligöz, eine noch junge, at-traktive Politikerin, war mir zum ersten Mal in einer Fern-sehdiskussion aufgefallen, wo sie ihre Argumente mit viel Temperament vortrug und sich beim Thema Islam zweifellos als engagierte Alevitin zu erkennen gab. Sie schlug mir ohne Zögern eine gemeinsame Reise in ihre Heimat südlich der Schwarzmeerküste vor, wo die alevitische Tradition ziemlich unberührt überlebt hat.

Sie hatte mich gebeten, daß wir ihre Großmutter, ihre »Ana«, in unsere Gruppe aufnähmen. Ich stimmte umso be-reitwilliger zu, als diese selbstbewußte, in einem gehobenen Viertel von Ankara wohnende Dame in der geheimnisvollen Welt der ehemaligen Rotköpfe eine besondere Position ein-zunehmen schien. Neben der erblichen Priesterkaste der Dede oder Großväter gibt es offenbar auch weibliche Aus-erwählte, die als »Ana« angeredet werden. Die Großmutter von Ekin Deligöz war eine eindrucksvolle Frau und strömte eine bemerkenswerte Autorität aus. Ekin deutete an, daß ihre Familie von jenem großen Heiligen der Aleviten, Sultan Abdal, abstammt, der vor etwa vierhundert Jahren als Märtyrer seines Glaubens starb. Der osmanische Statthalter hatte diesen Missionar des Alevismus als Ketzer zum Tod durch Steinigung verurteilt, doch unter den Gaffern auf dem Hinrichtungsplatz war niemand bereit, einen Stein zu werfen. Nur eine Rose wurde dem »Abdal«, dem »Weisen«, von einem seiner Getreuen zugeworfen als Geste der Huldigung. »Diese Rose«, so soll der Mystiker gesagt haben, bevor er von den Schergen des Sultans gehängt wurde, »berührt mich tiefer, ja sie schmerzt mich mehr als alle Steine, die ihr gegen mich hättet schleudern können.« Eine seltsame Mysterienwelt tat sich hier auf.

Die Bundestagsabgeordnete machte mich auf die besondere Bedeutung der Region zwischen Samsun, Tokat und Sivas für die Entstehung der modernen türkischen Republik aufmerksam. Jedes Jahr wird der 19. Mai als Nationalfeiertag begangen, weil Mustafa Kemal Pascha 1919 an diesem Datum – nachdem er Istanbul und dem allzu gefügigen Sultan Mehmet VI. den Rücken gekehrt hatte – in Samsun an Land gegangen war, mit dem Aufbau des Widerstandes begonnen und die Schaffung des türkischen Nationalstaates in die Wege geleitet hatte. Warum der Ghazi ausgerechnet in diesem abgelegenen Vilayet Anatoliens Zuflucht vor den ausländischen Besatzungstruppen und den Verwünschungen des Scheikh-ul-Islam suchte, warum er in der isolierten Stadt Sivas im Herbst desselben Jahres den Kongreß der türkischen Wiedergeburt einberief, läßt sich, so meinte Ekin, vielleicht dadurch erklären, daß hier das alevitische Bevölkerungselement besonders stark vertreten war und daß der Gründer der Republik bei diesen schiitisch-schamanistischen »Ketzern« spontane Unterstützung gegen die osmanisch-sunnitischen Reaktionäre der Bosporus-Metropole fand.

Wir waren in eine schmale, gewundene Nebenstraße nach Nordosten eingebogen und wurden von malerischen Pappelhainen, Obstgärten und keimenden Feldern umrahmt. Der blühende Raps leuchtete gelb aus dem jungen Grün. Unser Ziel war das Dorf Kayacik. Früher sei diese kleine, rein alevitische Gemeinde von der Umwelt völlig abgeschlossen gewesen, erklärte Ekin. Die Gefolgschaft des Haji Bektasch habe ängstlich im verborgenen gelebt. Nur dem gelassenen Schlendrian des späteren Osmanischen Reiches hatten diese religiösen Außenseiter ihr Überleben verdankt. Vierzig Familien, annähernd fünfhundert Menschen, wohnten in Kayacik, ein Ortsname, der früher aus Tarnungsgründen häufig gewechselt wurde. Mir kam es vor, als sei ich in diesem Flecken plötzlich in eine verwunschene Welt versetzt. Die meisten Häuser waren noch im alten türkischen Stil gebaut, Fachwerkmauern mit schrägen Balken, deren Zwischenräume durch grobgebrannte Ziegel aufgefüllt waren. Hier lebten bescheidene Bauern. Unsere Ankunft löste Freude und herzliche Gastlichkeit aus. Der Großmutter Ekins, der »Ana«, begegneten diese einfachen Menschen mit Ehrfurcht. Sie galt offenbar als Herrin oder Priesterin. Den armen Schluckern wandte sie sich wohlwollend und mütterlich zu, schloß sie schützend in ihre Arme.

Wir machten einen Rundgang durch das Dorf. Da existierte ein bescheidenes Schulhaus, vor dem eine grobe Atatürk-Büste aus Bronze aufgestellt war. An der Wand lasen wir den unvermeidlichen Spruch vom »Glück, Türke zu sein«. Aber der Unterricht war eingestellt. Der Lehrer hatte das Dorf verlassen, und die Kinder mußten täglich den langen Weg nach Havza zu Fuß zurücklegen. Weiter unten stießen wir auf einen schmucklosen Zementbau. Der sollte eine

Moschee beherbergen, aber das Minarett wurde nie vollendet, und der von der Regierung bestallte sunnitische Islam hatte dieses alevitische Ketzernest bereits nach wenigen Tagen mit allen Zeichen des Unwillens verlassen. Jetzt war im Untergeschoß der »Cami« eine alevitische Kultstätte, eine »Cem Evi« eingerichtet. Das übliche Porträt des Imam Ali war zur Sicherheit gleich mehrfach an den unverputzten Wänden befestigt. Er hielt das gespaltene Schwert Zulfikar in der Faust. Mit dem Sektengründer Haji Bektasch, der ein Reh auf dem Arm trug, und Ali, dem höchste Ehren gezollt wurden, bildete Atatürk, der heimliche Erlöser der Aleviten von sunnitischer Willkür und Verstoßung, eine Art heilige Dreifaltigkeit. Auch die zwölf Imame der Schia waren abgebildet.

Auf dem hölzernen Boden des Gasthauses, wo die Einwohner nachts auf dünnen Matratzen schliefen, wurde das Essen ausgebreitet. Es bestand aus einem Bohnengericht mit Hühnerfleisch und Brot. Danach wurde Kaffee serviert. Die Ana wartete, bis der Satz auf der Untertasse geronnen war. Dann sagte sie denen, die es wünschten, die Zukunft voraus. Beiläufig hatte ich Ekin nach jenen Gerüchten befragt, die im vergangenen Sommer einen Militärputsch und eine Einflußnahme hoher alevitischer Offiziere auf die Staatsgeschäfte ankündigten. Ganz aus der Luft gegriffen waren diese Spekulationen wohl nicht, antwortete sie. Vor einem halben Jahr habe wieder einmal alles auf der Kippe gestanden, und die Jünger des Hadschi Bektasch seien in den obersten Rängen der Armee tatsächlich stark vertreten.

Es war dunkel geworden. In Richtung Amasya rollten wir zur nächtlichen Cem-Zeremonie. Sie fand in der Ortschaft Kargaköy statt, und dieses Städtchen wirkte kein bißchen geheimnisvoll oder magisch. Auch die Kulthalle, die Cem Evi, war von enttäuschender Banalität. Über der Sitzbank der Notablen hingen die üblichen Darstellungen der alevitischen Heiligenlegende. Der viereckige Raum war leer und nackt. Aus allen Himmelsrichtungen strömten Gläubige zusammen. Es waren überwiegend ärmlich gekleidete Menschen beiderlei Geschlechts. Die Frauen wurden von den Männern getrennt. Viele Mädchen verzichteten bereits auf das Tragen des Kopftuchs. Der kleingewachsene Lokal-Dede mit schwarzem Schnurrbart und Schirmmütze erschien neben der selbstbewußten Ana recht unscheinbar. Vier stoppelbärtige, kräftige Männer hantierten mit langen Holzstäben und gaben sich als Ordnungswächter zu erkennen. Sie wiesen den Gemeindemitgliedern streng ihre Plätze zu. Mir fiel auf, daß jeder Neuankömmling sich vor dem »Priester« flach auf die Erde warf, ihm dann kniend die Hand küßte.

Die Cem Evi hatte sich bis auf den letzten Winkel gefüllt. Immer wieder wurde der Ruf »Allah! Allah!« von rauhen Stimmen wiederholt. Die religiöse Feier wirkte mit einem Schlag authentischer, mysteriöser und ein wenig unheimlich. Uralte Riten der Steppe lebten auf. Da wurden unter tiefen Verneigungen buntgewebte Kelims, Relikte des Nomadenlebens, vor dem Dede wie zur Segnung ausgebreitet. Man reichte ein Becken mit Weihwasser und besprengte die Beter. Im Schein brennender Kerzen fand die symbolische Reinigung mit dem Besen statt. Im inneren Kreis rund um den Dede waren vierzig »Gerechte« – Auserwählte oder Eingeweihte – gruppiert. Dem Aussehen und der Kleidung nach unterschieden sie sich in keiner Weise von den übrigen Gläubigen.

Viel christliche Überlieferung hatte sich in diesem Gottesdienst erhalten. Auf die Taufgestik des Wassersegens folgte die Speisung mit »Lokma«, einem süßen Gebäck, das auf einer Schale gereicht wurde und der Austeilung der Kommunion ähnelte. Den Respektpersonen wurden von eilfertigen Jünglingen die Hände und Füße gewaschen. Ein Greis betete in schlechtem Arabisch eine Sure des Korans. Dann hob der endlose Gesang eines dunkelhäutigen Kantors an, der seine Rezitation mit den Zupflauten des »Saz« begleitete. Der Text – in einem Gemisch aus Alt-Persisch, Türkisch und Arabisch vorgetragen – schilderte wieder einmal die Leidensgeschichte Husseins und seiner Gefährten. Jedesmal, wenn der Name des sunnitischen Omayyaden-Kalifen Yazid erwähnt wurde, des teuflischen Peinigers, ertönte aus dem Publikum die Verwünschung: »Zur Hölle mit ihm!«

Auch in Kargaköy kreiste der Legendenvortrag um den Imam Ali. Da befand sich der Imam auf dem Weg ins Paradies. Ein Löwe stellte sich ihm in den Weg und verlangte: »Streif Deinen Ring ab und wirf ihn mir in den Rachen.« Gemeinsam erreichten die beiden die Gärten Allahs, wo vierzig heilige Greise und vierzig Gerechte auf sie warteten. In dieser Runde wurden Trauben zu Wein gepreßt. Es folgte ein kultischer Tanz. Inzwischen war der Prophet Mohammed aufgetaucht und gab den vom Löwen verschlungenen Ring an Ali zurück, womit wohl besagt werden sollte, daß Ali der fast gottähnliche Inspirator der alevitischen Gemeinde war, der sich unter der grünen Glückshand seiner Gattin Fatima offenbarte, während Mohammed als sein erlauchter Vorläufer galt.

Endlich begann der »Tasswuf«, der Tanz der Schamanen. Vier Männer mittleren Alters waren aufgestanden. Stets mit dem Gesicht dem Dede zugewandt, bewegten sie sich mit weit ausgestreckten Armen im Kreise. Der eine Arm zeigte nach oben, der andere nach unten, als solle eine Verbindung geschaffen werden zwischen den himmlischen und den tellurischen Mächten. Die Menge schwieg. Es kam in dieser alltäglich wirkenden Versammlung eine seltsame Stimmung auf, die heimliche Entrücktheit in eine fremde, kaum noch zugängliche Sagenwelt voller Zauberkräfte und Dämonen. Vier Frauen – keineswegs die jüngsten oder die schönsten –

krochen auf allen Vieren um die tanzenden Männer herum und küßten ihnen die Hand. Wie zur Belohnung wurden sie hochgezogen und durften sich ihrerseits in kreiselnder Bewegung drehen. Sie taten das mit steifen Armen, ohne jede Gestik. Die Frauen trugen den strengen Türban und weite Pluderhosen zu enggeschnürten Miedern. Die Saz-Gitarre gab den Rhythmus vor. Der »Tasswuf« endete so plötzlich, wie er begonnen hatte.

Ein trunkenes Schiff

Einige Monate später – bei einem Aufenthalt in Konya – war es mir vergönnt, mich in die mystischen und oft bizarren Aspekte, denen die sunnitische Orthodoxie bei den türkischen Muslimen ausgesetzt ist, im Gespräch mit einem angesehenen Mursched, einem »Eingeweihten« und rechtgeleiteten Koranlehrer, zu vertiefen. Wir wollen ihn Mustafa nennen. Der Kontakt zu Mustafa war durch gute Bekannte des Islam-Rates der Bundesrepublik zustande gekommen. Offenbar war ich dem frommen Mann in Konya vor allem in meiner Eigenschaft als Kriegsberichterstatter angekündigt worden, denn der würdige Alim empfing mich gleich mit dem Hinweis, daß ich bei den Tarikat der postkemalistischen Türkei keinerlei kriegerisches Engagement mehr vorfinden würde, auch nicht bei der Naqschbandiya, die in der Autonomen Republik Daghestan im Nordkaukasus den Widerstand gegen die Russen weiterhin schürt.

»Im 19. Jahrhundert haben unsere Sultane den Kaukasusvölkern, die unter dem legendären Imam Schamil dreißig Jahre lang heldenhaft den Armeen des Zaren trotzten –

Petersburg hatte für diesen Feldzug mehr Soldaten aufgeboten als gegen Napoleon –, nur halbherzig zur Seite gestanden. Zu wirklichem Engagement war der geschwächte
Padischah zu diesem Zeitpunkt gar nicht mehr fähig.« Als die
Naqschbandiya sich unter Scheikh Said 1925 in Ostanatolien
gegen den antireligiösen Kurs Atatürks gewaltsam aufbäumte,
sei der Widerstand schnell zusammengeschossen worden.
Die Anführer endeten kurzerhand am Galgen. Seitdem hätten sich die Derwisch-Bünde, trotz ihres Verbots, sehr vorsichtig und anpassungswillig verhalten. Das gelte sogar für
das ferne Usbekistan, wo der Gründer dieser frommen Gemeinde in der Nachbarschaft der Pilgerstadt Bukhara gelebt
und gelehrt hatte.

Interessant sei jedoch die Tatsache, so fuhr der Murshed
fort, daß der Trend zur Mystik in der Türkei keineswegs aus-
gestorben sei, daß in der Gegend mächtige, wohlhabende
und missionierende Gemeinschaften von Muriden entstanden seien, deren Anhänger Millionen zählten. Da existiere
eine vor allem in West-Anatolien und bei den Auslandstür-
ken stark vertretene Tarikat: die nach dem aus Bulgarien gebürtigen Prediger benannte Süleymancilik. Besagter Süley-
man hatte angeblich während des Zweiten Weltkrieges auf
seiten der Deutschen in der bosnischen Waffen-SS-Division
»Handschar« oder »Krummdolch« gedient und sei erst 1959
gestorben.

Ich will mich nicht in eine endlose Beschreibung der diversen Facetten des türkischen Islam verlieren. Aber die mächtige Gemeinde des Bediüzzaman Said Nursi verdient besondere Beachtung. In den zahllosen erbaulichen Schriften, die
ihm gewidmet sind, wird dieser Ordensgründer, der auch
Fethullah Gülen inspirierte, als »Wunder des Zeitalters« –
»stupor mundi«, so hatte man auch einst den Staufer-Kaiser
und Islam-Freund Friedrich II. genannt –, als »Super-Genie

seiner Epoche«, als »einzigartiger Erneuerer« bezeichnet. Die Lehre Said Nursis, in den »Risale-i-Nur« oder »Botschaft des Lichts« zusammengefaßt, kann heute sogar über das Internet abgerufen werden. Mit seinen theologisch recht eigenwilligen Abhandlungen hat dieser Mystiker der Neuzeit ein dreißigbändiges Schriftwerk hinterlassen, das in mehrere Sprachen übersetzt wurde.

Said Nursi, der als streng blickender Greis mit weißem Schnurrbart und einem braunen Turban dargestellt wird, hat von 1879 bis 1960 gelebt. Den Titel »Bediüzzaman« oder »Wunder des Zeitalters«, so heißt es in einer deutschen Veröffentlichung der Nurculuk, hatte er schon in seiner Jugend wegen seiner herausragenden Fähigkeit und Gelehrsamkeit erhalten. Er war ein Denker von höchstem Rang, der nicht nur die religiösen, sondern auch die modernen Wissenschaften studiert hatte. Er führte ein beispielhaftes Leben des Kampfes und der Selbstaufopferung. Er befehligte überdies ein Freiwilligen-Regiment, das 1914 gegen die russischen Invasoren kämpfte. Mit dem Übergang vom Osmanischen Reich zur Republik begann sein Rückzug aus dem öffentlichen Leben. Said Nursi konzentrierte sich fortan auf das Studium des Kosmos. Die Methode Bediüzzamans bestand darin, den Glauben und den Unglauben zu analysieren und durch klare, vernünftige Argumente aufzuzeigen, daß es unter der Methode des Korans nicht nur möglich ist, alle Wahrheiten des Glaubens wie die Existenz Gottes und dessen Einheit, das Prophetentum und die körperliche Auferstehung rational zu beweisen, sondern auch zu verdeutlichen, daß in diesen Wahrheiten die einzig mögliche und vernünftige Erklärung der Existenz der Menschen und des Universums enthalten ist. So lautet denn auch das Motto der »Anhänger des Lichts«: Je älter die Zeit wird, desto jünger wird der Koran, und dessen Zeichen werden sichtbar.

240

Bei der Verteidigung der Stadt Bitlis gegen die Armeen des Zaren war Said Nursi, der in einer Bauernfamilie des ost-ana-tolischen Nurs zur Welt gekommen war, in russische Kriegs-gefangenschaft geraten. Er konnte fliehen und gelangte 1918 nach Berlin. Die kemalistische Republikgründung wurde die-sem Gottessucher, der auf exemplarische Weise die mystische Grundhaltung des Sufi mit der kriegerischen Aufopferung des Mudjahid vereinte, zum Verhängnis. »Gegen die Tendenz der Moderne, alles Dasein zu säkularisieren«, so heißt es in einer Beschreibung, »setzte Said Nursi das islamische Kalifat des Menschen, seine letzte Verantwortung vor Gott. Von 1935 an wurde er Opfer der kemalistischen Repression, wurde in diversen Gefängnissen in Isolierhaft gehalten und erst 1951 in die Freiheit entlassen. Seine Schüler betreiben seitdem den Jihad des Wortes.

Neuerdings haben sich die türkischen Behörden offenbar mit der Existenz und dem breitgestreuten Einfluß der Nur-culuk-Bewegung abgefunden und sie sogar akzeptiert. Selbst der Präsident Demirel soll diesen »Jüngern des Lichts« nahe-gestanden haben, die man als harmlos einstufte. Der Mur-sched Mustafa machte aus seinem Zwiespalt gegenüber die-sen oft gnostisch wirkenden Schriften kein Hehl. »Über ihre Versenkung in die ›Risale-i-Nur‹ vergessen manche unserer Landsleute, sich um den direkten Zugang zum Koran und zum Hadith zu bemühen«, beklagte er sich. »Doch die Jünger des Bediüzzaman können für die frommen Gläubigen von großem Nutzen sein, wenn eines Tages auch die Fazilet-Par-tei, wie vorher die Refah, dem offiziellen Parteienverbot an-heimfallen sollte. Dann sind vielleicht die türkischen Muslime – um sich gesellschaftlich behaupten zu können, um zu über-leben und um sich zu tarnen – auf die weitverzweigte Organi-sation, auf die fromme Grundstimmung dieser Bruderschaf-ten angewiesen.«

Ich hatte an jenem Abend ein Bändchen Said Nursis zur Hand genommen, das unter dem Titel »Das höchste Zeichen – The Supreme Sign« erschienen war. Schon bei flüchtiger Lektüre war ich überrascht, wie weit der »Meister« von der strengen sunnitischen Rechtgläubigkeit etwa eines Ibn Hanbal entfernt war. Es gab wohl innerhalb der Nurculuk verschiedene Initiationsstufen, die folgendermaßen angedeutet waren: »Nicht jeder wird fähig sein, alle Themen, die in diesem herausragenden Buch diskutiert werden, zu begreifen, aber jeder wird daran seinen Anteil, seinen Nutzen haben. Wenn jemand einen Garten betritt, wird er nicht sämtliche köstlichen Früchte mit seinen Händen pflücken können, aber die Früchte, die für ihn erreichbar sind, werden ihm vollauf genügen. Der Garten ist ja nicht für ihn geschaffen, sondern vornehmlich für diejenigen, deren Arme weiter ausgreifen können. Das Buch, das Euch hier vorliegt, ist von so hoher Bedeutung, daß der Imam Ali, Gott möge Gefallen an ihm finden, auf wunderbare Weise seine Niederschrift voraussah und ihm die Namen ›Erhabenstes Zeichen‹ und ›Stab des Moses‹ verlieh. Ali blickt mit besonderem Wohlwollen auf die ›Risale-i-Nur‹ – auf die ›Botschaft des Lichts‹, und lenkt auch die Blicke der Menschen auf dieses Werk. Das ›Erhabenste Zeichen‹ ist die moderne Auslegung der erhabensten Verse des Korans, und gleichzeitig bildet es eine Einheit mit dem ›Siebten Lichtstrahl‹, der von Imam Ali als ›Stab des Moses‹ bezeichnet wurde.«

Diese Erhöhung des Imam Ali Ibn Abi Talib, so schien mir, trug bereits den Stempel schiitischer oder gar alevitischer Gläubigkeit. Völlig verwirrend und esoterisch klang das Loblied, das auf dem rückwärtigen Einband der Broschüre abgedruckt war und das sich nur auf die Person Said Nursis beziehen konnte:

»Er ist der Herr der Engel, der Dschinn und der Menschheit, die leuchtende und vollkommene Frucht vom Baum der Schöpfung, die Personifizierung der Gnade, die Spiegelung der Liebe Gottes, der strahlendste Existenzbeweis des Allmächtigen, der Schlüssel zu den verborgenen Wahrheiten des Kosmos, der Entdecker der Schöpfungsgeheimnisse, der Erläuterung der Zweckbestimmung des Universums, der Künder des göttlichen Königreichs ... das vortrefflichste Exemplar aller Schöpfungsvollkommenheit im Kosmos. Tatsächlich hat der Schöpfer den Kosmos nach seinem (Said Nursis) Entwurf geschaffen, und es kann gesagt werden, daß, wenn Gott ihn (Said Nursi) nicht geschaffen hätte, dann hätte Gott auch nicht den Kosmos geschaffen.«

So ähnlich hatte im 9. Jahrhundert der bei gewissen Orientalisten des Abendlandes hochgepriesene Philosoph und mystische Dichter von Bagdad, El Hallaj, die eigene Selbstverzückung verherrlicht, bevor er nach schrecklichen Folterungen als Ketzer gekreuzigt wurde. Die Botschaft dieses Märtyrers, der ja auch von den heutigen Aleviten hoch geschätzt wird, hatte bekanntlich in dem Ausruf gegipfelt: »Ana-el-Haq« – »Ich bin die Wahrheit!«, was wiederum für den außenstehenden Skeptiker die Pilatus-Frage aufwarf: »Quid est veritas – Was ist die Wahrheit?« So ganz abstrus seien diese metaphysischen Auswüchse des Said Nursi wohl wiederum auch nicht, hat Mustafa schließlich eingewendet. Gewiß sei der Prophet Mohammed das »Siegel der Offenbarung«, aber da gebe es einen Hadith, dem zufolge alle hundert Jahre ein neuer Lehrer auftauchen müsse, um die Botschaft des »Rasul Allah«, des Gesandten Gottes, mit hoher Autorität zu deuten und mit der Gegenwart in Einklang zu bringen.

*

Als ehemaliger Schüler der Imam Hatip-Schulen müßte Recep Tayyip Erdogan Kenntnis haben von den gnostisch beeinflußten Erleuchtungen diverser Tarikat-Prediger. Die Ankündigung Said Nursis, neue Lehrer, neue »Erleuchtete« würden kommen, um die Gesetze des Korans den Geboten der Moderne anzupassen, mußte bei ihm Argwohn wecken, zumal diese Künder auf ihre Weise die Identität von Religion und Staat, von Din wa Dawla zu realisieren suchten. Das ererbte Netz der Tarikat besitzt seine eigene politische Schwerkraft. Das Gedankengut der »Partei für Gerechtigkeit und Entwicklung«, der Erdogan vorsteht, richtet sich hingegen in mancher Hinsicht auf die ursprüngliche Salafiya des Scheikh Abduh, auf jene Rückwendung zur reinen Lehre der »Altvorderen«, die frei sein sollte von den kultischen Entartungen der Bruderschaften, Derwisch-Orden oder Zawiya, wie man sie in Nordafrika nennt. So wie Scheikh Abduh um 1900 mahnte, sollten dem Aberglauben, dem Amulettezauber, vor allem der Verehrung heiliger Männer, die über Wunderkräfte verfügten, die wahre Doktrin des Ursprungs entgegengesetzt werden. Die Salafiya unserer Tage hingegen geriet erst im Zuge einer gnadenlosen Radikalisierung zum Instrument von Geiselnahme, Gewalt und Intoleranz und wird heute stets in einem Atemzug mit den Jihadisten genannt.

Eine religiöse Ausrichtung auf Saudi-Arabien und den dort verankerten Wahhabismus ist für die Regierung von Ankara unvorstellbar, ja sogar ein Anathema, zumal die vergreiste Dynastie von Er Riad sich in Ägypten auf die Seite der Militär-Putschisten des Generals Abdel Fattah el-Sisi schlug. Zutiefst getroffen muß Erdogan gewesen sein, als die Ikhwane Ägyptens unter ihrem gewählten Präsidenten Mohammed el-Mursi, die ihm als Brüder im Glauben, als potentielle Verbündete nahestanden, einer grausamen Repression sondergleichen durch die Militärs ausgesetzt und die Mitglieder dieser Bruderschaft als Terroristen verfolgt wurden. Es gab so manchen Grund, das Mißtrauen der einst so bündnistreuen Türken gegenüber der Wankelpolitik der Vereinigten Staaten zu schüren. Fethullah Gülen wurde in Ankara als Verkörperung einer diabolischen Koalition geschmäht, die sich auf die Kombinationen von Zinswirtschaft, die finsteren Intrigen der Neo-Cons und den Zionismus stützte. Tatsächlich gleicht die Orient-Strategie der USA einem »trunkenen Schiff«, und allzuoft hatte Washington von Saigon bis Damaskus seine ergebensten Verbündeten einem schmählichen Opportunismus geopfert. Das Gespenst der persischen Safawiden, die sich seinerzeit vorübergehend Mesopotamiens bemächtigt hatten, ging wieder in Ankara um. Die alevitischen Bürger der kemalistischen Republik waren nicht frei vom Verdacht, getarnte Rotkappen zu sein. Hatte das Verhältnis zu Teheran sich normalisiert und – gestützt auf die gemeinsame Unterdrückung der jeweiligen kurdischen Minderheit – zu einer reibungslosen Nachbarschaft entwickelt, so ist – spätestens seit dem Ausbruch des Bürgerkriegs in Syrien – eine alte Rivalität wieder angefacht worden.

Die Türken wollten – ähnlich wie die Saudis, wenn auch aus anderen Gründen – nicht dulden, daß sich von der Grenze Afghanistans bis zum Süd-Libanon eine persisch und schiitisch dominierte Zwischenzone zusammenfügt. Auch in Ankara setzt man alles daran, das syrische Kernstück dieser Landbrücke aus der iranischen Koalition herauszubrechen. Als die Partisanen von »Jibhat el-Nusra« und die Organisation »Daulat el Iraq wa es Sham« die Tarnkappe fallen ließen und einen islamischen Gottesstaat in Mesopotamien und Syrien zur Keimzelle eines neuen unerbittlichen Kalifats machen wollten, offenbarte sich die ganze Kurzsichtigkeit, mit der die USA sich gegen das Assad-Regime von Damaskus engagiert und ihre türkischen Verbündeten zum Eingreifen ermutigt hatten. Da die angeblich prowestlich, halbwegs demokratische »Freie Syrische Armee« durch die fanatischen Extremisten bedrängt und an die Wand gedrückt wurde, entstand zwischen Aleppo und dem Oberlauf des Euphrat eine Art zügelloses Taleban-Regime, dessen grausame Unduldsamkeit der biederen sunnitischen Landbevölkerung der Levante unerträglicher erschien als das verpönte Machtmonopol des Assad-Clans und seiner Alawiten.

Als todesmutige Krieger und Selbstmord-Attentäter taten sich vor allem die freiwilligen Gotteskrieger aus dem Kaukasus, aus Tschetschenien und Daghestan hervor, deren Rekrutierung wohl der osmanischen Nostalgie Erdogans entsprechen mochte, im Kreml jedoch alle Warnsignale aufleuchten ließ. Rußland fühlte sich unmittelbar zurückversetzt in die Reminiszenzen des Tatarenjochs und mußte die Einrichtung von Ausbildungslagern in Anatolien, in denen die kaukasischen Jünger des Imam Schamil sich auf den »Heiligen Krieg« gegen Moskau vorbereiteten, als einen groben Akt der Feindseligkeit betrachten.

In dem Maße, wie Bashar el-Assad – entgegen allen Prognosen – die eigene Position im Bürgerkrieg stabilisierte, erschien am Ende die Islamische Republik Iran als der eigentliche Gewinner dieses mörderischen Kräftemessens. Welche Konzession der gemäßigte iranische Präsident Rohani der Internationalen Atomkontrollbehörde zugestanden hat, ist zwar nicht geklärt. Immerhin erlaubten diese Gesten des guten Willens dem amerikanischen Präsidenten, einige Sanktionen gegen die Mullahkratie von Teheran abzuschwächen oder vorübergehend aufzuheben. Das geschah präzis zu dem Zeitpunkt, da die CIA sich offiziell zu dem Umsturz, zu dem Putsch bekannte, den sie vor mehr als einem halben Jahrhundert gegen den iranischen Regierungschef Mossadeq und sein »Fähnlein der Aufrechten« angezettelt und exekutiert hatte.

»Der Fluch der bösen Tat« offenbart sich eindringlich an diesem Beispiel. Hier fand der Urknall statt für die endlose und tragische Gegnerschaft, die nach dem Sturz des Schah zwischen Iran und USA alle Beziehungen vereiste und die auf einen Präventivschlag drängenden Israeli die Kriegstrommeln rühren ließ. Um den Hardlinern des US-Kongresses ein Entgegenkommen zu signalisieren, verbot Barack Obama – allen internationalen Usancen zum Trotz – dem von Teheran nominierten UNO-Botschafter die Einreise nach New York. Angeblich war dieser angesehene Diplomat im November 1979 an der Erstürmung der amerikanischen Botschaft in Teheran beteiligt gewesen, ein Affront, der das imperiale amerikanische Selbstbewußtsein bis ins Mark verletzte.

Die widersprüchliche Politik Erdogans droht die Türkei in eine beklemmende Isolation zu treiben. Aber das sollte den neuen Sultan nicht anfechten. Er war sich der unentbehrlichen Bedeutung seines Landes als strategische Drehscheibe bewußt. Mit einem feierlichen Aufruf, der eines Kalifen würdig wäre, wandte er sich an die Völkerschaften des Dar-ul-Islam: »Diese Nation ist die Hoffnung der Umma, die Hoffnung der Welt. Oh Gott, laß diese Nation nicht vom rechten Weg abkommen!«

Vabanquespiel zwischen Golf und Maghreb

Ratlosigkeit der Blogger

Als ich folgende Betrachtung über die westliche Ratlosigkeit angesichts der Wirren des Orients niederschrieb, war Deutschland noch nicht durch die Enthüllungen Edward Snowdens und die Aktivitäten der National Security Agency in seinem Vertrauen zu Amerika erschüttert. Die wenigsten hätten sich vorstellen können, daß Angela Merkel durch die amerikanischen Freunde jenseits des Atlantiks abgehört würde. Ich muß sagen, daß ich dieser Aufregung mit einer gewissen Gelassenheit begegne. Während meiner Korrespondententätigkeit in Paris war ich mir stets bewußt, daß die französischen Dienste, falls sie es für sinnvoll hielten, auch mein Telephon in der Rue Goethe angezapft hätten. François Mitterrand zumal war dafür bekannt, daß er mit dem gebotenen und für ihn charakteristischen Zynismus sich auf ähnliche Aktivitäten einließ. Wenn ich in Deutschland aus Teheran von einem mir bekannten Journalisten des iranischen Staatsrundfunks angerufen wurde und um eine Beurteilung der jeweiligen Krise gebeten wurde, pflegte ich zu antworten: »Herr Sch..., ich werde Ihnen gern eine ebenso offene Auskunft geben, als wären Sie ein deutscher Kollege, aber Sie müssen wissen, daß wir von mindestens fünf Geheimdiensten abgehört werden.«

Um es vorwegzunehmen: Nach den Aufregungen und Enttäuschungen der Deutschen, die ihren amerikanischen Idolen – ob sie nun Kennedy oder Obama heißen – zu Füßen gelegen hatten, wird man gewiß zwischen Washington und Berlin einen für beide Seiten unbefriedigenden, aber unentbehrlichen Kompromiß finden. Das Weiße Haus wird den enttäuschten Germanen heilige Schwüre leisten, daß seine Lauschtätigkeit eingeschränkt würde. Die besten Elektronikexperten der Bundesrepublik werden Handys austüfteln, die angeblich eine totale Abschirmung garantieren. Dennoch – so kann man heute schon sagen – wird es irgendwelchen Hackern gelingen, auch diese zusätzlichen Schwellen der Geheimhaltung zu durchbrechen. Im Oval Office wird man nicht auf die Erkundung verzichten wollen, welche politischen Perspektiven der Kanzlerin vorschweben, die ihrem Ruf als »starke Frau Europas« gerecht werden muß.

Ein machtbesessener Hegemon dürfte auch weiterhin seinen engsten Verbündeten mit freundlichen Zusicherungen und tiefstem Mißtrauen begegnen. Eine Ausnahme für die USA machen wohl nur die britischen »Cousins«, aber die haben sich außenpolitisch und strategisch – bei aller Glorie, die sie zu entfalten wissen – allzuoft als Handlanger und Vasallen Washingtons erwiesen.

Heute ist es also möglich – und so wird es intensiv praktiziert –, jedes Individuum oder jedes Gremium nach Belieben zu belauschen und in all seinen Bewegungen stets im Auge zu behalten. Die westliche Supermacht befindet sich in einem Zustand der Allwissenheit, die noch vor einer Generation unvorstellbar war. Die Folgen der elektronischen Revolution lassen sich nicht ermessen, seitdem dem herkömmlichen Spionagegeschäft eine erdrückende Omnipräsenz verliehen wurde. Die Strategen in Washington und Peking bereiten sich für den Fall einer rüden Konfrontation auf den Cyber

War vor, der sämtliche Systeme dieser ausgewachsenen Parallelwelt der Algorithmen plötzlich lähmen oder verwirren könnte. Wenn die Rede auf die sogenannten Trojaner kommt, die sich durch raffinierte Manipulation in jedes noch so perfekt konstruierte Datennetz einschleusen lassen, hat man doch gewiß an jenes Trojanische Pferd gedacht, das Ilion einst zum Verhängnis wurde.

Inzwischen läßt sich jede Beobachtung speichern, ist jede menschliche Aktivität der Observanz fremder Geheimdienste ausgeliefert. Im immensen Areal der NSA mit Tausenden von Mitarbeitern türmen sich die registrierten Wahrnehmungen zu Milliarden oder zu Billionen. Die Frage stellt sich dabei, wer die ungeheuerliche und weiterhin anwachsene Fülle von Daten und Erkenntnissen ordnen und auswerten kann. Ist es nicht erstaunlich, daß die Vereinigten Staaten, die im Jahr 1945 noch einen grandiosen militärischen Sieg über Deutschland und Japan zugleich erringen konnten, von da an von einem Rückschlag, von einer Niederlage zur anderen gestolpert sind? Wie sehr es in den höchsten Kommandostellen an sinnvollen Analysen und Synthesen dieses ungeheuerlichen Informationsvolumens mangelt, wie unersetzlich das psychologische Einfühlungsvermögen in die Mentalität der anderen, in die Wertevorstellungen fremder Kulturen weiterhin für alle geostrategischen Entscheidungen bleibt und wie sehr den USA diese Fähigkeit abgeht, hat sich in jüngster Vergangenheit erwiesen, als die Konvulsionen, die den ganzen Maschreq ins Chaos stürzten, in aller Naivität als Arabischer Frühling akklamiert wurden.

Bei den folgenden Lagebeurteilungen kann es sich nur um eine zeitlich begrenzte Wertung handeln, dessen bin ich mir bewußt. Ich werde deshalb in die erlebte Vergangenheit zurückgreifen, um neue Entwicklungen zu deuten. Es wird dabei zu Bezügen auf frühere Veröffentlichungen kommen, aber dem Jesuitenorden und seinen Schülern wurde einst beigebracht, daß die Wiederholung die Mutter aller Wissenschaft sei – »repetitio est mater studiorum«.

*

Gewiß konnte niemand damit rechnen, daß die Selbstverbrennung eines jungen tunesischen Gemüsehändlers in einem fernen Provinznest zum revolutionären Aufbäumen einer überwiegend jugendlichen, städtischen Masse führen würde, die der verhaßten Diktatur Zine el-Abidine Ben Alis und dessen seit mehr als zwanzig Jahren konsolidierter Allmacht ein jähes Ende setzte. Daß dieser Despot fast ohne Gegenwehr und um sein Leben fürchtend mit dem total korrupten Trabelsi-Clan seiner Frau die überstürzte Flucht nach Saudi-Arabien antrat, führte vermutlich zu dem Fehlschluß, die Revolte, die sich in anderen Staaten der Ummat el-arabiya ankündigte, würde zu ähnlichen Panikreaktionen der Herrschenden führen und den Weg frei machen für einen fortschrittlichen Regimewechsel. Selbst der französische Nachrichtendienst DGSE, der über die Vorgänge im Palast von Karthago bestens hätte informiert sein müssen, war nicht in der Lage zu beurteilen, ob die demokratische Wahl, die der islamischen En Nahda-Bewegung zur Parlamentsmehrheit verhalf, sich mit einer moderaten religiösen Rückbesinnung auf den Islam begnügen würde, wie das der weitgehenden Europäisierung dieses ehemaligen französischen Protektorats entsprochen hätte.

Vorübergehend kamen Befürchtungen auf, daß in der Republik des Staatsgründers Habib Bourguiba, der sich trotz aller Okzidentalisierung als »Mujahid el akbar« feiern ließ, die blutige Saat der Jihadisten aufgehen könnte. Als Folge der zunehmenden Spannungen wird immerhin damit gerechnet, daß am Ende Armee und Polizei dem sektiererischen Treiben der Salafisten, die sich hier Ansar el-Scharia nennen und unter der schwarzen Fahne von El Qaida antreten, durch rigorosen Rückgriff auf die Zwangsmethoden Ben Alis Einhalt gebieten würden. Dabei wären die Ordnungskräfte der Zustimmung und des Beifalls jener liberalen Kräfte gewiß, die bei ihren frühen Kundgebungen den feierlichen Anspruch auf Meinungsfreiheit und Demokratie erhoben.

Für mich war in den Tagen des Wahlkampfes von Tunis im Herbst 2011 – kurz bevor ich einen nächtlichen Flug in die libysche Hafenstadt Misrata antrat – das Gespräch mit einem prominenten Blogger aufschlußreich. Dieser sympathische junge Intellektuelle war nicht in der Lage, eine Partei zu benennen, die seinen Ansprüchen gerecht würde, noch kannte er eine nationale Persönlichkeit, die dem Lager der Reformer und Erneuerer zum Durchbruch verhelfen würde. Was in der Unterhaltung mit so manchen jungen Revoluzzern hingegen immer wieder zum Vorschein kam, war der klägliche Wunsch, ihrer nordafrikanischen Heimat den Rücken zu kehren und jenseits des Mittelmeers in Frankreich ein illusorisches Wohlergehen zu genießen.

Die neuen Mameluken

Haben die überschwenglichen Verheißungen von Freiheit und Demokratie, die sich auf der Avenue Bourguiba von Tunis entfalteten, jene Menschenmassen Ägyptens inspiriert, die im Zuge der Facebook-Revolution auf dem Tahrir-Platz von Kairo zusammenströmten und nicht nur die Absetzung, sondern auch die Hinrichtung des Militärdiktators Hosni

Mubarak verlangten? Das ist kaum anzunehmen. Für eine solche Signalwirkung war Tunesien zu klein und unbedeutend im Kräftespiel rund um das Mittelmeer. Wer erinnert sich schon in Ägypten an die Invasion tunesischer und algerischer Berber, die aus dem Umkreis der heiligen Stadt Kairuan aufbrechend, im 11. Jahrhundert wie ein Wirbelsturm die Libysche Wüste durchquerten und das Niltal unterwarfen? Das schiitische Kalifat der Fatimiden, das seinerzeit weite Teile des Orients beherrschte und sich zur Siebener-Lehre der Partei Alis, zur Abweichung der Ismaeliten bekannte, rivalisierte mit dem sunnitischen Kalifat der Abbassiden von Bagdad. Den Fatimiden verdankt Ägypten die Gründung seiner Hauptstadt El Qahira oder Kairo sowie jener El Azhar-Universität, die heute – infolge einer seltsamen religiösen Umkehr – als höchste theologische Autorität des sunnitischen Islam gilt. Selbst in seinen Ursprungsregionen ist das Erbe der Fatimiden verschüttet und der vorübergehende Triumph eines nordafrikanischen Schiiten-Imperiums fast in Vergessenheit geraten.

Nicht in der Vergangenheit suchten die Blogger und Internauten der Tahrir-Revolution von Kairo ihre Inspiration. Sie bedienten sich der futuristisch anmutenden Elektronik des Internets, um den politischen Umsturz zu erzwingen. Die Welt blickte überrascht und voller Hoffnung auf den Untergang des Autokraten Mubarak, der wie ein Pharao über das Niltal geherrscht hatte und dank massiver Unterstützung durch CIA und Pentagon über eine unerschütterliche Machtbasis zu verfügen schien. Bevor es zur Massenversammlung auf dem Tahrir-Platz von Kairo kam, hatte eine heimliche Kommunikation und Konspiration der Aufrührer über Digitalsysteme und Facebook stattgefunden, und auf einmal schien es, als hätten die bislang unterwürfigen Massen der arabischen Welt das adäquate und zukunftsweisende Instrument entdeckt, um die etablierten Despoten ihrer Region quasi zwangsläufig zu Fall zu bringen.

Die damaligen Machenschaften zu durchschauen und zu werten fällt dem Beobachter schwer. Wie konnte es geschehen, daß die USA, die in Ägypten über ein dichtes Netz von Informanten und Agenten verfügten, die als Erfinder der elektronischen Technik jede verschwörerische Kommunikation von Anfang an hätten registrieren müssen, durch den Tumult von Kairo total überrascht wurden und in Ratlosigkeit erstarrten? Das gleiche gilt für die ägyptischen Mukhabarat, die allgegenwärtigen Geheimdienste, deren Spitzelsystem sämtliche Gesellschaftsschichten durchdrang und die – dank amerikanischer Hilfe – die technischen Mittel besitzen, die verdächtige Massenkommunikation per Facebook lückenlos aufzuzeichnen. Es wurde »foul« gespielt in Kairo, und eine krakenähnliche Desinformation – woher sie auch immer gesteuert wurde – führte die Berichterstattung der internationalen Medien in die Irre.

In Ägypten, das mit seinen neunzig Millionen Einwohnern und der Verfügung über den Suezkanal eine geographische Scharnierfunktion im mediterranen Raum einnimmt, stand mehr auf dem Spiel als im peripheren Tunesien. Mit welchen Schachzügen die USA und speziell Barack Obama dem revolutionären Durcheinander am Nil zu begegnen suchten, ist bisher nicht geklärt. Es gab in Washington zweifellos eine Fraktion, die sich von der Massenbewegung am Tahrir-Platz den Durchbruch westlicher Demokratiebegriffe, der Parteien- und Medienvielfalt versprach. Die Realisten hingegen mußten von Anfang an wissen, daß am Ende nur zwei Machtfaktoren eine Entscheidung herbeiführen konnten: die Armee, die das revolutionäre Aufbegehren zu dulden, zeitweise sogar zu unterstützen schien, und auf der anderen Seite die Massenbewegung der Muslimbrüder, deren Kampfruf »Allahu akbar« erst mit Verzögerung erschallte und die zunächst in Wartestellung verharrte.

Was mich persönlich betrifft, so wurde ich in mancher Beziehung an die Pariser Mai-Revolution des Jahres 1968 erinnert, die seinerzeit die Söhne und Töchter der französischen Bourgeoisie in moderne Jakobiner verwandelte, ganz Frankreich vorübergehend lahmlegte und das Ende des Gaullismus einleitete. Damals hatten die jungen Leute, die zum Klang der Carmagnole den Ordnungskräften im Quartier Latin heftige Straßenschlachten lieferten, vergeblich auf die Solidarisierung der Arbeiterschaft, der mächtigen Kommunistischen Partei und deren Gewerkschaft CGT spekuliert. In Kairo war der harte, muskulöse Kern des Aufruhrs, der das Polizeiaufgebot ins Wanken brachte, nicht unter den Bürgersöhnen und Intellektuellen zu finden, sondern bei den proletarischen Schlägertrupps, die sich in der Fan-Gemeinde des extrem beliebten Fußballklubs El Ahly zusammenrotteten. Das schöne Bild der Freiheit wurde sehr bald durch das Auftauchen von Radaubrüdern und kriminellen Elementen getrübt. Die weiblichen »Emanzen«, die sich mit besonderem Mut ins Getümmel gewagt hatten, sahen sich der sexuellen Belästigung, manchmal sogar der Vergewaltigung ausgesetzt.

Vergeblich hielt man Ausschau nach einem repräsentativen Volkstribun, der über die notwendige Autorität verfügt hätte, um die Revolution zu kanalisieren und ein überzeugendes Programm der nationalen Erneuerung vorzutragen. Die weltweit geachtete Figur des Friedensnobelpreisträgers Mohammed el-Baradei hatte wirklich nicht das Zeug zum polemischen Einpeitscher, und eines solchen hätten die Kinder von Facebook und Internet dringend bedurft. Seitdem wird gemutmaßt, ob die ägyptische Generalität, die der Bevormundung durch den greisen Diktator Mubarak überdrüssig war und vor allem dessen Absicht, den eigenen Sohn Gamal als

Nachfolger zu installieren, durchkreuzen wollte, die aufgeregten Dilettanten am Tahrir-Platz gewähren ließ. Der Rücktritt Mubaraks machte den Weg frei für ein Übergangskomitee unter dem betagten Feldmarschall Tantawi, der natürlich in keiner Weise den Wunschvorstellungen der jungen Reformer entsprach.

Unterdessen hielt sich die Muslimbruderschaft weiterhin im Hintergrund und wartete auf ihre Stunde. Diese schlug, als die Offizierskamarilla mit den Wortführern der Tahrir-Demonstranten und dieses Mal auch mit den »Ikhwan el muslimin« übereinkam, daß in freien Wahlen ein neues Parlament und vor allem ein neuer Staatchef berufen würden. Der weitere Ablauf ist bekannt. Die Militärs hatten wohl fest damit gerechnet, daß Ahmed Shafik, ein ihnen nahestehender Kandidat, ehemaliger Premierminister unter Mubarak, also ein Mann des »ancien régime«, eine Mehrheit der Stimmen auf sich vereinen würde. Statt dessen setzte sich eindeutig der Wortführer der Muslimbrüder, Mohammed el-Mursi, durch, der längst nicht so islamisch extremistisch ausgerichtet war, wie später behauptet wurde. Aber über Charisma, über die unentbehrliche Autorität eines Zaim verfügte dieser beleibte, bärtige Mann nicht. Sollte die amerikanische Diplomatie einen Moment lang vielleicht die Möglichkeit erwogen haben, der koranischen Rückbesinnung Rechnung zu tragen und auf deren Mäßigung zu spekulieren, so fand sie nach den ersten Unzulänglichkeiten und religiös orientierten Äußerungen Mursis wohl zu der Erkenntnis zurück, die einst der britische Statthalter in Ägypten, Lord Cromer, formuliert hatte: »Reformed Islam is no longer Islam«.

Ein Jahr lang war es dem stämmigen und unerschrockenen Präsidenten el-Mursi vergönnt, das Experiment einer relativ behutsamen Islamischen Republik einzuleiten. Es zeigte sich bald, daß er der Aufgabe nicht gewachsen war. Den säkularen und liberalen Kräften, die die Tahrir-Revolte geschürt hatten, aber vor allem der hohen Generalität erschien sein koranisch geprägter Regierungsstil unerträglich. Der Verdacht bestand weiter, daß die höchsten Instanzen des Islam am Ende doch die Errichtung einer islamischen Theokratie im Niltal anstrebten. In Wirklichkeit erlag Mursi dem systematischen Boykott des etablierten Beamten- und Staatsapparats, der Juristen und auch der Wirtschaftskräfte, die samt und sonders privilegierte Positionen unter Mubarak eingenommen hatten. Die Polizei und sämtliche Sicherheitskräfte verschwanden aus dem Straßenbild, so daß eine ungehemmte Kriminalität einsetzte. Der Boykott der großen Unternehmen und Finanzkreise ließ die Preise selbst für die notwendigsten Lebensmittel in die Höhe schnellen. Die ägyptische Währung verfiel rapide. Der Tourismus, die unentbehrliche Einnahmequelle des Staatshaushaltes, kam zum Erliegen. Die intrigante Riege der Mukhabarat-Experten löste jene Tamarod-Strömung aus, die angeblich die völlig unglaubwürdige Zahl von zwanzig Millionen Unterschriften sammelte, um den Rücktritt des demokratisch gewählten Präsidenten zu erzwingen.

Jetzt zahlte es sich aus, daß das Pentagon sämtliche höheren Offiziere der ägyptischen Armee zu Ausbildungskursen in die Militärakademien der USA eingeladen hatte und daß dabei enge Beziehungen entstanden. Unter dem Kommando des Generals Abdel Fattah el-Sisi putschten die Streitkräfte, setzten Mohammed Mursi an einem geheimen Ort fest und gingen zur Inhaftierung der gesamten Führungsmannschaft der Muslimbrüder über. Allzufrüh verstieg sich der amerikanische Außenminister John Kerry zu der Behauptung, die Ausschaltung Mursis könne einer demokratischen Entwicklung dienlich sein. In Washington hütete man sich, das Wort Coup auszusprechen. Im Englischen fehlt offenbar jeder Ausdruck für ein militärisches Pronunciamiento. So blieb das

Wort Coup – eine Abkürzung für Coup d'État – tabu. Ein solcher dürfte nicht stattgefunden haben, sonst hätte der amerikanische Tresor, der bislang die ägyptische Armee mit einer Summe von 1,5 Milliarden US-Dollar pro Jahr subventionierte, keine finanziellen Zuwendungen an Kairo mehr ausschütten dürfen.

Pro forma hatte General Sisi eine Übergangsregierung von Zivilisten unter dem Rektor Ali Mansur einberufen, während er für sich das Amt des Verteidigungsministers beanspruchte. Doch jedermann wußte, daß er der starke Mann hinter dem Staatsstreich war. Die Bruderschaft der Ikhwan hatte versucht, ihre Anhängerschaft zu gewaltigen Gegendemonstrationen aufzubieten. Sie sah sich sofort und völlig zu Unrecht der Anklage des Terrorismus ausgesetzt. Unterdessen ging die Truppe mit Tränengas und scharfer Munition gegen jene Moscheen vor, in denen sich der Protest gegen die Entmachtung Mursis konzentrierte. Schon beim Abtransport in die Gefängnisse fanden zahlreiche Hinrichtungen statt. Die Truppe kannte jetzt keine Hemmungen mehr. Die Zahl ihrer Opfer wurde auf 1300 geschätzt.

In dem Komitee, das den Führungswechsel legitimieren sollte, hatte sich auch der Papst der koptisch-christlichen Kirche Ägyptens eingefunden, was dazu beitrug, Anschläge islamischer Fanatiker gegen christliche Kirchen anzuheizen. Bei den Kopten, einer uralten Gemeinde der Christenheit, deren Gründung auf den Evangelisten Markus zurückgeführt wird und die immerhin rund zehn Prozent der gesamtägyptischen Bevölkerung ausmachen, hatte der befürchtete Übergang zu einer betont islamischen Staatsform schlimme Ahnungen geweckt. Mohammed el-Baradei, der frühere Vorsitzende der Atomkontrollbehörde von Wien, der als Vizepräsident der provisorischen Putschregierung amtierte, erkannte rechtzeitig deren totalitären Charakter. Er demissionierte und floh ins Ausland, ehe er selbst der Verdächtigung des Landesverrats ausgesetzt war.

Dem unerbittlich gegen die Muslimbrüder durchgreifenden General Sisi schwebte offenbar das Vorbild Gamal Abdel Nassers vor, der trotz seiner fatalen militärischen Rückschläge bei der Bevölkerung weiterhin höchstes Ansehen genießt. Im Jahr 1965 war es mir vergönnt gewesen, diesen Volkshelden persönlich zu interviewen. Der Oberst, der der maroden Monarchie des Königs Faruk den Gnadenstoß versetzt hatte, verfügte zweifellos über eine beachtliche Ausstrahlung, die durch die Schlichtheit seiner Uniform und seines Auftretens sowie durch seinen bescheidenen Lebensstil noch betont wurde. Bei den ersten öffentlichen Kundgebungen von General Abdel Fattah el-Sisi, die ich im Fernsehen verfolgte, erinnerte mich der neue Militärdiktator, der anfangs mit vielen Goldschnüren und Lametta an seiner Uniform, mit der Sonnenbrille zumal, die er stets trug, eher an Oberst Qadhafi von Libyen als an den legendären Rais, der den Suezkanal verstaatlichte. In der Bekämpfung der Ikhwan verfolgte Sisi die Politik der radikalen Ausmerzung, die auch Nasser betrieben hatte, nachdem er einem Attentat dieser damals noch gewalttätigen Verschwörer knapp entgangen war und die Bruderschaft sich als radikaler Gegner des von ihm beförderten Panarabismus und Sozialismus zu erkennen gab. Gamal Abdel Nasser hatte Tausende von ihnen in Konzentrationslager gesperrt. Die prominentesten Führer und Prediger – darunter der heute noch einflußreiche Theologe Sayyid Qutb – wurden zum Tod am Galgen verurteilt. Der Bikbaschi, wie seine Gegner Nasser damals nannten, hatte diese Kraftprobe unbeschwert überstanden. Sisi erhoffte sich wohl eine ähnlich radikale Ausschaltung seiner koranischen Gegner, indem er sie pauschal als Attentäter und Mörder diffamierte.

Bei näherem Zusehen scheinen die Hintergründe des Coup d'État von Kairo in einem schmuddeligen Zwielicht. »Sisi is clear – General Sisi ist sauber«, hieß es bei seinen Anhängern, die die Ablösung des greisen Despoten Mubarak durch einen radikal durchgreifenden jüngeren General mit Jubel begrüßten. Aber wie kam es dann, daß der neue Zaim seinen Kumpan und früheren Mentor, General Farid el-Tohamy, zum obersten Chef des gefürchteten Sicherheitsapparates ernannte? Der 66-jährige Tohamy war zur Zeit Mubaraks als »Tugendwächter« zur Aufdeckung allzu krasser Korruption eingesetzt worden. Doch er hatte genau das Gegenteil bewirkt, wie einer seiner Ankläger, Oberst Fathi, öffentlich bekundete. Tohamy hatte die Veruntreuungen zahlreicher Militärs zu kaschieren versucht und den damaligen Premierminister Ahmed Shafik vor jeder Strafverfolgung geschützt. Das gleiche galt angeblich für die engste Verwandtschaft Hosni Mubaraks, zumal für die extravaganten Ausgaben seiner beiden Söhne.

Hatten die Muslimbrüder bislang durch ihre soziale und karitative Tätigkeit bei der armen Bevölkerung, durch den Bau von Krankenhäusern und Schulen eine breite Popularität gewonnen, so wurde ihnen unter Sisi jede gesellschaftliche Fürsorge untersagt. Es war Präsident Anwar es-Sadat, der in jungen Jahren selbst der Bruderschaft angehörte, der ihnen nach dem Tod Nassers wieder einen gewissen Spielraum eingeräumt hatte. Selbst unter Mubarak waren die Ikhwan, die ihrer ursprünglichen Gewaltbereitschaft entsagt hatten, durch ein paar Abgeordnete der ihnen nahestehenden »Partei für Freiheit und Gerechtigkeit« im Parlament vertreten. Die islamische Bruderschaft war in den zwanziger Jahren im Kampf gegen die morsche Monarchie und gegen die letzten am Suezkanal stationierten britischen Garnisonen kämpferisch und gewalttätig aufgetreten. Aber davon hatten sie sich unter der obersten Führung des Scheikh Mohammed Badie längst losgesagt. Die Attentate gegen Touristen und Christen sowie die Ermordung des Präsidenten Sadat nach seinem Friedensschluß mit Israel waren das Werk extremistischer Splittergruppen – ob sie sich nun »Gamaat el islamiya« oder »Takfir wa el-higra« nannten –, die den Ikhwan ihre Mäßigung und angebliche Anpassung an das Regime zum Vorwurf machten. Für diese Extremisten dürfte demnächst wieder die Stunde schlagen, seit General Sisi beschlossen hat, seine koranisch inspirierten Gegner total auszumerzen.

Irgendwie erinnert mich die Situation an Algerien um das Jahr 1990. Damals hatte der Chef der dortigen Militärjunta, die seit der Unabhängigkeit und der Verhaftung Ben Bellas wie ein Bleideckel jede unabhängige politische Entfaltung erstickte, in einer seltsamen Verkennung der wirklichen Volksstimmung und auf Drängen General Shedli Ben Jedids freie Wahlen zugelassen. Die toleranten Parteien des Systems, zumal die ruhmreiche »Befreiungsfront« FLN, wurden in jenen Tagen mit einer Formation konfrontiert, die unter dem Namen »Islamische Heilsfront«, FIS, oder »Jibhat el islamiya lil inkadh« ähnlich vorsichtig agierte wie die Ikhwan des Niltals. Als sich herausstellte, daß die Heilsfront einen deutlichen Sieg errungen hatte und die Mehrheit der Abgeordneten stellen würde, haben die Generale von Algier – anders als ihre Kameraden in Kairo – auf jede Form von Übergangsregierung verzichtet, sofort die staatliche Macht, le Pouvoir, konfisziert und gegen die Führungsmannschaft der Heilsfront – obwohl diese jedem Terror abgeschworen hatte – eine schonungslose Hetzjagd eingeleitet.

Unter den verfolgten Oppositionellen bildeten sich kampfkräftige, radikale Gruppen heraus – oft unter dem Kommando von Veteranen des Afghanistan-Krieges gegen die Sowjetunion. Diese sogenannte »Groupes islamiques armés« oder

GIA führten einen unerbittlichen Partisanenkrieg gegen die Repression der Regierungsarmee. Auf beiden Seiten wurde mit grauenhafter Brutalität gekämpft, die zweihunderttausend Opfer forderte. Am Ende sollten die weit überlegenen Kräfte des Pouvoir die Partisanen der GIA ausbluten und eine heute noch prekäre Waffenruhe erzwingen. Inzwischen regt sich jedoch – obwohl die Bevölkerung weiterhin unter den traumatischen Folgen des Gemetzels leidet – die Rebellion einer neuen extremistischen Untergrundbewegung, die unter dem Namen »El Qaida des islamischen Maghreb« auftritt und über die Grenzen Algeriens hinaus auch in den Nachbarländern Libyen, Tunesien und Mali operiert.

In Ägypten, wo die Proteste gegen den Coup längst nicht verstummt sind, stellt sich die Frage, ob die Muslimbrüder wie die algerische Heilsfront vor ihnen auf den Putsch von Kairo ebenfalls mit Gewalt, mit bewaffnetem Widerstand reagieren werden, ob der flache, schutzlose Schlauch des Niltals sich für einen Partisanenkrieg, wie er im Atlas-Gebirge stattfand, überhaupt eignet. General Sisi ist beileibe kein Gamal Abdel Nasser, den die Eliminierung der Ikhwan nicht ernsthaft gefährden konnte. Aber für die neuen Usurpatoren von Kairo dürfte sich die enge Zusammenarbeit mit Israel, die sich bei der Niederwerfung eines Beduinenaufstandes auf der Sinai-Halbinsel konkretisierte, negativ auswirken. Vor allem ist Ägypten in seiner unmittelbaren arabischen Nachbarschaft nicht mehr rundum abgeschirmt. Kurioserweise entdeckten das Königreich Saudi-Arabien und die Golf-Emirate, die in koranischer Tugend baden und die Scharia, die islamische Gesetzgebung, zur ausschließlichen Richtlinie ihrer Staatsführung erhoben, ihre Zuneigung zu den Generalen von Kairo, denen sie mit der gewaltigen Summe von fünfzehn Milliarden US-Dollar den Rücken stärkten. Diese seltsame, widersprüchliche Allianz zwischen den intoleranten

Frömmlern der Petro-Monarchien auf der Arabischen Halbinsel einerseits und der nationalistischen Offizierskamarilla
im Niltal andererseits bedarf noch mancher Untersuchung.

Am Ende gelangt man zu dem Schluß, daß den reaktionären Eiferern des saudischen Wahhabiten-Staats die Volksbewegung der »Ikhwan el muslimin« zu egalitär, zu aufge-
schlossen, ja – sagen wir es ruhig – zu liberal erschien. Er Riad
befürchtet offenbar jede Form von gesellschaftlicher Lockerung, wie sie von den Muslimbrüdern im Vergleich zu den
Saudis zweifellos vertreten wird, auf das verkrustete Königreich. Die Ikhwan wurden von den Korangelehrten Saudi-
Arabiens deshalb mit dem Bannfluch belegt. Die Dynastie
paktierte mit allen Gegenkräften, insgeheim auch mit Israel.

Ich habe oft genug mit renommierten Wortführern der
Muslimbrüder in Ägypten und auch in Jordanien diskutiert,
um zu wissen, daß ihnen eine gewisse koranische Erneuerung
vorschwebt, daß sie als Grundlage ihres Glaubens vier religiöse Quellen anerkennen: natürlich den Heiligen Koran,
dann die Sammlung des Hadith, der beglaubigten Berichte
aus dem Leben des Propheten, soweit deren Ursprung, deren
»Isma'« hieb- und stichfest erscheint. Dazu kommt der
»Ijma'«, das heißt die spontane Einstimmigkeit der Gläubigen in Fragen des Dogma. Schließlich nimmt die umstrittene
Formel des »Ijtihad«, der behutsamen, flexiblen und kasuisti-
schen Interpretation des ungeschaffenen Wortes Gottes, das
durch Mohammed unwandelbar offenbart wurde und dennoch der elementaren Anpassung an die Gegenwart bedarf,
eine Schlüsselfunktion für die Zukunft des gesamten Islam
ein. Früher oder später wird die Umma erkennen müssen, daß
sie nicht mehr in einem sozialen Umfeld von Karawanen,
Kaufleuten und Beduinen lebt, wie das vor fünfzehn Jahrhunderten im Umkreis von Mekka und Medina der Fall war.

Der Rais Gamal Abdel Nasser hatte zu Lebzeiten in der

Person des libyschen Diktators Muammar el-Qadhafi einen ergebenen Bewunderer und Gefolgsmann gefunden. Man kann sich heute noch fragen, warum er nicht die Staatenfusion mit Libyen durchgeführt hatte, statt sich auf Anschlußabenteuer in Syrien oder im Jemen einzulassen. In dieser Hinsicht hat sich für den neuen Zaim Sisi etwas Grundlegendes geändert. Die libysche »Jamahiriya« Qadhafis wird heute durch den Widerstreit zahlloser Kataeb, durch deren konfessionelle und tribalistische Gegensätze auseinandergerissen. Unmittelbar in der Nachbarschaft Ägyptens haben sich in der Cyrenaika jihadistische Kräfte gesammelt, denen die Offiziers-Junta von Kairo als Ausgeburt von Kufr und Häresie erscheint. Eine Infiltration von libyschen Gotteskriegern kann für die neuen Mameluken von Kairo auf Dauer eine existentielle Gefährdung darstellen.

Das Ende eines Schurkenstaates

Nirgendwo hat sich die Heuchelei der atlantischen Diplomatie schamloser enthüllt als in ihren Beziehungen zu dem libyschen Diktator Muammar el-Qadhafi. Als das überwiegend jugendliche Aufbegehren der sogenannten Arabellion im Februar 2011 auch auf die Hauptstadt Tripolis und den östlichen Landesteil der Cyrenaika übergriff, hielten die Staatsmänner des Westens die Stunde für gekommen, dem Unruhestifter Qadhafi ein für allemal das Handwerk zu legen. Seit vierzig Jahren hatte er seine Untertanen unterjocht und darüber hinaus – im Gegensatz zu den anderen orientalischen Potentaten – auch einen internationalen Terrorismus betrieben, der von Nord-Irland bis zu den Süd-Philippinen reichte.

Wieder einmal sollten die strategischen Planer in Washington, London und Paris – obwohl sie doch über die Allwissenheit der Elektronik verfügten – unverzeihlichen Fehleinschätzungen erliegen.

Vollends zum Schurkenstaat oder »rogue state« war die Jamahiriya Libyen geworden, als über dem schottischen Städtchen Lockerbie im Dezember 1988 eine Linienmaschine der PanAm explodierte und 270 Menschen in den Tod riß. Der Verdacht der Täterschaft richtete sich eindeutig auf Agenten des libyschen Geheimdienstes. Ein ähnlicher Anschlag fand ein Jahr später gegen ein französisches Passagierflugzeug der Linie UTA statt, das über der Republik Niger abstürzte. 170 Passagiere kamen dabei ums Leben. Durch Zahlung enormer Entschädigungssummen an die Familien der Opfer – die Scharia sieht in solchen Fällen bei Einverständnis der betroffenen Familien das sogenannte Blutgeld vor – hatte sich der libysche Tyrann noch einmal freikaufen können.

Die zahlreichen Sanktionen und Embargos, die über Libyen verhängt wurden, konnten dem Machthaber wenig anhaben, verfügte er doch dank der immensen Petroleumvorkommen, die das Land besitzt, über die Möglichkeit, sich immer wieder neue Klienten und Komplizen zu verschaffen. Wirklich ernst wurde es für ihn, als die westlichen Nachrichtendienste feststellten, daß dieser globale Unruhestifter sich über das pakistanische Netzwerk des Wissenschaftlers Abdel Kader Khan anschickte, eine eigene Atombombe zu bauen. Sehr weit ist er damit nicht gekommen. Hingegen arbeitet er seit einiger Zeit ein umfassendes Programm zur Entwicklung chemischer Kampfstoffe aus.

Daß in Fragen nuklearer und chemischer Aufrüstung die Amerikaner keinen Spaß verstanden, ja teilweise über ihre eigentlichen Ziele hinausschossen, mußte Qadhafi zur Kennt-

265

nis nehmen, als George Bush Senior den Feldzug Desert Storm sowie vor allem sein Sohn George W. seine Offensive Iraqi Freedom auslösten. Für Saddam Hussein gab es von dem Moment an keine Überlebenschance, in dem er in den Verdacht nuklearer Aufrüstung geriet. Der Libyer wußte, was ihm blühte, und er kroch zu Kreuze. Den Amerikanern wurde jede Freizügigkeit gewährt, die verdächtigen Produktionsstätten zu durchsuchen und ihre Sprengung oder Auslagerung zu beaufsichtigen. Um zusätzliche Absolution warb der Diktator von Tripolis, indem er sich auf dem Gebiet der Erdölförderung und -belieferung außerordentlich entgegenkommend zeigte. Kurzum, aus einem »bad guy« wurde im Handumdrehen ein »good guy«.

Die Nachgiebigkeit, ja der plötzliche Schmusekurs des Westens gegenüber einem notorischen Verbrecher, einem Tyrannen, der in Wirklichkeit internationale Aburteilung verdient hätte, gehört zu den schändlichsten Kapiteln einer verlogenen Menschenrechts-Diplomatie. Washington hatte diesen neuen Kurs vorgezeichnet. Libyen wurde von der Liste der den Terrorismus begünstigenden Staaten gestrichen. Die Ölkonzerne aus den USA nahmen ihre Prospektionsarbeit in den Wüstenregionen wieder auf. Die engste Vertraute des Präsidenten George W. Bush, Außenministerin Condoleezza Rice, entblödete sich nicht zu verkünden: »Libyen ist ein wichtiges Vorbild in einer Welt, die von den Regierungen Irans und Nordkoreas eine gründliche Umkehr erwartet. Wir verlangen dringend von den führenden Politikern in Iran und Nordkorea, daß sie strategische Entscheidungen treffen, die dem Einlenken Libyens entsprechen und zudem heilsam für ihre eigenen Völker wären.«

Die Europäer hatten sich ebenfalls unter das caudinische Joch dieses Erpressers gebeugt. Wieder einmal war es der britische Premierminister Tony Blair, der den Reigen anführte, indem er Qadhafi als »soliden Partner des Westens« lobte. Der deutsche Bundeskanzler Gerhard Schröder, wie so manch anderer Regierungschef, reiste im Oktober 2004 ebenfalls nach Tripolis. Der Franzose Nicolas Sarkozy bereitete Qadhafi in Paris einen aufwendigen Staatsempfang. Unter dem Schutz seiner weiblichen Leibgarde in Tarnuniform ließ der Beduinensohn sein riesiges Wohnzelt im Garten des Palais Marigny aufrichten. Sarkozy mußte sehr bald feststellen, daß seine Huldigung an den libyschen Tyrannen ebenso unmoralisch wie ergebnislos war. Nachdem der Revolutionsführer seinen gallischen Gastgeber zudem mit ätzenden Beleidigungen traktiert hatte, war man in Paris fest entschlossen, ihm diese Impertinenz bei der ersten sich bietenden Gelegenheit heimzuzahlen.

Nach dem Rücktritt des Ägypters Mubarak vermehrten sich ab Februar 2011 auch in Libyen die ersten Ansammlungen oppositioneller Demonstranten, die den Sturz Qadhafis forderten. Sie wurden von den Sicherheitskräften zusammengeschossen. Seit seinem Militärputsch im September 1969, der den von England eingesetzten senilen Herrscher Idris el-Senussi verjagt hatte, sah sich Qadhafi dem Ingrimm der Islamisten jeder Couleur ausgesetzt, zumal er sich eine sehr eigenwillige Auslegung der koranischen Lehre anmaßte. Seine Gegner schmähten ihn mit dem Ruf: »Es gibt keinen Gott außer Gott, und Qadhafi ist ein Feind Gottes.« Der unberechenbare, zunehmend paranoide Staatschef der Jamahiriya gehörte seinerseits dem nicht sonderlich angesehenen Stamm der Qadhafa an, der im Raum von Sirte siedelte oder nomadisierte.

Schon in den achtziger Jahren hatte dieser Beduinensohn zu unerbittlicher Repression gegen die »Partei der islamischen Befreiung« und jene »Partisanen Gottes« ausgeholt, die sich auf ehemalige Afghanistan-Kämpfer stützten. Qadhafi, der den internationalen Terrorismus weltweit betrieben hatte, konnte sich tatsächlich darauf berufen, in unerbittlicher Feindschaft zu El Qaida zu stehen. Vor allem richtete sich seine Verfolgung gegen die Anhänger der kriegerischen Senussi-Bruderschaft, die in der aufsässigen Cyrenaika immer wieder zur Rebellion aufrief. Die Senussi hatten gegen die koloniale Eroberung durch die Italiener einst einen bemerkenswerten Widerstand geleistet und während des Ersten Weltkriegs weite Gebiete der Sahelzone unter ihre Kontrolle gebracht. Erst 1931 war die gewaltige Übermacht Mussolinis der »Streiter Allahs« auf grausame Weise Herr geworden. Deren Amir Omar el-Mukhtar wurde auf Befehl General Grazianis gehenkt.

Der Führer der Jamahiriya, wie er das von ihm konzipierte Staatsgebilde Libyen populistisch nannte, hatte gute Gründe, mit der Nachsicht der westlichen Staatenwelt zu rechnen, als er auch gegen die Rebellen des Jahres 2011 mit ruchlosen Methoden vorging und seine Luftwaffe einsetzte, um den Aufruhr der Senussi im »grünen Gebirge«, im Djebl akhdar der Cyrenaika, zu zerschlagen. Hatte er nicht mehrfach die würdelose Nachgiebigkeit der Amerikaner und Europäer ausgenutzt? Als sich dennoch im Sicherheitsrat der Vereinten Nationen eine Resolution abzeichnete, die den Arabischen Frühling auch in Libyen förderte, eine Flugverbotszone über Tripolitanien und die Cyrenaika verhängte und die Bombardierung der libyschen Stützpunkte zuließ, wurde sich der Diktator seiner prekären Lage bewußt. Die Veto-Mächte Rußland und China, die ihn hätten retten können, flüchteten in Stimmenthaltung. Die Bundesrepublik Deutschland – als einziges Mitglied von NATO und EU – richtete sich auf die passive Haltung Moskaus und Pekings aus. Der Ansehensverlust, der dadurch für die Berliner Diplomatie entstand – zumal keinerlei militärische Beteiligung an der Aktion gegen

Libyen gefordert wurde –, wirkt wohl weiter fort und hat das Mißtrauen der USA gegen ihren bedeutendsten und bislang gefügigsten Trabanten in Europa geweckt.

Angesichts der sich abzeichnenden Intervention der Atlantischen Allianz hatte der Libyer in einem Interview mit einer französischen Zeitschrift einen feierlichen Appell an die Europäer gerichtet. »Wenn Ihr mich bedrängt und destabilisieren wollt, werdet Ihr Verwirrung stiften, El Qaida in die Hände spielen und bewaffnete Rebellenhaufen begünstigen. Folgendes wird sich ereignen: Ihr werdet von einer Immigrationswelle aus Afrika überschwemmt werden, die von Libyen aus nach Europa schwappt. Es wird niemand mehr da sein, um sie aufzuhalten. El Qaida wird sich in Nordafrika einrichten, während Mullah Omar den Kampf um Afghanistan und Pakistan übernimmt. El Qaida wird an Eurer Türschwelle stehen. In Tunesien und Ägypten ist ein politisches Vakuum entstanden. Die Islamisten können heute von dort aus bei Euch eindringen. Der Heilige Krieg wird auf Eure unmittelbare Nachbarschaft am Mittelmeer übergreifen … Die Anarchie wird sich von Pakistan und Afghanistan bis nach Nord-Afrika ausdehnen.«

Wieder einmal hatten die westlichen Nachrichtendienste versagt. Die Kampfkraft der Qadhafi-Armee und der hochgerüsteten Söldnertruppe, die er unter den Sahel-Völkern seiner südlichen Nachbarschaft, vor allem bei den kriegerischen Tuareg, rekrutiert hatte, erwies sich als wesentlich schlagkräftiger, als man bei der NATO vermutet hatte. Schon sah es aus, als könne es dem Diktator binnen zwei Wochen gelingen, auch ohne Einsatz der eigenen Luftwaffe die aufrührerische Cyrenaika und die Hochburg der Revolution in der Hafenstadt Misrata mit seinen Panzerkolonnen zu zermalmen. In vierzig Jahren Alleinherrschaft hatte er es als authentischer Beduinensohn verstanden, die zahlreichen Stämme Libyens gegeneinander auszuspielen und zu neutralisieren. Der Westen sah die Chance schwinden, diesen Anstifter des internationalen Terrors seinem verdienten Schicksal zuzuführen.

Es waren dieses Mal nicht die Amerikaner, sondern die Briten und vor allem die Franzosen, die auf ein unverblümtes militärisches Eingreifen auf seiten der Rebellen drängten. Immerhin hatte die US Air Force die stark bestückte Luftabwehr Qadhafis ausgeschaltet, so daß keine französische oder britische Maschine bei ihrem extrem präzisen Bombardement oder Strafing abgeschossen wurde. Den Auftakt gab Nicolas Sarkozy, der ständig über Landkarten und Zielangaben gebeugt war. Die Panzerkolonnen des immer noch soliden Regimes von Tripolis näherten sich den Vororten von Benghazi, wo unter aktiver Mitwirkung amerikanischer Agenten eine oppositionelle Übergangsregierung gebildet worden war. Daß ihr prominente Mitarbeiter und Minister Qadhafis angehörten, irritierte die libyschen Islamisten zutiefst. Mit der Rückeroberung Benghazis durch Qadhafi wäre der Arabische Frühling Libyens endgültig ausgelöscht worden.

Noch bevor die Beratungen in Paris abgeschlossen waren, erteilte Sarkozy den Befehl zum unverzüglichen Eingreifen der französischen Luftwaffe. Hunderte von gepanzerten Fahrzeugen der Qadhafi-Armee wurden bei dieser exakt ausgeführten Operation zertrümmert. Aber das genügte nicht, um die Lage zugunsten der Revolution zu wenden. Die sogenannten Freiheitskämpfer verfügten zwar über eine Vielzahl von Infanteriewaffen, aber im Gegensatz zu den in permanenten Stammeskriegen erprobten Afghanen erwiesen sie sich als untaugliche, undisziplinierte Kämpfer. Es blieb kein Geheimnis, daß hochprofessionelle Kommandos des britischen Special Air Service, der französischen Forces Spéciales und auch Agenten der amerikanischen CIA an der heiß umkämpften Küstenstraße Libyens, die die Lebensader des Landes ist, auftauchten, um den Aufständischen den Umgang mit Waffen beizubringen und notfalls auch unmittelbar in die Gefechte einzugreifen.

Den Flugstaffeln der beiden vorgepreschten Entente-Mächte gingen die Bomben und die Munition aus. Schon erinnerten einige Pessimisten an das britisch-französische Vorgehen gegen Gamal Abdel Nasser im Jahr 1956, als die geplante Unterwerfung Ägyptens nach dem ersten Fallschirm-einsatz von Port Said abgebrochen werden mußte, weil Moskau und sogar Washington sich dieser Eigenmächtigkeit widersetzten. In Libyen offenbarte sich, daß Briten und Franzosen zwar über eine vorzüglich ausgebildete Air Force verfügten, daß das begrenzte Rüstungsbudget der beiden Verbündeten jedoch bei jeder nachhaltigen Militäraktion aufs schwerste belastet und überstrapaziert würde.

Washington hatte sich bei dieser Aktion bemerkenswert zurückgehalten und praktizierte eine neue Strategie, die man als »leading from behind – aus dem Hintergrund führen« bezeichnet. Am Ende – dank Belieferung durch die amerikanischen Streitkräfte – brach der Widerstand der Qadhafi-Armee zusammen, die vor allem in der Hafenstadt Sirte, im Kerngebiet des Qadhafa-Stammes, ein bemerkenswertes Aushar-rungsvermögen bewiesen hatte. Der Diktator, der dorthin zu seinen Getreuen geflüchtet war, wurde bei einem Ausbruchs-versuch nach Süden durch französische Jäger unter Beschuß genommen. Er suchte in einer Kanalröhre Deckung und wurde von entfesselten Freischärlern nach grauenhaften Tor-turen gepfählt und getötet, sein Leichnam der verschreckten Öffentlichkeit zur Besichtigung ausgestellt. Ganz offensicht-lich war es der Atlantischen Allianz von Anfang an nicht nur – wie vor der UNO behauptet – um den Schutz der bedrohten Zivilbevölkerung der Cyrenaika gegangen, sondern um einen radikalen Regimewechsel in Tripolis.

Aus Rücksicht auf die Weltöffentlichkeit hatten sich Russen und Chinesen bei der Abstimmung im Weltsicherheitsrat der Stimme enthalten. Von einer militärischen Operation großen Stils und von einer politischen Neugestaltung Libyens war ja nicht die Rede gewesen. Moskau und Peking fühlten sich »über den Tisch gezogen«. Noch einmal würden sie sich nicht übertölpeln lassen, wie sich ein paar Monate später am Beispiel Syriens herausstellte.

Welche Narren hatten davon ausgehen können, daß es sich bei dem verzweifelten Aufbäumen der Hafenstadt Misrata und vor allem der östlichen Landeshälfte Cyrenaika um ein demokratisches Erwachen, um eine Ausrichtung auf westliche Regierungsmodelle und Menschenrechte handelte? Über Nacht versank Libyen in Chaos und Anarchie. Die Medien Europas und Amerikas blamierten sich wieder einmal zutiefst, als sie eine Wende zum Guten diagnostizierten. Mit Hilfe manipulierter Wahlen wurde der liberale Exilpolitiker Ali Zeidan zum Staatschef ausgerufen. In Benghazi kämpften unterdessen jihadistische Kataeb um die Macht, ermordeten den amerikanischen Botschafter, dem es angesichts dieses Ausbruchs zügelloser Fremdenfeindlichkeit auch nicht half, daß er ein vorzüglicher Orientalist war.

Einen Eindruck des Absackens Libyens zum »failed state« konnte ich persönlich gewinnen, als ich im Herbst 2011 mit dem Auto die Fahrt von Misrata, der total zertrümmerten Hochburg des Widerstandes, bis zur tunesischen Grenze antrat. Immer wieder wurden wir von bewaffneten Partisanen angehalten. Es waren wilde Gestalten, die mit ihren Kalaschnikows wie Wegelagerer wirkten, uns aber dank einer einflußreichen Begleitperson mit wachsamer Freundlichkeit begegneten. Wie viele dieser entfesselten Kampfgruppen es insgesamt gibt, hat niemand festgestellt. Niemals wußten wir, welchem Stamm und welcher Katiba sie angehörten. Es hatten sich Hunderte von Clans gebildet, die durch familiäre Verflechtung, angeborenen Sippengeist und die ungebrochene Tradition des Tribalismus zusammengehalten wurden.

An den Straßensperren lösten sich die unterschiedlichsten Schattierungen ab, von den Anhängern diverser Sufi- oder Derwisch-Orden – in Nord-Afrika Zawiya genannt – bis zu den bärtigen Salafisten, die dem Extremismus von El Qaida nahestanden. Sogar von Berbermilizen wurden wir aufgehalten, die aus dem Djebl Nafus zur Küste vorgedrungen waren. Was nun die Neugestaltung der brodelnden Jamahiriya betraf, so bildeten die Vorschriften der Scharia wohl den einzigen gemeinsamen Nenner. Jenseits der Luxushotels von Tripolis wurden alte Fehden ausgetragen. An mißliebigen Kollaborateuren und vor allem an den schwarzen Söldnern Qadhafis wurde eine grauenhafte Lynchjustiz ausgeführt.

Vorübergehend war selbst die Hauptstadt Tripolis zum Schlachtfeld geworden. Regierungsmitglieder wurden entführt oder ermordet. Die kampferprobte Katiba von Misrata hielt die von westlichen Ausbildern hastig aufgestellte Regierungsarmee in Schach. Die südliche Wüstenregion des Fezzan entzog sich von Anfang an jeder Kontrolle. Von dieser unendlichen Weite aus Sand und Fels, wo die kriegerischen Nomadenvölker der Tuareg und Toubou das Sagen haben, weitete sich die staatliche Auflösung auf die südliche Sahelregion aus und den ehemals französischen Sudan. Sogar im algerischen Grenzgebiet überfielen entfesselte Banden von Thuwar, von sogenannten Revolutionären, im Verbund mit Extremisten der »El Qaida des islamischen Maghreb« die umfangreichen Erdölförderungsanlagen von In Amenas, von denen man angenommen hatte, sie seien durch die algerische Armee wirksam geschützt.

Als die Thuwar der Sahelzone – vereint oder rivalisierend – gemeinsam mit den Salafisten von Ansar ed-Din und der separatistischen Tuareg-Bewegung Azawad auf Bamako, die Hauptstadt der Republik Mali, vorrückten, holte die französische Armee zum vorbildlich geplanten und durchgeführten Blitzfeldzug Serval aus und warf die Wüstenkrieger auf ihre libyschen Ausgangspositionen zurück. Dabei dürfte man sich im französischen État Major keine Illusionen gemacht haben. Die düstere Prophezeiung Qadhafis schien sich zu bewahrheiten. Die erfolgreichen Angreiftruppen der Paras, der Fremdenlegionäre und Marine-Infanteristen sahen sich der Gefahr der Verzettelung in dem kontinentalen Großraum von Sahara und Sahel ausgesetzt, der von Dakar am Kap Verde über Niamey am Niger und Bangui am Ubangi zur Flottenbasis Djibouti am Ausgang des Roten Meeres reicht.

Leere Drohungen an der »roten Linie«

Die syrische Tragödie unterscheidet sich grundsätzlich von den anderen Tumulten der Arabellion. Das Wort Arabischer Frühling mag man schon gar nicht mehr hören. In Tunesien war es tatsächlich zu einer spontanen Explosion gegen das Zwangsregime Ben Alis gekommen. In Kairo konnte man allenfalls – im Hintergrund der freiheitlichen Tahrir-Revolution – die geheime Manipulation der Mukhabarat, der Geheimdienste und vor allem der Armee vermuten. In Libyen waren die USA recht zögerlich zur Hilfestellung für die dortigen Thuwar angetreten. In Benghazi, wo angeblich das Volk sich erhoben hatte, um Demokratie und Meinungsfreiheit zu fordern, galt es zu verhindern, daß die wenig zimperliche Streitmacht Qadhafis in der Cyrenaika ein grausames Gemetzel veranstaltete.

In Syrien lagen die Dinge ganz anders. Die USA – im Verbund mit Saudi-Arabien und Israel – hatten nicht die ersten Protestdemonstrationen von Deraa gegen die Diktatur Bashar el-Assads und seiner alawitisch dominierten Baath-Partei abgewartet, um die Grundlagen des Staates zu unterwühlen. Schon lange vorher hatte eine hemmungslose Kampagne, eine systematische Hetze in den amerikanischen und europäischen Medien gegen diese Arabische Republik eingesetzt, die – bei aller Brutalität, die auch sie zu praktizieren pflegt – das einzige säkulare Staatswesen im gesamten arabischen Raum darstellt. Verglichen mit den Vorzugsverbündeten des Westens – seien es nun Saudi-Arabien, Qatar, die Vereinigten Emirate oder Kuwait –, bot die Hauptstadt Damaskus ein Bild religiöser Toleranz und eines fast westlichen Lebensstils, seit Bashar el-Assad das Erbe seines unerbittlichen Vaters Hafez el-Assad angetreten hatte.

Irgendwo, an geheimen Kommandostellen, in diskreten Fabriken der Desinformation, die von angelsächsischen Meinungsmanipulatoren meisterhaft bedient wurden, war die Losung ausgegangen, daß Syrien sich den amerikanischen Vorstellungen einer trügerischen Neuordnung im Nahen und Mittleren Osten zu unterwerfen habe. Bei einer Medienveranstaltung der ARD in Berlin erwähnte ich diese allumfassende propagandistische Irreführung der breiten Öffentlichkeit, der sich – in Deutschland zumal – weder die linksliberalen noch die erzkonservativen Printmedien und Fernsehsender zu entziehen wußten. Der frühere Intendant des WDR, Fritz Pleitgen, und der arabische Journalist Suliman, der sein Amt als Korrespondent der TV-Station von Qatar, El Jazeera, quittiert hatte, weil er dessen Nachrichtenverfälschung nicht mehr ertrug, stimmten mir spontan zu. Die subtile, perfide Unterwanderung und Täuschung globalen Ausmaßes, denen die Medien ausgeliefert sind, bedarf einer ebenso schonungslosen Aufdeckung wie die hemmungslose Überwachungstätigkeit der National Security Agency. Gerüchteweise hatte ich vernommen, daß sich in North Carolina eine solche Zentrale der gezielten Fälschung befände, was die Existenz ähnlicher Institute in den USA, in Großbritannien und in Israel keineswegs ausschließt.

Jedenfalls wurde schon lange vor Ausbruch der lokalen Revolten in Deraa und Homs die unermüdliche Forderung nach Vernichtung des Regimes von Damaskus erhoben. Als ich mich im Dezember 2011 in Damaskus aufhielt, war dort von den Kämpfen noch nichts zu spüren. Die lange Strecke zum Flugplatz unterlag keiner sichtbaren Kontrolle. Die Autofahrt nach Norden in Richtung Aleppo schien nicht ernsthaft gefährdet.

Ein Regierungsfahrer transportierte mich sogar in die kleine christliche Ortschaft Maalulah, deren Einwohner sich noch teilweise auf aramäisch verständigen, die Sprache, die Jesus benutzte. Die Häuserzeilen von Maalulah wirkten verwaist, aber die griechisch-orthodoxe Kirche war weiterhin in diesem Sanktuarium präsent. Die schwarzgekleideten, leichenblassen Nonnen kamen mir verschüchtert und verängstigt vor. Zu Recht, denn keine zwei Jahre später sollte sich eine Horde fanatischer Jihadisten ihres abgelegenen Klosters bemächtigen, die Kirchen verwüsten und die frommen Frauen in Geiselhaft entführen. Die westlichen Medien, stets um Entschuldigungen für die Aufständischen bemüht, hatten diesen Gewaltakt ignoriert oder herunterzuspielen gesucht. Nach der Rückeroberung Maalulahs durch die Assad-Armee wurden die Nonnen nach endlosen Verhandlungen freigelassen.

Was nun den späteren Ablauf der syrischen Tragödie und ihre grausige Eskalation betrifft, so verfüge ich über die Aussagen des Majors Suliman von der »Freien Syrischen Armee«, der mit großer Objektivität diese Intervention der unterschiedlichsten ausländischen Einflußgruppen anschaulich schilderte. Sie hatten den Konflikt zu einem Stellvertreterkrieg gemacht und schürten die Gewalt im Hinblick auf ihre eigenen Interessen.

Entgegen den Behauptungen ausländischer Propagandisten bestand bei der sunnitischen Mehrheitsbevölkerung Syriens, die auf siebzig Prozent geschätzt wird, keine einstimmige, rabiate Ablehnung des Assad-Regimes. Die städtische Mittelschicht lebte in relativem Komfort und in Sicherheit. Das Kleinbürgertum blickte zudem mit Schrecken auf die blutrünstigen Fehden, die Libyen in den Abgrund rissen, sowie auf das gnadenlose Vorgehen der ägyptischen Generale gegen die sunnitischen Muslimbrüder des Niltals. In dem Maße, wie die islamischen Extremisten in den Ortschaften der syrischen Ost- und Nordprovinzen, deren sie sich bemächtigt hatten, eine rigorose Anwendung der Scharia und eine frömmelnde Scharfmacherei betrieben, wandten sich sogar die einheimischen Fellachen von den barbarischen Fremdlingen ab. Mit ihren exemplarischen Strafen, mit Steinigung, Enthauptung und Verstümmelung lösten die bärtigen Jihadisten Entsetzen aus. Zwischen ihnen und der gemäßigten Freien Syrischen Armee häuften sich die bewaffneten Zusammenstöße.

Auf internationaler Ebene zeichneten sich extrem widersprüchliche Konstellationen ab. In einer ersten Phase schlossen sich die Salafisten mehrheitlich der Jibhat el-Nusra, der »Front des Beistandes« an, die ihre Solidarität mit El Qaida bekundete. Es war bemerkenswert, wie spontan diese terroristische Dachorganisation, die ohne wirkliche zentrale Führung krakenhaft auf den weiten Raum des gesamten Dar-ul-Islam zwischen Orontes und Euphrat ausgreift, zum Zuge kam. Die föderierten Kampfbünde strebten nichts weniger an als die Errichtung eines islamischen Emirats über den Irak und Syrien, am Ende wohl über den gesamten »Fruchtbaren Halbmond«.

Hatten die Militärexperten und Agenten des Westens nach dem revolutionären Aufbegehren von Deraa und Homs noch gewettet, daß Bashar el-Assad binnen Monatsfrist beseitigt würde, so sahen sie sich wieder einmal einer blamablen Fehleinschätzung überführt. In Washington kamen Verwirrung und Ratlosigkeit auf, als man sich bewußt wurde, daß infolge der hemmungslosen Kampagne des Westens gegen Damaskus die Todfeinde der USA, die Gesinnungsbrüder der Terroristen von Nine Eleven, die Oberhand gewannen. Ohne es zu ahnen, hatten die USA dem großen Wunschtraum der Umma, der Errichtung eines neuen Kalifats mit Schwerpunkt in der traditionellen Omayyaden-Hauptstadt Damaskus, Vorschub geleistet.

Wer die tatsächlichen Anführer, die Emire der diversen jihadistischen Gruppierungen sind, läßt sich auf Grund der recht eigenwillig gewählten Pseudonyme nur schwer definieren. An der Spitze der ambitioniertesten Bewegung, die über zwölftausend Kämpfer verfügen soll und die meisten ausländischen Freiwilligen rekrutiert, profiliert sich der irakische Prediger Abu Bakr el-Baghdadi, dessen Zielsetzung durch die Namensgebung »Islamischer Staat IS« vorgegeben wird. Immer wieder taucht der Name des aus Ägypten stammenden Afghanistan-Veteranen Ayman el-Zawahiri auf, der als politischer Ratgeber und engster Vertrauter Osama Bin Ladens bei der CIA auf der Topliste der zu liquidierenden El Qaida-Kombattanten steht. Am Ende fanden sogar die in Syrien wütenden islamistischen Extremisten, daß die Ideologie von El Qaida, soweit diese überhaupt existiere, für ihre gnadenlose Zielsetzung zu gemäßigt sei.

Bashar el-Assad konnte sich seinerseits auf den loyalen Kern seiner Armee und deren überlegenes Aufgebot an Flugzeugen und Artillerie verlassen. Daneben stand ihm die gefürchtete alawitische Miliz der Shabiha zur Verfügung. Unter dem Druck der Ereignisse hatte sich ein Zusammenrücken zwischen der synkretistischen Sekte der Alawiten, der er angehört, mit den Zwölfer-Schiiten des Iran ergeben, obwohl die beiden Konfessionen sich im Grunde nur durch ihre gemeinsame Verehrung für den Imam Ali verbunden fühlen. Die alawitische Minderheit, die schon unter der osmanischen Herrschaft gnadenloser Verfolgung ausgesetzt war, wußte, was ihr im Falle eines Sieges der sunnitischen Fundamentalisten blühte. Ihr drohte die systematische Ausrottung, ein Genozid. Deshalb würden diese Sektierer bis zum letzten Atemzug kämpfen. Als großzügige Waffenlieferanten und verläßliche Partner der Regierungstruppen erwiesen sich Rußland und die Islamische Republik Iran, wobei Teheran so heimlich wie möglich mit Elitesoldaten ihrer El Quds-Brigade in kritischen Situationen dem Assad-Regime beistand.

Als überragender Verbündeter zeigte sich die straffgegliederte, kampferprobte Schiitenmiliz des Libanon, die Hizbullah oder »Partei Gottes«. Unter der Führung des charismatischen Scheikh Hassan Nasrallah war die Partei Gottes zu einer hochspezialisierten, todesmutigen Formation ausgebaut und motiviert worden, so daß von ihr behauptet wurde, sie stelle nach Zahal, der Armee Israels, den bedeutendsten militärischen Faktor in der ganzen Levante dar. Die Israeli blickten mit zunehmender Sorge auf die schlagkräftige Partisanen-Armee an ihrer Nordgrenze. Deren Kämpfer hatten eine wahre Meisterschaft im sogenannten »asymmetrischen Krieg« entwickelt. Mit ihren perfekt getarnten Sprengsätzen, den »improvised explosive devices«, hatten sie im Jahr 2000 die Soldaten des Judenstaates, die damals noch den Südstreifen der Zedernrepublik zwischen Merjayoun und Bint Jbeil besetzt hielten, während der Amtszeit des Ministerpräsidenten Ehud Barak zum Rückzug auf Galiläa bewogen.

Sechs Jahre später bestand die Hizbullah eine sensationelle Kraftprobe. Drei Wochen lang tobte die Schlacht mit Schwerpunkt Bint Jbeil, nur knapp sieben Kilometer von der Nordgrenze Israels entfernt. Zahal war mit sträflicher Hybris auf einen Gegner gestoßen, dem es in Sichtweite seiner vorgeschobenen Beobachtungsposten gelungen war, ein weitverzweigtes Netz von Stollen in den Fels zu treiben und perfekt getarnte Abschußrampen für seine Raketen anzulegen. Die Israeli walzten mit ihrer Luftwaffe die ganze Region platt, erlitten jedoch schmerzliche Verluste und mußten feststellen, daß selbst die Merkava-Panzer nicht unverwundbar waren. Am Ende sah sich Benjamin Netanjahu veranlaßt, seiner siegesgewohnten und plötzlich entzauberten Armee den Rückzug auf das eigene Staatsgebiet zu befehlen. Die Blauhelme der Vereinten Nationen entfalteten ihre multinationalen Kontingente in einer vereinbarten Pufferzone.

Während der Kampfhandlungen war der Norden Israels bis zum Hafen Haifa dem intensiven Beschuß durch die Katjuscha-Raketen der Hizbullah ausgesetzt. Der Schaden, den diese drittklassige Waffe anrichtete, war gering. Aber bei der Bevölkerung kam ein Gefühl der Gefährdung, der Unsicherheit auf, das bisher dem triumphalen zionistischen Lebensgefühl fremd war. Vor allem gewann der Generalstab von Tel Aviv die Gewißheit, daß bei der Wiederholung einer ähnlichen Konfrontation die schiitische »Partei Gottes« auf ein Arsenal präziser und weitreichender Lenkwaffen – genannt seien nur Fajr oder Grad – zurückgreifen könnte, die den gesamten Küstenstreifen bis Tel Aviv und Ashdod ins Visier nähmen.

Seit Scheikh Nasrallah seinen schiitischen Kriegern die Weisung erteilte, auf seiten des Präsidenten Bashar el-Assad in den syrischen Bürgerkrieg einzugreifen, haben sie die heißumkämpfte Schlüsselstellung von El Quseir überrannt und bereiten sich offenbar darauf vor, die Verbindung zwischen Damaskus und der Metropole Aleppo im Norden des Landes freizukämpfen.

*

Der amerikanische Präsident Barack Obama sah sich einem peinlichen Dilemma ausgesetzt. Er hatte mehrfach mit dem Eingreifen der US Air Force, mit der Verhängung einer Flugverbotszone gedroht, falls eine von ihm gezogene »rote Linie« überschritten würde. Dieser Punkt war bedrohlich nahegerückt, als in Ghouta, einem östlichen Vorort von Damaskus, etwa tausend Leichen aufgereiht wurden, die der Einwirkung von Giftgas erlegen waren. Die westlichen Regierungen, begleitet vom einstimmigen Verwünschungschor der Medien, machten sofort die Regierung Assads für dieses abscheuliche Verbrechen verantwortlich. Die Diskussion über die wirklichen Urheber ist nicht abgeschlossen. Dem juristischen Prinzip »cui bono« zufolge fiele der Verdacht zunächst auf die Rebellen. Da ohnehin die syrischen Loyalisten als Täter angeprangert würden, müßte sich eine exemplarische militärische Bestrafung durch die USA und ihre Verbündeten gegen das Regime von Damaskus richten. Bashar el-Assad persönlich, der vielleicht skrupellos ist, aber über beachtliche Intelligenz verfügt, käme schwerlich für eine solch fatale Schädigung der eigenen Interessen in Frage. Allenfalls könnte ein lokaler Kommandeur in seinem Übereifer den Einsatz von Sarin oder Senfgas befohlen haben. Plausibler erscheint dennoch die Annahme, daß die zunehmend bedrängten Aufständischen präzis zu dem Zeitpunkt, als Obama seine »rote Linie« zog, sich zu dieser Provokation entschlossen in der Erwartung, daß nunmehr die vernichtende Vergeltung der amerikanischen Luftwaffe über Damaskus hereinbräche.

In Washington blickte man mit wachsender Beklemmung auf eine Entwicklung in der Levante, die sich so gar nicht in die Schablonen der amerikanischen Nah- und Mittelost-Planung einfügen ließ. Der internationalen Öffentlichkeit wurde unterdessen eingeredet, chemische Kampfstoffe seien seit dem Ersten Weltkrieg, also seit hundert Jahren nicht mehr zum Einsatz gekommen, mit Ausnahme jenes Verbrechens Saddam Husseins, das in dem aufsässigen Kurdendorf Halabja mehrere tausend Zivilisten hinraffte. Diese Angaben entsprechen jedoch nicht der Wahrheit. Im Irak hatten zur Zeit des britischen Mandats Flugzeuge der Royal Air Force chemische Substanzen über abgelegenen kurdischen Gebirgsdörfern abgeworfen, um deren Widerstand zu brechen. Die Faschisten Mussolinis setzten Gasgranaten bei der Eroberung Äthiopiens ein, und selbst der Ägypter Gamal Abdel Nasser benutzte bei seinem gescheiterten Feldzug im Jemen dieses Instrument. Im Vietnamkrieg der Amerikaner, so berichteten glaubwürdige Augenzeugen, bediente sich die US Army tödlicher Reizstoffe, um den Vietcong in seinen weitverzweigten Tunnelsystemen auszuräuchern und zu ersticken, ganz zu schweigen von den Verwüstungen, die durch den massiven Einsatz von »Agent Orange« verursacht wurden. Nicht weniger abscheulich als die Verwendung von Giftgas erscheint zudem der Abwurf von Napalmbomben, auf die in sämtlichen Konflikten der Neuzeit zurückgegriffen wurde und in deren Flammenmeer zahllose Kombattanten und Zivilisten einen grauenvollen Tod fanden.

*

Wer erinnert sich heute noch an den irakisch-iranischen Krieg, der mit Ermutigung der USA im Jahr 1980 durch Saddam Hussein vom Zaun gebrochen wurde, um die Erdölprovinz Khuzistan, die man in Bagdad bereits Arabistan nannte, zu annektieren und vor allem um der damals noch jungen Islamischen Republik des Ayatollah Khomeini, der man keine Abwehrfähigkeit zutraute, den Todesstoß zu versetzen. Ich habe die verschiedenen Phasen dieses Gemetzels, das acht Jahre lang dauerte, an Ort und Stelle verfolgt. Am Schatt-el-Arab und in den Majnun-Sümpfen sind die Tugendbolde der Atlantischen Allianz nicht vor einem Gipfel der Infamie zurückgeschreckt. Es geschah nämlich, daß die hastig aufgestellten und unzureichend gerüsteten Verbände der iranischen Pasadaran und Bassidji die gewaltige Phalanx der irakischen Panzerarmeen unter Aufopferung des eigenen Lebens durchbrachen und den Soldaten Saddams im Raum von Khorramshahr eine vernichtende Niederlage bereiteten.

Die Eroberung der irakischen Hafenstadt Basra, ja der Zugang zu den heiligsten Stätten schiitischer Frömmigkeit in Nedjef und Kerbela schien für die Krieger Khomeinis plötzlich in Reichweite gerückt. Die Experten der amerikanischen Intelligence wie auch die Kundschafter der Sowjetunion, die ebenfalls mit Saddam Hussein paktierte, wurden durch diese strategische Wende total überrascht. Die beiden rivalisierenden Supermächte, die eine Ausweitung der Khomeini-Revolution um jeden Preis verhindern wollten, entschlossen sich also zu massiven Waffenlieferungen an die von Auflösung bedrohten Streitkräfte des Irak. Unter anderem beschafften sie Tonnen von Giftgas und chemischen Kampfstoffen. Am Rande sei vermerkt, daß namhafte deutsche Produzenten sich an dieser Schandtat beteiligten. In Ermangelung von Gasmasken und Schutzanzügen blieb der Gegenangriff der Iraner im Schlamm des südlichen Mesopotamien stecken. Tausende von Opfern erstickten in den Giftschwaden, wurden gräßlich verätzt oder erblindeten.

Als im weiteren Verlauf des Krieges amerikanische Techniker die von den Sowjets gelieferten Scud-B-Raketen soweit perfektionierten, daß sie mit bemerkenswerter Präzision im Zentrum Teherans einschlugen, als die dortige Bevölkerung befürchten mußte, daß dieser Beschuß zusätzlich mit Giftgas aufgeladen und sich vollends zum Horrorszenario steigern würde, sah sich selbst der gestrenge, unbeugsame Imam Ruhollah Khomeini gezwungen, in einen Waffenstillstand einzuwilligen. Er hätte lieber einen Becher voll Gift geleert, als diese Feuereinstellung zu befehlen, soll der oberste Faqih gesagt haben. Es versteht sich von selbst, daß die Propagandamühlen Barack Obamas, die im syrischen Konflikt unserer Tage die bewußte »rote Linie« zogen und mit furchtbaren Repressalien drohten, diesen amerikanischen Verrat an den eigenen Prinzipien der Rechtschaffenheit am liebsten unter den Teppich kehren.

In Damaskus hatte das Assad-Regime, das tiefen Haß für den irakischen Flügel der Baath-Partei empfand, den Rückgriff Saddam Husseins auf das heimtückische Instrument der Massenvernichtung aufmerksam verfolgt. Niemand sollte deshalb der Regierung von Damaskus vorwerfen, daß sie sich – im Hinblick auf eine ähnliche Gefährdung, der ihre Armee ausgesetzt wäre – mit einem umfassenden Abschreckungsarsenal chemischer Waffen ausstattete.

Noch hantierte Washington unentschlossen und unzureichend informiert mit dem Schreckgespenst der »roten Linie«, da gelang dem russischen Außenminister Sergej Lawrow ein brillanter diplomatischer Schachzug. Er überzeugte Bashar el-Assad davon, daß der Kampfwert von Chemikalien ohnehin gering und sogar kontraproduktiv wäre. Syrien erklärte sich ohne Gegenleistung bereit, seine beachtlichen Vorräte an Sarin oder Senfgas internationaler Kontrolle zu unterwerfen und deren Vernichtung anzuordnen. In der Stunde einer wirklich kritischen Eskalationsgefahr bewährte sich plötzlich wieder das diskrete Zusammenspiel zwischen

Washington und Moskau, als befände man sich noch in der Patt-Situation des Kalten Krieges. Unter den Wortführern der Europäischen Union hatte vor allem der französische Präsident François Hollande auf eine militärische Aktion der Atlantischen Allianz in Syrien gedrängt. Er wollte offenbar den sunnitischen Petroleum-Despoten der Arabischen Halbinsel gefällig sein. Vor allem versuchte er, der eigenen französischen Wählerschaft, die sich mit Mißachtung von ihm abgewendet hatte, als Chef de guerre zu imponieren. Nun sah sich Hollande durch die Direktabsprache zwischen Lawrow und Kerry zutiefst blamiert. Der Einfluß Frankreichs in der Levante wurde auf seinen geschrumpften diplomatischen Stellenwert reduziert.

Wieder einmal bestätigte sich die Regel, daß bei der hohen Generalität eine weit größere Zögerlichkeit vorherrscht, sich in unberechenbare Abenteuer zu stürzen, als bei einer sich martialisch gebärdenden Kategorie von Politikern, die leichtfertigen Kraftakten zuneigen. Als Barack Obama den Vorsitzenden der Joint Chiefs of Staff, General Martin Dempsey, nach den Erfolgschancen einer massiven Intervention in der Levante befragte, erhielt er eine ernüchternde Auskunft. Natürlich sei er in der Lage, so argumentierte Dempsey, die syrische Luftwaffe binnen weniger Stunden auszulöschen, die strategisch relevanten Flugplätze und Basen zu vernichten und eine strikte »no fly zone« zu verhängen. Aber er rechnete dem Präsidenten auch vor, wie viele Milliarden Dollar pro Tag ein solches Unternehmen kosten würde. Am Ende würde man – auf Grund der internen Zerrissenheit der Aufständischen – nicht vermeiden können, zumindest mit Spezialkommandos der eigenen Armee einzugreifen, »to put the boots on the ground«, wie es im Jargon der US Army heißt. Was schließlich erreicht würde – man blicke nur auf den heutigen Zustand von Bagdad, Kabul und Benghazi –, unterliege der totalen Unberechenbarkeit der ständig changierenden Kräfteverhältnisse, so warnte General Dempsey. Man wünschte sich, daß die zuständigen Planungsstäbe der Bundeswehr mit ähnlich robuster Offenheit und Illusionslosigkeit den deutschen Ministern und Parlamentariern ein ungeschminktes Bild der Gefährdungen und Ungewißheiten entwürfen, denen die kampfuntauglichen Armeen Europas in naher Zukunft ausgesetzt sein dürften.

Bomben auf Teheran

Man mag mir vorwerfen, daß diese Betrachtungen eines systematischen Aufbaus entbehren, allzu viele historische und aktuelle Elemente miteinander vermengen und die theoretische Abhandlung immer wieder durch persönliche Anekdoten unterbrechen. Der amerikanischen Strategie in diesem »great game« der Neuzeit liegt eine zutiefst trügerische Analyse zugrunde. Bis auf den heutigen Tag bleiben die Regierungen Washingtons und Jerusalems bedingungslos auf eine fragwürdige These eingeschworen. Seit der Revolution des Ayatollah Khomeini hat die westliche Welt sich einreden lassen, daß die alles beherrschende Gefährdung des Friedens und der globalen Sicherheit von der Mullahkratie Teherans und deren nuklearen Ambitionen ausgehe. Man unterstellt der Islamischen Republik Iran, den Judenstaat mit nuklearer Zerstörungskraft auslöschen zu wollen. Die maßlose Polemik des früheren Staatspräsidenten Mahmud Ahmadinejad, seine absurde Leugnung des Holocaust zumal, haben eine geradezu hysterische Iran-Feindlichkeit selbst bei gemäßigten Kommentatoren geschürt, und niemand scheint sich bewußt zu

sein, daß ähnliche, ja schlimmere Verwünschungen des Judenstaates zum üblichen rednerischen Repertoire einer Vielzahl arabischer Politiker zählten.

Ich glaube behaupten zu dürfen, daß ich im persönlichen
Kontakt den wahren Absichten Ruhollah Khomeinis näher
gekommen bin als mancher andere. Von Judenhaß konnte bei
ihm nicht die Rede sein. Bei der Unterstützung der Palästinenser, ihres Anspruchs auf El Quds und die El Aqsa-Moschee ging es dem schiitischen Klerus Irans vor allem darum,
die unmittelbar betroffenen semitischen und sunnitischen
Blutsbrüder der Ummat el-arabiya, die sich zusehends mit
dem territorialen Status quo im Heiligen Land abzufinden
schienen, ins Unrecht zu setzen und ihnen Komplizenschaft
mit den Zionisten zu unterstellen.

Bemerkenswert ist immerhin die ungewöhnliche Toleranz
gegenüber den mehr als zwanzigtausend in Persien lebenden
Juden. Dem müßte man das Verhalten der saudischen Dynastie entgegensetzen, die – dem koranischen Gebot der Rück-
sichtnahme auf die »Familie des Buches«, Ahl el-Kitab
widersprechend – die Einreise von Israeliten, wenn sie nicht
gerade Henry Kissinger heißen, verweigert und Christen das
Abhalten von Meßopfern unter hohen Strafen verbietet, was
ebenfalls dem eindeutigen koranischen Duldungsstatut der
»Dhimiyat« widerspricht. Bei früheren Reisen nach Jedda
oder Er Riad fand ich auf dem Nachttisch meines Hotelzimmers die erbauliche Lektüre des »Protokolls der Weisen von
Zion« vor.

Am Ende einer Audienz bei König Feisal Ibn Abdul Aziz,
dessen Frömmigkeit und Tugend sich wohltuend vom protzi-
gen, sündhaften Lebensstil der meisten Angehörigen seiner
Dynastie unterschieden, wandte er sich an die anwesende Delegation hoher deutscher Wirtschaftsbosse mit der Bemerkung, daß Deutsche und Araber ja geeint seien durch »kifa-

huna el 'am dud es Suhiyuniya«, »durch unseren gemeinsamen Kampf gegen den Zionismus«. In seiner Ahnungslosigkeit fragte mich anschließend ein führender deutscher Manager, was Feisal denn wohl gemeint haben könnte mit seinem Hinweis auf den gemeinsamen Kampf gegen den »Zynismus«.

Wer hätte zu Beginn des syrischen Bürgerkrieges geahnt, daß »the grand design« – der große Entwurf, der zwischen Washington und Jerusalem abgekartet war – am Widerstand des Präsidenten Assad und seiner Alawiten scheitern könnte. Denn es besteht kein Zweifel, daß die strategischen Ziele der USA und Israels darauf ausgerichtet waren, nicht nur den Bau einer iranischen Atombombe mit allen Mitteln zu verhindern – »all options are on the table« –, sondern auch den schiitischen Gottesstaat, den Khomeini nach der Vertreibung von Schah Mohammed Reza Pahlevi ins Leben gerufen hatte, wieder durch ein prowestliches Regime zu ersetzen, zumindest dessen Dynamik durch drakonische Sanktionen auszulaugen. Amerikaner und Israeli waren von der Zwangsvorstellung geplagt, daß zwischen Afghanistan und der libanesischen Küste des Mittelmeers ein iranisch und schiitisch dominierter Großraum entstünde, der den arabisch-sunnitischen Vasallen Amerikas und den eigenen Interessen zum Verhängnis würde. Als Folge des sinnlosen Feldzuges Iraqi Freedom, den George W. Bush inszenierte, war ja in Bagdad nicht etwa ein »beacon of democracy«, ein Leuchtturm der Demokratie, entstanden, sondern die schiitische Bevölkerungsmehrheit Mesopotamiens hatte in freier Wahl den Vorrang ihrer Glaubensrichtung unter der Regierung Nuri el-Malikis durchgesetzt. Zu diesem Zeitpunkt entbrannte ein mörderischer Konfessionskrieg zwischen Schiiten und Sunniten, der der Entfaltung der Terroristenorganisation El Qaida – zumal in den Provinzen Anbar und Salah-ud-Din – freie Bahn ließ.

Die enge Bindung, die seit langem zwischen dem alawitischen Assad-Clan von Damaskus und dem iranischen Elite-korps der iranischen Revolutionswächter bestand, schlug eine geographische Brücke zu der formidablen Kampfgruppe der schiitischen Hizbullah des Libanon, die sich als stärkste militärische Kraft der Zedernrepublik durchsetzte. Spätestens nach dem Rückschlag, den Zahal im Jahr 2006 im Südlibanon erlitten hatte, erschien die libanesische »Partei Gottes« der Regierungskoalition in Jerusalem als existentielle Bedrohung. Niemand wollte sich offenbar in den Jeshivas daran erinnern, daß es ein persischer Großkönig gewesen war, der den Hebräern des Altertums, die durch den assyrischen Herrscher Nebukadnezar nach Babylon verschleppt worden waren, die Rückkehr in das Land Kanaan erlaubt hatte. Für den Fall, daß die iranischen Wissenschaftler tatsächlich die Weisung erhielten, die Fertigung eigener Atomwaffen zu vollenden, hätte man in Jerusalem bedenken sollen, daß in einem anderen islamischen Staat, nämlich in Pakistan, ohne nennenswerten internationalen Widerspruch eine beachtliche nukleare Aufrüstung stattgefunden hatte. Die Spannungen, die die Republik von Islamabad zu zerreißen drohen, bergen weit mehr Gefahren in sich als das so heftig umstrittene Projekt Teherans.

In dem Machtkampf, den sich Perser und Araber um die Vorherrschaft am Golf liefern, steigerte sich die ererbte Gegnerschaft von Sunniten und Schiiten zu mörderischem Haß. Eine fundamentale Umschichtung fand statt. Es zeichnet sich eine Konsolidierung der Assad-Diktatur von Damaskus ab, mit der niemand gerechnet hatte, während die syrischen Revolutionäre eine Hinwendung zum Terror der El Qaida-Föderation vollzogen. Die Absicht des Westens, die Arabische Republik Syrien aus dem nahöstlichen Dominospiel herauszubrechen und den Erben Khomeinis den Zugang zum Mittelmeer zu verwehren, wurde damit in Frage gestellt.

Daneben kam es zu einer widernatürlichen Interessengemeinschaft zwischen dem Königreich Saudi-Arabien und dem Staat Israel, die sich zumindest in ihrer resoluten Koalition gegen eine persische Hegemonie über den »fruchtbaren Halbmond« und die Golfregion einig waren. Die gemeinsame Entrüstung in Jerusalem und in Er Riad richtete sich nun gegen Barack Obama, von dem sich beide Staaten – so unterschiedlich sie sein mögen – hintergangen, ja sogar verraten fühlten, als er sich nach fast vierzigjähriger Eiszeit zu einem Gespräch mit dem neuen iranischen Präsidenten Hassan Rohani bereitfand.

Noch sind die Würfel nicht gefallen. Zwar setzen amerikanische Leitartikler den Versuch Obamas, das Verhältnis der USA zu Iran wieder zu normalisieren, mit der sensationellen Initiative Richard Nixons gleich, als er zum Gespräch mit Mao Zedong nach Peking aufbrach. Aber zum jetzigen Zeitpunkt ist längst nicht entschieden, ob der harte, unnachgiebige Flügel der iranischen Geistlichkeit, ob vor allem die zu allem entschlossene Truppe der Pasdaran, deren Verhältnis zur regulären Armee mit dem von Waffen-SS und Wehrmacht im Dritten Reich verglichen wird, diesem diplomatischen Tauwetter ein jähes Ende setzen wird. Jenseits des Atlantiks kann sich Benjamin Netanjahu, der – trotz aller amerikanischer Verärgerung über die jüdische Expansions- und Siedlungspolitik auf dem Westjordanufer – vom Kongreß stets mit Standing Ovations gefeiert wird, auf den Boykott der einflußreichen proisraelischen Lobby verlassen. Wenn der Premierminister behauptet, die iranische Atombombe sei fünfhundertmal gefährlicher als die nordkoreanische, mag er sich selbst seiner grotesken Übertreibung bewußt sein. Bei manchem US-Congressman findet er jedoch williges Gehör.

Den unversöhnlichen Feinden der Islamischen Republik

Iran ist es gelungen, eine vage UNO-Deklaration zu verabschieden, um Bashar el-Assad als Kriegsverbrecher der Verurteilung durch den Internationalen Gerichtshof von Den Haag auszuliefern. Es mag durchaus sein, daß der syrische Staatschef sich schuldig gemacht und gegen die elementarsten Menschenrechte verstoßen hat. Aber die Perspektive, den Rest seines Lebens in einer holländischen Gefängniszelle zu verbringen, oder die wahrscheinlichere Annahme, daß er im Falle eines Sturzes der Lynchjustiz seiner entfesselten Gegner ausgeliefert und wie der Libyer Qadhafi zu Tode gefoltert würde, dürfte Assad nicht zur Nachgiebigkeit stimmen. Es ist übrigens an der Zeit, diesen Internationalen Gerichtshof als Instrument der Heuchelei und Diskriminierung zu entlarven. Dort entscheiden oft Richter und Staatsanwälte, deren Heimatländer sämtliche Begriffe von Gerechtigkeit und Menschenrechten mit Füßen treten, über das Schicksal der Angeklagten. Die Union der Afrikanischen Staaten hat sich bereits dagegen verwehrt, daß vorzugsweise Tyrannen und mörderische Warlords des schwarzen Kontinents auf die Anklagebank gezerrt werden. Dazu gesellen sich noch ein paar notorische Gewaltverbrecher aus dem Balkan. Aber man wird vergeblich darauf warten, daß gegen Politiker oder hohe Verantwortliche aus den USA, aus England, Rußland, China oder anderen Groß- und Mittelmächten Anklage erhoben wird, obwohl es auch bei denen an Verbrechen gegen die Menschlichkeit nicht mangelt. Die quasianonyme Tötung von Terroristen durch ferngesteuerte Drohnen und die damit verbundene Inkaufnahme sogenannter Kollateralschäden lassen sich schwerlich mit den Normen des Kriegsrechtes vereinbaren, von den an höchster Stelle abgesegneten Foltermethoden und Water-Boardings ganz zu schweigen, wie sie in Abu Ghraib, in Bagram und in manch anderen geheimen Kerkern praktiziert wurden.

Benjamin Netanjahu hatte bei einem Auftritt in den USA ebenfalls eine »rote Linie« gezogen, deren Überschreitung den Einsatz der israelischen Streitkräfte gegen den Iran zur Folge hätte. Seit Barack Obama in Syrien aus guten Gründen auf die von ihm gezogene »rote Linie« verzichtet hat, ist nicht mehr damit zu rechnen, daß die USA sich an einer Strafaktion gegen die iranischen Nuklearschmieden beteiligen würden. In Washington ist man es ohnehin leid, in immer neue Regionalkonflikte des islamischen Raums verwickelt zu werden, zumal sich erwiesen hat, daß solche Abenteuer zu nichts führen, daß sie mit schmerzlichem Finanz- und Prestigeverlust verbunden sind.

Der amerikanische Präsident hat zu erkennen gegeben, daß er das Schwergewicht der amerikanischen Diplomatie und Strategie von Europa und Vorderasien weg in den pazifischen Raum zu verlegen gedenkt. Der Territorialkonflikt, der zwischen China und Japan um die Felsenriffe der Senkaku-Inseln aufgeflackert ist, dürfte dem Stillen Ozean und der Eindämmung der chinesischen Kräfteentfaltung zusätzliche Priorität schaffen.

Ob angesichts dieser Umschichtung ein israelischer Alleingang gegen die Islamische Republik Iran noch Sinn ergibt und Aussicht auf Erfolg hätte, ist extrem ungewiß. Zu Zeiten Saddam Husseins und dessen nuklearen Ambitionen hatte die israelische Luftwaffe mit perfekter Planung und Präzision die Anreicherungsanlagen von Osirak vernichtet, die bei Ktesiphon unmittelbar neben dem riesigen antiken Steingewölbe des Sassaniden-Reiches in einen durch Flakbatterien und Fesselballons gesicherten, hochaufgetürmten Trichter eingelassen waren. Die Atomanlagen des Iran sind doppelt so weit entfernt und wurden teilweise so tief in das Felsgestein getrieben, daß selbst die gewaltige Explosionskraft amerikanischer Bunker-Buster ohne entscheidende Wirkung bliebe.

Darüber hinaus muß mit einer hochentwickelten iranischen Luftabwehr gerechnet werden und mit den Repressalien, mit denen Teheran nicht nur gegen Israel Vergeltung üben, sondern dem weltweiten Wirtschaftsgefüge und dessen Versorgung mit Erdöl immensen Schaden zufügen könnte.

Unmittelbar bedroht fühlt sich der Staat Israel durch die Präsenz der schiitischen Hizbullah des Libanon an seiner Nordgrenze. Um dieser akuten Bedrohung zu entgehen oder zumindest um diesen Gegner zu isolieren, läßt sich die Aufwiegelung des syrischen Hinterlandes erklären und der Versuch, die bis zum Mittelmeer vorgeschobene Bastion der Schiat Ali zu neutralisieren. Mit großer Wahrscheinlichkeit wäre die gefürchtete Miliz der »Partei Gottes«, die im Gegensatz zu den Schiiten des Irak weiterhin auf die revolutionäre Ideologie des Ayatollah Khomeini eingeschworen ist, in der Lage, die großen jüdischen Küstensiedlungen in Panik zu versetzen. Nicht ohne Grund wurden israelische Bombenangriffe auf syrischem Gebiet gegen vermeintliche Transporte von Raketen und Chemikalien gerichtet, die die Kampfkraft der Hizbullah aufzustocken drohten.

Es gibt Stimmen in Israel, die den obsessionellen Konfrontationskurs gegen Iran als einen tragischen Irrtum bezeichnen. Ein namhafter Militärwissenschaftler der Hebrew University gestand sogar, daß er, wenn er Iraner wäre, angesichts der Einkreisung seines Landes durch feindlich gesinnte Nuklearmächte und -flotten für die eigene atomare Abschreckung plädieren würde. Einer amerikanischen Analyse zufolge geht es der Regierung Israels in erster Linie darum, das nukleare Monopol, über das der Judenstaat im Nahen und Mittleren Osten verfügt, um jeden Preis zu erhalten. Welche entsetzlichen Ungewißheiten im Umkreis des Mittelmeers und an der Schwelle Europas entstünden, wenn die atomare Proliferation auf Ägypten, Algerien oder Saudi-Arabien übergriffe, was auch diesen Staaten das ultimative Instrument der Erpressung in die Hand gäbe, läßt sich in der Tat schwer ermessen.

Wie nahe sich der Orient vor vierzig Jahren am Rande der Apokalypse bewegte, geht aus den Enthüllungen hervor, die lange nach dem Yom Kippur-Krieg von 1973 die breite Öffentlichkeit erreichten. Als die ägyptischen Angriffskeile die israelische Bar-Lew-Linie am Suezkanal durchbrochen hatten und im Begriff standen, tief in den Sinai vorzustoßen, als die Panzerkolonnen des syrischen Staatschefs Hafez el-Assad nach Überwindung der Golanhöhen sich in Richtung Galiläa bewegten, soll der damalige Verteidigungsminister Israels, Moshe Dayan, der legendäre Held des Sechstagekrieges, die Vorbereitung zum Einsatz israelischer Atomwaffen angeordnet haben. Zu jenem Zeitpunkt befand ich mich in Kairo und wurde von den ägyptischen Behörden – wie alle anderen Kollegen – von jeder Information oder Berichterstattung über die militärische Lage resolut ausgeschlossen. Von meinem Zimmer im Hilton-Hotel konnte ich lediglich das Karussell dickbäuchiger sowjetischer Antonow-Maschinen beobachten, die unermüdlich Waffen und Munition für die Armee des Rais Anwar es-Sadat einflogen. Um jedem Rückgriff Zahals auf sein Atomarsenal vorzubeugen, so hieß es damals streng vertraulich, hätten die Sowjets unter ausschließlich russischer Bewachung eigene taktische Atomwaffen ins Niltal transportiert. Dem damaligen ägyptischen Verbündeten Moskaus habe man die Fähigkeit einer begrenzten Abschreckung verleihen wollen.

Der kühne Gegenangriff Ariel Sharons über den Suezkanal, die Einkreisung und drohende Vernichtung der Dritten Ägyptischen Armee in der Sandwüste des Sinai haben damals das Kriegsglück gewendet. Unter Vermittlung und auf Druck der Supermächte wurde der Waffenstillstand erzwungen. Im Norden mußten sich auch die Syrer auf ihre Ausgangsstellungen bei Kuneitra zurückziehen. Der ägyptische Präsident Anwar es-Sadat, der wenig später vom sowjetischen ins amerikanische Lager überwechselte, entschloß sich sogar zu dem Risiko eines Friedensschlusses mit der »zionistischen Einheit«, wie Israel in der arabischen Presse bislang geheißen hatte. Längs der Demarkationslinie, die am östlichen Hang der Golanhöhen zwischen Damaskus und Jerusalem vereinbart wurde, sollte in den folgenden vierzig Jahren kein einziger Zwischenfall gemeldet, kein einziger Schuß abgefeuert werden. Das war gewiß nicht der passiven Präsenz eines bescheidenen Kontingents überwiegend österreichischer Blauhelme der Vereinten Nationen zu verdanken.

Das Assad-Regime von Damaskus hat trotz fortdauerndem syrischem Anspruch auf Rückerstattung der Golanhöhen den Waffenstillstand mit Israel peinlich genau respektiert. Ob dieses Abkommen Bestand haben wird, falls demnächst revolutionäre islamistische Fanatiker der Jibhat el-Nusra oder anderer El Qaida-Verbände in den Ruinen von Kuneitra auftauchen, ist eine Perspektive, die das israelische Oberkommando beunruhigen müßte. Im Rückblick dürfte man dann der feindseligen, aber jeden offenen Konflikt scheuenden Präsenz des Assad-Regimes in Damaskus als dem weit geringeren Übel nachtrauern.

Wie erwähnt, ist die vorliegende Betrachtung als Momentaufnahme zu bewerten und dürfte in mancher Hinsicht durch die Flut neuer Ereignisse relativiert werden. Ich möchte auch nicht der Versuchung verfallen, die die Israelis selbst mit feiner Ironie als ihren Nombrilismus, ihre Nabelschau bezeichnen, als ihre durchaus verständliche Tendenz, das gesamte Weltgeschehen auf seine Bedeutung für die Sicherung des eigenen Überlebens zu reduzieren. Dabei sollte man sich in Jerusalem bewußt sein, daß sich im Westen zunehmender

Überdruß eingestellt hat, in die unaufhörliche Folge konfessioneller und territorialer Streitigkeiten des Orients – oft um winzige Territorien – verstrickt zu werden, die nur durch den Rückgriff auf uralte Mythen zu erklären sind.

Für manche handelt es sich da um Gegensätze – vergleichbar mit den anarchischen Balkan-Querelen des späten 19. und frühen 20. Jahrhunderts –, von denen Bismarck sagte, daß sie ihm nicht die »Knochen eines einzigen pommerschen Grenadiers wert« seien. An konfusen Intrigen nationalistisch und religiös exaltierter Phantasten hatte sich damals mit den Schüssen von Sarajewo die unsagbare Tragödie des Ersten Weltkriegs entzündet. Dort wurde das Signal gesetzt zum Niedergang unseres Kontinents. Das heillose Verwirrspiel zwischen Iran und Saudi-Arabien, zwischen der Türkei und Ägypten, um nur sie zu nennen, könnte eines Tages den Hedonismus der europäischen Sybariten, ihren hemmungslosen Kult des Götzen Mammon, mit schicksalhaften Herausforderungen konfrontieren, denen sie gar nicht mehr gewachsen wären. Unterdessen wendet sich ein amerikanischer Präsident afrikanischer Abstammung von diesem ihm fremden Kontinent der ehemaligen europäischen Kolonialmächte sowie von den ruchlosen Ränken orientalischer Potentaten ab, um den Vorrang der Vereinigten Staaten in den immensen Weiten des Pazifischen Ozeans zu konsolidieren, während an dessen westlicher Küste der chinesische Koloß seine Wiederauferstehung als Reich der Mitte feiert.

In Erwartung
des Verborgenen Imam

Das Scheitern des »Persischen Frühlings«

Es war im Januar 1982, als ich von General Zaher Nejad, dem militärischen Berater Khomeinis, zu einer Frontbesichtigung am Schatt-el-Arab eingeladen wurde. Mein Vertrauensverhältnis zu diesem hohen Offizier ging auf die turbulenten Tage zurück, als ich seine 62. Division, die einen begrenzten kurdischen Aufstand zwischen Urmia und Mahhabad bekämpfte, mit einem deutschen Kamerateam begleitet hatte. Jetzt wurde ich mit zwei Obristen der regulären iranischen Armee und einem persischen Team nach Khuzistan eingeflogen, wo die Offensive der irakischen Panzerdivisionen Saddam Husseins von den todesmutigen Revolutionswächtern vernichtet und über die Grenze zurückgeworfen worden war.

Die Hafenstadt Khorramshar sah aus wie nach einem Atomangriff. Schon vor Beginn der iranischen Gegenoffensive hatten die Pioniere Saddam Husseins Haus um Haus, Mauer um Mauer gesprengt. Die Hochbauten aus Beton waren dem Erdboden gleichgemacht, die Stahlgerüste zu wirren Knäueln verbogen. Innerhalb dieser Verwüstung war lediglich die Freitags-Moschee ausgespart, aber deren Kuppel war geborsten, und das Sonnenlicht fiel grell auf ein Spruchband, das persisch und arabisch beschriftet quer über den Mihrab gespannt war: »Ya Allah, ya Allah«, entzifferte ich, »ahfaz lana Ruhollah Khomeini hatta el thaura el Imam el Mehdi – Oh Allah, erhalte uns Ruhollah Khomeini bis zur Revolution des Imam Mehdi.« Für die Wiederkehr des Verborgenen Imams auf Erden war das Wort »thaura«, auf persisch »enqelab«, verwendet worden. Als »Revolutionär« sollte der zwölfte Imam Mehdi seiner mystischen Entrückung ein Ende setzen und seine Herrschaft der göttlichen Gerechtigkeit antreten. Bis dahin, so hofften die Getreuen in ihrem himmelstürmenden Glauben, möge Khomeini ihnen als sein Sachverwalter erhalten bleiben.

Diese Hoffnung der iranischen Gotteskrieger hat sich nicht erfüllt. Am Ende eines achtjährigen Gemetzels stimmte Khomeini blutenden Herzens einem Waffenstillstand mit dem irakischen Erzfeind zu. Wenig später starb er und wurde von einer Millionenmasse hysterischer Trauernder in Behest-e Zara zu Grabe getragen. Ursprünglich hatte Khomeini den Ayatollah Mohammed Beheshti, der ein paar Jahre lang die schiitische Moschee an der Hamburger Außenalster verwaltet hatte, zu seinem Nachfolger auserkoren. Aber Beheshti fiel 1981 einem spektakulären Sprengstoffattentat zum Opfer. Die hohe schiitische Geistlichkeit einigte sich schließlich auf die Person Ali Khameneis, einen relativ farblosen Mujtahid und gebürtigen Azeri, dem man nur zögerlich die absolute Vollmacht des Faqih an der Spitze der Islamischen Republik übertrug und den höchsten Titel eines Marja-e-Taqlid, einer »Quelle der Nachahmung«, verlieh.

Anfangs spotteten die stets zu Kritik aufgelegten Perser über diesen neu ernannten Obersten Führer. Aus einer Katze, so hieß es, könne man keinen Tiger machen. Aber nach und nach erwies sich Khamenei als geschickter Taktierer und Strippenzieher, der sich auf die Prätorianergarde der Pasdaran stützte, um die extrem komplizierte Verfassungskonstruktion, die der Gründer-Imam hinterlassen hatte, funktionsfähig zu erhalten. Bei den jeweiligen Wahlen eines Staatspräsidenten, der dem Faqih strikt untergeordnet bleibt, wurden natürlich nur Kandidaten zugelassen, die die schiitische Theokratie nicht in Frage stellen würden. Aber nach einer systemkonformen Auslese konnte das Volk in relativ freier Wahl über die Berufung des künftigen Staatschefs entscheiden.

Es konnte nicht ausbleiben, daß das ständige Pochen auf die revolutionäre Mission Irans in der islamischen Welt durch eine Reihe hoher Geistlicher und Politiker in Frage gestellt wurde. Khomeini, das wurde auch im arabischen Feindeslager anerkannt, hatte zum ersten Mal bewiesen, daß eine gewaltsame Auflehnung gegen die amerikanische Hegemonie in Nah- und Mittelost Erfolg und Bestand haben konnte. Doch als Modell für irgendeinen sunnitischen Staat der islamischen Umma konnte die Formel Vilayet-e-Faqih, der Statthalterschaft im Namen des Verborgenen Imam, überhaupt nicht in Frage kommen und stieß auf Ablehnung oder Spott.

Nach einem Interregnum des Hodschatul-Islam Hashemi Rafsandjani, des reichsten Großgrundbesitzers der Region, kam der hochgebildete Außenseiter Mohammed Chatami zum Zuge. Dieser Intellektuelle, der mit dem Westen vertraut und allen religiösen Exzessen abgeneigt war, weckte die Hoffnung auf Liberalisierung des theokratischen Systems und begeisterte breite Schichten der Bevölkerung, vor allem die Jugendlichen. Chatami erwies sich jedoch als redlicher, extrem zögerlicher Reformer. Er enttäuschte sehr bald seine Anhänger.

Eine Kontrastfigur sollte ihm folgen. Mahmud Ahmadinejad hatte als Bürgermeister von Teheran einen guten Ruf erworben. Nun gab er sich als religiöser Eiferer zu erkennen, der nicht die geringste Kenntnis der übrigen Welt besaß. Dieser ungebildete Tölpel aus dem einfachen Volk sollte sich mit seinen antiimperialistischen Verwünschungen, besonders mit der Leugnung des Holocaust, zum Paria der internationalen Gemeinschaft machen. Vor allem war Ahmadinejad der Wirtschaftskrise nicht gewachsen, die auf Grund der drakonischen Sanktionen jede Entfaltung des iranischen Außenhandels lähmte. Hatte seine erste Berufung zum Präsidenten einem knappen Mehrheitswillen, vor allem der frommen Land- und Provinzbevölkerung entsprochen, so löste seine dubiose Wiederwahl im Jahr 2009 einen Sturm der Entrüstung aus. Die Resultate dieses Urnengangs waren mit verdächtigem Eifer publiziert worden. Die zweite Amtsphase stieß nicht nur bei den gehobenen Schichten des Teheraner Eliteviertels Shemiran, sondern auch im Bazar und in den Majlis auf heftigen Widerspruch. Die Jugend Teherans und der Mittelstand rafften sich zu einer gewaltigen revolutionären Kundgebung auf, und schon mutmaßten viele Experten über den unvermeidbaren Zusammenbruch der iranischen Mullahkratie.

Die tosenden Protestmassen in der Hauptstadt verfügten jedoch weder über ein konkretes Regierungsprogramm noch über einen charismatischen Wortführer. Der große freiheitliche Aufstand brach nach ein paar Tagen in sich zusammen. Dazu hatte es nicht einmal der Intervention der Pasdaran bedurft. Ali Khamenei ließ der Jugendorganisation der Bassidji freie Hand, um mit Knüppeln auf ihren Motorrädern die Demonstranten auseinanderzujagen. Dabei kam offenbar eine Form des Klassenkampfes zum Vorschein, gehörte doch die Masse der Gegner Ahmadinejads dem Bürgertum und der gehobenen Bevölkerungsschicht an, während die Bassidji sich beim einfachen und weiterhin religiösen Jugendproletariat rekrutierten.

Hatte die Welt in jenen Tagen des Tumults bereits auf einen »Persischen Frühling« gehofft, so dürfte selbst die Klasse der iranischen Besitzenden und Privilegierten heute dem

Verborgenen Imam danken, daß diese freiheitliche Bewegung nicht zum Durchbruch kam. Seitdem haben sich nämlich die Abgründe und blutigen Verwerfungen des sogenannten Arabischen Frühlings aufgetan, und jeder wußte jetzt, daß am Ende einer solchen Scheinemanzipation Bürgerkrieg oder Militärdiktatur stehen würden.

Neuerdings keimt wieder Hoffnung auf im Land des Zarathustra. Im Juni 2013 errang der heutige Staatspräsident Hassan Rohani einen überzeugenden Wahlsieg. Ob der höchste geistliche Führer mit dieser Entscheidung wirklich zufrieden war, ist ungewiß. Aber Ali Khamenei ließ Rohani, einen hochgebildeten, diplomatisch gewandten Geistlichen, gewähren, als aus Teheran signalisiert wurde, man werde die Fertigstellung einer eigenen Atomwaffe überdenken. Und Barack Obama beschloß seinerseits, einige Sanktionen, unter denen Iran besonders litt, zu lindern oder aufzuheben.

Bricht hier ein neues Kapitel der bislang auf Todfeindschaft gestimmten Beziehungen zwischen den Vereinigten Staaten von Amerika und der Islamischen Republik Iran an? Die Dinge bleiben in der Schwebe. Die vorsichtige Annäherung ist weiterhin auf beiden Seiten der Gegnerschaft fanatischer Ideologen und mächtigen Interessengruppen ausgesetzt. Doch Teheran hat mit seinem neugewonnenen Einfluß in Afghanistan, im Irak, in Syrien und im Libanon bewiesen, daß die schiitische Revolution sich als Regionalmacht zu behaupten weiß.

Im Familienkreis Khomeinis

Mein letzter Aufenthalt im Iran, der auf das Jahr 2010 zurückgeht, stand noch im Schatten der umstrittenen zweiten Amtszeit Ahmadinejads. Wir fanden uns damals zu einer abendli-
chen Runde zusammen, zu der mein Freund Sadeq Tabatabai
nur ein paar Gäste geladen hatte. Wie ein Adlernest schwebte
die Wohnung Sadeq Tabatabais über dem Häusermeer von
Teheran. Oberhalb der weiträumigen Terrasse ragten zum
Greifen nahe die schwarzen Steilwände des Elburs-Gebirges
hoch. Es war für mich eine ehrliche Freude, den Gastgeber
und Vertrauten aus den frühen Tagen der islamischen Revolution wiederzutreffen. An seinem luxuriösen Penthouse über
dem exklusiven Shemiran-Viertel konnte ich ermessen, daß
Sadeq die Wirren und Intrigen des schiitischen Aufbruchs
ohne Schaden für seine Person überstanden hat. Dieses Glück
war nicht allen Veteranen des Aufruhrs gegen den Schah zuteil geworden, die ich auf dem Flug des Ayatollah Ruhollah
Khomeini an Bord einer Air France-Maschine von Paris nach
Teheran begleitet hatte. Auch im Iran neigte die Revolution
dazu, eine Anzahl ihrer Kinder zu verschlingen.

Sadeq Tabatabai war gegen diese Mißgunst und den krank-
haften Argwohn der radikalen Eiferer gefeit. Er gehörte dem
engen Familienkreis des Imam an, wie die regimetreuen Iraner den Ayatollah Khomeini weiterhin nennen. Fatima, eine
Schwester Sadeqs, hatte Ahmed, den jüngsten Sohn Khomeinis, geheiratet. Ahmed hatte seinem Vater schon im französischen Exil von Neauphle-le-Château als engster Vertrauter
zur Seite gestanden. Nach dem Tod des Ayatollah war er relativ früh aus dem Leben geschieden. Seine Witwe war an diesem Abend, den wir in kleinem Kreis feierten, zugegen. Sie
war, der islamischen Vorschrift folgend, in einen Tschador

gehüllt, begrüßte mich herzlich, aber ohne mir die Hand zu reichen, wie es bei strengen Schiiten der Brauch gebietet. Diese Frau strahlte Würde und Gelassenheit aus, ähnelte ein wenig den Madonnenbildern des späten Mittelalters. Auf ihren Sohn Mohammed, Enkel des Imam, richteten sich bereits politische Hoffnungen.

Sadeq Tabatabai ist der gleiche geblieben. Er hatte immer jugendlich gewirkt und verfügte über eine Heiterkeit, die bei den Persern selten ist. Seit den großen revolutionären Ereignissen und dem Höhepunkt des irakisch-iranischen Krieges haben wir uns nur selten getroffen. Eine Begegnung in der Schweiz bleibt mir in Erinnerung, wo er vermutlich mit Waffenkäufen für die Abwehr der Aggression seines Landes durch Saddam Hussein beauftragt war. Er wurde von einem finster blickenden Leibwächter begleitet, der keinen Schritt von seiner Seite wich.

An dem vorzüglichen iranischen Diner – es wurde sogar reichlich Kaviar serviert, der in Teheran ebenso teuer ist wie in Europa – nahm die Frau Sadeqs teil. Wie er spricht sie perfekt Deutsch. Zwar trug sie den Tschador, aber sie schüttelte mir freimütig die Hand. Zugegen waren ebenfalls der deutsche Botschafter Bernd Erbel und seine libanesische Frau Mae. Mit beiden bin ich seit langem befreundet. Mit Bernd verbindet mich vor allem der gemeinsame Aufenthalt im Irak, als Mesopotamien einen Höhepunkt des interkonfessionellen Abschlachtens zwischen Sunniten und Schiiten erlitt.

Ein prominenter Gast, auf dessen Gegenwart wir gehofft hatten, mußte aus irgendeinem Grund – im Iran soll man in solchen Fällen keine Fragen stellen – in letzter Minute absagen. Es handelte sich um den ehemaligen Staatspräsidenten Mohammed Chatami. Dieser Hoffnungsträger der moderaten Kräfte der Islamischen Republik war für seine meist jugendlichen Anhänger am Ende zu zögerlich und angepaßt aufgetreten, während er den Hardlinern des Regimes wegen mangelnden revolutionären Engagements als unzuverlässig und später, nach den großen Protestkundgebungen gegen die Wiederwahl seines Nachfolgers Ahmadinejad im Sommer 2009, geradezu suspekt erschien. Stand Chatami unter Hausarrest? Wer wußte das schon? Wir verloren bei unserem intensiven Gespräch kein Wort über dieses Thema.

Unvermeidlich drängte sich zwischen Tabatabai und mir die Erinnerung an alte Komplizenschaft auf. Nach der Rückkehr in sein Heimatland im Jahr 1979 hatte Ruhollah Khomeini ein originelles theokratisches Regierungssystem ins Leben gerufen. Im Artikel V der neuen Verfassung der Islamischen Republik, deren Wächter ich vor unserer Landung in Teheran und im Hinblick auf die Unsicherheit, die die Heimkehr des Imam umgab, immerhin zwei Stunden lang gewesen war, wurde der Grundsatz der Vilayet-e-Faqih, der Statthalterschaft des Korangelehrten und vom Volk verehrten Gerechten, eingeführt. Dieser Faqih, die höchste geistliche wie auch politische Autorität Irans, sollte befugt und befähigt sein, den Willen und die Absichten des Verborgenen Zwölften Imam zu interpretieren und zu realisieren, der aus der Verborgenheit, aus der Okkultation als »Herr der Zeiten« die Geschicke der Welt lenkt.

Dieser Zwölfte Imam wird als Mehdi verehrt. Nach der Ermordung Ali Ibn Abi Talibs, der als Vetter und Schwiegersohn des Propheten Mohammed das höchste Imamat, das Kalifat und die Würde eines Statthalters Gottes – »wali Allah« – beanspruchte, und nach dem Massaker der ihm folgenden zehn Imame war El Mehdi im Knabenalter der Verfolgung durch die Häscher der feindlichen sunnitischen Usurpatoren in einem Erdschacht der irakischen Stadt Samarra auf wundersame Weise entzogen worden. Dem schiitischen Glauben zufolge lebt der Zwölfte Imam unsichtbar, in Erwartung seiner Wiederkehr als eine Art schiitischer Messias, im Zustand heiliger Entrücktheit und hält sich bereit, nach seiner Parusie auf Erden das Reich Gottes und der Gerechtigkeit zu gründen.

Ayatollah Khomeini hatte sich selbst zu dieser gesalbten Würde des Faqih, zum Interpreten des Imam Mehdi, der El Muntazir hieß, proklamiert und sollte nach seiner Heimkehr von der Masse der schiitischen Bevölkerung Irans in dieser weihevollen Funktion bestätigt werden. Ich hatte die Akklamation von mindestens zwei Millionen Demonstranten erlebt und die Massenbewegung gefilmt, die durch die Häuserschluchten von Teheran toste, während der Schah sich noch in seinem Palast aufhielt und der von Gott berufene Revolutionär im französischen Dorf Neauphle-le-Château auf seine Stunde wartete. »Allahu akbar, Khomeini rachbar«, dröhnte es durch die Hauptstadt: »Allah ist groß, und Khomeini ist unser Führer!«

Nach seiner triumphalen Landung in Teheran hatte Khomeini in seiner Eigenschaft als von Gott berufener Faqih den tugendhaften und integren Politiker Mehdi Bazargan zum ersten Regierungschef der Islamischen Republik ernannt und damit breite Zustimmung genossen. Bazargan hatte stets in Opposition gegen den Schah gestanden. Als frommer Schiit und dezidierter iranischer Patriot hatte er sich einst auf die Seite jenes Ministerpräsidenten Mossadeq geschlagen, der im Jahr 1951 die allmächtige britische Organisation am Persischen Golf, die Anglo-Iranian Oil Company, verstaatlicht hatte.

Dem redlichen Präsidenten Bazargan hatte Khomeini meinen Freund Sadeq Tabatabai als Stellvertreter und offiziellen Regierungssprecher an die Seite gestellt. Das Verhältnis zwischen den beiden gestaltete sich trotz des großen Altersunterschiedes harmonisch. War es mit Zustimmung Khomeinis geschehen, als Bazargan sich in Algier mit dem amerikanischen Sicherheitsbeauftragten Zbigniew Brzezinski traf in der Hoffnung, ein halbwegs normales Verhältnis zu den USA herzustellen? Jedenfalls hatte er angenommen, im Sinne des Imam zu handeln. Dabei unterschätzte er wohl den sich zur Hysterie steigernden Argwohn weiter Teile der Bevölkerung gegen die gerade gestürzte Monarchie, während der amerikanische Präsident Carter, der den Ereignissen von Teheran ohnehin verständnislos gegenüberstand, mit Entrüstung die Chance von sich wies, mit dem neuen islamischen Regime von Teheran unter gewissen Vorbehalten Kontakt aufzunehmen. Aber dann geschah der große Eklat.

Am 22. Oktober 1979 war Mohammed Reza Pahlevi aus seinem Exil in Mexiko nach New York übergesiedelt, um dort seine Krebserkrankung behandeln zu lassen. Der Aufenthalt des Schah in den USA hatte in Persien bei fast allen Volksschichten einen Sturm der Empörung ausgelöst. Niemand glaubte an die medizinischen Gründe, die vom Sprecher des Weißen Hauses vorgebracht wurden. Fast jeder Iraner sah in der Präsenz des gestürzten Herrschers auf amerikanischem Boden den Ansatz eines imperialistischen Komplotts, das Präsident Carter und seine Umgebung weiterhin gegen die Islamische Republik Khomeinis schmiedeten. Die Tatsache, daß Henry Kissinger zu den eifrigsten Anwälten der Aufnahme des Schahs im New Yorker Cornell Medical Center zählte, machte die ganze Angelegenheit noch suspekter. Wie sollte man dem durchschnittlichen Perser verargen, daß er sich weigerte, an die Erkrankung des Schahs zu glauben, an das Waldenströmsche Leiden der Lymphknoten, das den Herrscher schon seit 1974 befallen hatte, wo doch die amerikanische Botschaft und die allgegenwärtige CIA mit ihren unzähligen Agenten von diesem Befund angeblich nichts gewußt hatten? Die gemäßigte Regierung Bazargan, die die Islamische Revolution in halbwegs ordentliche Bahnen zu kanalisieren suchte, fühlte sich düpiert. Die Mullahs sprachen von Provokation und witterten eine Chance der Radikalisierung. »Sie haben die Büchse der Pandora geöffnet«, sagte der damalige Außenminister Yazdi zum amerikanischen Geschäftsträger Laingen und wußte, daß seine Tage im Amt gezählt waren.

In diesen dramatischen Stunden der endgültigen und abgrundtiefen Verfeindung zwischen der Islamischen Revolution des Iran und einer einfallslosen, voreingenommenen amerikanischen Hegemonialpolitik, die Präsident Jimmy Carter in Verkennung aller Realitäten weiterzuführen gedachte, hatte ich in ständigem Kontakt zu Sadeq Tabatabai gestanden. Es konnte nicht ausbleiben, daß wir mit dem Abstand von dreißig Jahren unsere gemeinsamen Erinnerungen auffrischten. Wenn ich mich recht erinnerte, hatte sich Sadeq in der damaligen Krisensituation etwa wie folgt sorgenvoll geäußert: »Sie wissen, daß ich kein religiöser Fanatiker und ganz westlich erzogen bin. Aber so können die Amerikaner nicht mit uns umspringen. Der Schah hätte – wenn er wirklich leidend ist – auch in Mexiko behandelt werden können. Es geht nicht um die Person des ehemaligen Kaisers, den man hier systematisch verteufelt hat. Viele Perser wollen heute nicht mehr wahrhaben, daß sie ihm früher einmal zujubelten und den Rücken vor ihm beugten. Aber Carter hat Ministerpräsident Bazargan mit seiner Entscheidung einen Dolchstoß in den Rücken versetzt. Jetzt hat das Kesseltreiben der Mullahs und der Fanatiker gegen Bazargan begonnen, und wir alle werden das Nachsehen haben. Gestern haben wir mit Hilfe der Pasdaran gerade noch vereitelt, daß die tobende Menge gewalttätig gegen amerikanische Einrichtungen vorging. Den ultraklerikalen Eiferern und gewissen Linksextremisten im Hintergrund wird es jetzt leichtfallen, die letzten Brücken zum Westen zu sprengen.«

Am Freitag, den 4. November 1979, beging Teheran wieder einmal eine der zahllosen Trauerfeiern. Vor genau einem Jahr war eine Schar von Studenten unter den Kugeln der Savak und der kaiserlichen Armee verblutet. Aus diesem Grund war eine Massenkundgebung auf dem Universitätsgelände einberufen worden. Tabatabai gab mir den Rat, mich mit dem Kamerateam dort einzufinden. »Wir vermuten, daß gewisse Heißsporne diese Veranstaltung zu Ehren der Märtyrer in eine antiamerikanische Gewaltaktion ausarten lassen wollen. Was sie genau vorhaben, wissen wir nicht. Aber für alle Fälle haben wir die Theologiestudenten, die Tullab aus Qom nach Teheran kommen lassen, damit sie eventuelle Ausschreitungen dämpfen und beschwichtigen.« Damit bestätigte er, daß die Botschaftsbesetzung von Teheran, die 444 Tage dauern sollte, in keiner Weise der ursprünglichen Absicht Khomeinis entsprach.

Zu Zehntausenden waren die Gläubigen auf dem weiten Hochschulgelände zusammengeströmt, wo man im Sommer des verstorbenen Ayatollah Taleghani gedacht hatte. Der neue Freitags-Imam von Teheran, der als Nachfolger Taleghanis dem einflußreichen Revolutionsrat vorstand, Ayatollah Montazeri, war auf die Rednertribüne getreten. Montazeri trug den weißen Turban. Er wirkte etwas kränklich. Die Augen funkelten fanatisch hinter den Brillengläsern, und der Mund war verkniffen. Während seiner Predigt, der Khutba, stützte der Freitags-Imam sich auf ein Schnellfeuergewehr mit aufgepflanztem Bajonett. Die Kalaschnikow hatte das althergebrachte Schwert des Islam – Seif ul-Islam – verdrängt, ein bemerkenswertes Zugeständnis an den technischen Fortschritt. In den ersten Reihen kauerten die hohen Mullahs. Sie waren von ihrer Wichtigkeit durchdrungen und in der Mehrzahl recht korpulent. Dahinter drängten sich die Tullab aus Qom sowie ein buntes Durcheinander von Pasdaran und

Mustazafin aus den Armenvierteln der Hauptstadt. Die Frauen im Tschador saßen säuberlich von den Männern getrennt und bildeten einen düsteren Block.

Die Versammlung verneigte sich rhythmisch zum Gebet, nachdem Montazeri in seiner Ansprache das Komplott Carters und Mohammed Reza Pahlevis gegeißelt hatte. Es sei höchste Zeit, den verkappten Sympathisanten Amerikas in den eigenen Reihen der Islamischen Revolution das Handwerk zu legen, drohte der Vorsitzende des Revolutionsrates. Plötzlich wurde die Kundgebung durch die Ankunft einer Truppe Soldaten in Heeresuniform aufgewühlt. Sie trugen riesige Kränze und mit Blumen geschmückte Särge. Sie wurden von einem Mullah in Uniform, halb Feldgeistlicher, halb politischer Kommissar, angeführt. Im Sprechchor brüllten die Soldaten »Allahu akbar« und rezitierten die Litaneien der schiitischen Leidensprozession. Sie feierten die Gefallenen der Armee im aufständischen Kurdistan. Die Armee verfügte von nun an über ihre eigenen Märtyrer und hatte sich somit in den heiligen Strom des Leidens und der religiösen Aufopferung integriert.

Die Militärs, so demonstrierten sie, bewegten sich nunmehr auf dem Wege Allahs, hatten die Schmach ihres Einsatzes im Dienste des teuflischen Schah-Regimes abgestreift. Sie hatten sich das Bestattungsritual der mit ihnen rivalisierenden Revolutionswächter zum Vorbild genommen. Welche Lust an der Trauer, ja welche Wonne am Tod bemächtigte sich doch dieser Pasdaran, wenn sie die gespenstisch in weiße Laken gehüllten Leichen der Schuhada auf den Schultern trugen, mit Rosenwasser begossen und in hysterischer Verzückung mit geballten Fäusten auf die eigene Brust einschlugen. Nach der patriotisch-religiösen Exhibition der Soldaten war ein Knabenchor in Pfadfinderaufzug auf die Tribüne geklettert. Mit piepsigen Stimmen trugen sie ein Lied vor, in dem sich das Wort »Schahid – Märtyrer« stets wiederholte. »Unser Blut kocht … Wir werden bis zum letzten Herzschlag kämpfen …«, sangen die Kinder.

*

Ich eilte in das Hotel Hyatt zurück. Dort erfuhren wir vom aufgeregten Empfangspersonal die große Nachricht des Tages, die schmerzlichste Demütigung der Großmacht USA seit dem Verlust Vietnams. Ein Trupp von rund dreihundert Jugendlichen war in die amerikanische Vertretung im Herzen der Hauptstadt eingedrungen. Nach schwacher Gegenwehr der wachhabenden Marines wurde das Botschaftspersonal als Geiseln festgesetzt. Mit dem Schrei »Margbar Schah« waren die jungen Leute – auch Mädchen waren dabei – über die Gitter der US-Botschaft geklettert. Die zum Schutz des exterritorialen US-Geländes abgeordneten Pasdaran machten nach kurzem Zögern gemeinsame Sache mit den Geiselnehmern. Die Theologiestudenten aus Qom, von denen sich die Regierung Bazargan einen mäßigenden Einfluß versprochen hatte, sahen in der Besetzung des angeblichen Spionagehorts, in der Verhaftung dieser imperialistischen Teufelsbrut einen unverhofften Triumph der heiligen Sache. Die Botschaftsangehörigen würden erst freigelassen, wenn Carter den Schah an die iranischen Behörden ausliefere, ließen die jungen Geiselnehmer wissen, die sich als Anhänger der Khomeini-Ideologie deklarierten.

Sadeq Tabatabai war fast gleichzeitig mit mir im Hotel Hyatt eingetroffen. Er begleitete mich auf mein Zimmer. Wir ließen Coca-Cola und Süßigkeiten kommen. Die Demission Bazargans hatte sich herumgesprochen. Bis zur Wahl eines neuen Staatspräsidenten und Parlaments, wie sie in der Verfassung der Islamischen Republik Iran vorgesehen war, würde der Revolutionsrat die Regierungsgewalt ausüben. Damit käme dem Vorsitzenden dieser Körperschaft, dem Ayatollah Montazeri, eine entscheidende Stellung im Staat zu. Montazeri war als engstirniger Fanatiker bekannt. Niemand innerhalb der gestürzten Regierung Bazargan behauptete, daß die Geiselnahme in Teheran von Khomeini oder einem Führer seiner unmittelbaren Umgebung angeordnet worden sei. Die schiitischen Fundamentalisten erkannten jedoch sofort ihre Chance, als das Völkerrecht auf so flagrante Weise durch einen Haufen turbulenter Studenten verletzt wurde.

In Wirklichkeit ging es gar nicht so sehr um die Demütigung der amerikanischen Diplomaten, nicht einmal um die Auslieferung des Schahs, die von der aufgepeitschten Menge lauthals gefordert wurde. Die Geisel-Affäre war zum wirksamen Instrument eines internen Machtkampfes in den Spitzeninstanzen der Islamischen Revolution geworden. Ayatollah Montazeri hatte die Zustimmung Khomeinis gar nicht abgewartet, um sich mit der Aktion der sogenannten islamischen Studenten in der Botschaft zu solidarisieren.

Die Iraner seien wahnsinnig geworden, kommentierte die Presse des Westens. Aber dieser Wahnsinn besaß Methode. Gleich in den ersten Stunden hatte Ruhollah Khomeini seinen Sohn Ahmed nach Teheran geschickt, um Schlimmeres zu verhindern. Er wurde von den Pasdaran über die geschlossenen Gitter gehoben, wobei sein Turban zu Boden fiel. Auf keinen Fall sollten die Botschaftsangehörigen physisch mißhandelt werden. Der Imam wußte, daß der Sturm auf die US Embassy breiten Anklang bei den Mustazafin, seinen treuesten Anhängern, fand. Nun blieb ihm nichts anderes übrig, als die Übergriffe nachträglich gutzuheißen und die Rolle als Deus ex machina an sich zu reißen. Die Islamische Revolution, so hatte er ohnehin gespürt, drohte seit einigen Monaten in Routine zu erstarren, sich in formalistischen Deklarationen zu erschöpfen. Khomeini wußte nur zu gut um die Neigung der bürgerlichen Gefolgschaft Bazargans, auch wenn sie rechtschaffene Muslime waren, die alten Bindungen zu Amerika und Europa neu zu beleben. Diesen Tendenzen war nun durch die Radikalisierung der Bewegung als Folge der Geiselnahme ein Riegel vorgeschoben worden.

Der alte Imam beobachtete die internen, skrupellosen Rivalitäten, die hinter der Tarnwand eines trügerischen islamischen Konsenses ausgetragen wurden, mit kritischer Distanz. Die Revolutionäre aus den Armenvierteln der Hauptstadt, die fanatisierten Hizbullahi, die »Parteigänger Allahs«, wie sie sich damals noch nannten, prügelten sich mit den marxistischen Volksfedayin und nun auch mit den links-muslimischen Volksmujahidin und schossen herum. Die Kommunisten der Tudeh-Partei klammerten sich unter Verleugnung aller ideologischen Grundsätze an die unversöhnlichsten Tribute der islamischen Kulturrevolution, hießen jede Äußerung Khomeinis gut, hetzten gegen Amerika, versuchten die neue Führungsschicht zu umgarnen und zu infiltrieren.

An jenem Abend des 4. November 1979 klingelte das Telephon in meinem Hotelzimmer. Ich wurde von der Redaktion in Wiesbaden angerufen. In meinem Kommentar zur Geiselnahme hatte ich mitgeteilt, daß sich unter den Studenten, die in die US-Botschaft eingedrungen waren, auch linksextremistische Rädelsführer befänden. Die Agentur Pars hatte in Bonn gegen diese Unterstellung protestiert. Es seien lediglich islamische und Khomeini-treue Jugendliche an der Geiselnahme beteiligt gewesen. Ich gab dieses Dementi der persischen Presse-Agentur an Tabatabai, der neben mir saß, weiter. Er zuckte die Achseln. »Wir selbst wissen ja nicht, wer diese Leute tatsächlich sind und wer hinter ihnen steckt«, sagte er.

In Wiesbaden wollte man erfahren, ob auch die britische Botschaft, wie Reuters gemeldet hatte, am gleichen Abend durch junge Fanatiker besetzt worden sei und ob es stimme, daß sich feindselige Demonstranten auf die sowjetische Vertretung in Teheran zubewegten. Wir wußten von nichts. Sadeq Tabatabai, immer noch Stellvertretender Ministerpräsident und Regierungssprecher, ließ sich mit den zuständigen Behörden verbinden. Nach mehreren Fehlkontakten erhielt er die gewünschten Informationen. In den Park der britischen Botschaft waren tatsächlich muslimische Extremisten eingedrungen und standen im Begriff, die englischen Diplomaten festzunehmen. Vor der sowjetischen Botschaft staute sich eine tobende Menschenmenge. Eine rote Fahne mit Hammer und Sichel war bereits symbolisch verbrannt worden. Da waren jedoch in letzter Minute bewaffnete und disziplinierte Pasdaran ausgeschickt worden, die die Räumung der britischen Botschaft und den Abbruch der Demonstration vor der russischen Vertretung mit Nachdruck erzwangen. »Wer jetzt noch fortfährt, fremde Botschaften zu besetzen oder eigenmächtig gegen Ausländer vorzugehen, muß als Provokateur, als Agent der CIA oder des israelischen Geheimdienstes Mossad angesehen werden«, hallte es über die Lautsprecher. Die hitzigen Demonstranten zerstreuten sich. Die schiitische Kunst der Taqiya, der Verstellung und Verschleierung, hatte sich wieder einmal bewährt.

*

In der Islamischen Republik Iran unserer Tage fällt es leichter, die frühen Revolutionswirren zu analysieren als den labilen Zustand der Gegenwart. Es wäre taktlos gewesen, die Verwandten Khomeinis nach ihrer Meinung zur umstrittenen Wiederwahl des Präsidenten Ahmadinejad oder zu den massiven Protestkundgebungen zu befragen, die ein Jahr zuvor die Strukturen der Islamischen Republik erschütterten. Ich selbst muß gestehen, daß ich das Ausmaß dieser Auflehnung gegen das Regime unterschätzt hatte. Es war nicht die erste Revolte gegen die Mullahkratie und eine islamische Revolution, die dreißig Jahre nach ihrem Durchbruch doch endlich einmal ein Ende nehmen sollte. Bislang hatten sich die vorgetragenen Forderungen nach mehr Freiheit und Demokratie mangels eines konkreten Programms und einer überzeugenden Führungsgestalt stets in Sprechchören erschöpft. Ein mir vertrauter Professor der Politologie hatte – obwohl er mit den jungen Leuten sympathisierte – damals den intellektuellen Aufruhr mit der Bemerkung abgetan, der Hedonismus sei die wirkliche Triebfeder dieser jungen Aufrührer, die oft den gehobenen Gesellschaftsschichten entstammten und sich nach einem epikuräischen Lebensstil sehnten. Seltsame Übertragung altgriechischer Begriffe auf eine nach westlichem Modernismus strebende Reformbewegung.

Doch in den Monaten Juni bis Dezember des Jahres 2009 war mehr in Bewegung gekommen. Hunderttausende prangerten den vermuteten Wahlbetrug an, der den Hardliner und ehemaligen Revolutionswächter Ahmadinejad in seinem Amt bestätigte. Die Welt jubelte bereits über den angeblich bevorstehenden Zusammenbruch der iranischen Theokratie und die weithin sichtbare Schwächung ihres höchsten geistlichen Führers, des Groß-Ayatollahs Ali Khamenei.

Die Kräfte der Beharrung erwiesen sich jedoch als widerstandsfähiger, als viele angenommen hatten. Sie stützten sich bei der brutalen Niederschlagung des Aufruhrs vor allem auf die in den bescheidenen Volksschichten rekrutierte Organisation der Bassidji, junge Schläger, die auf ihren Motorrädern mit Knüppeln gegen die Protestierenden vorgingen. Ein sozialer Konflikt, eine Art Klassenkampf tat sich da auf, denn es waren überwiegend die Kinder der Bourgeoisie und der Mittelschicht, die sich gegen das Regime engagierten. Die Elitetruppe des Regimes, die Pasdaran oder Revolutionswächter, brauchten gar nicht in Erscheinung zu treten, um den Sturm der Entrüstung zum Erliegen zu bringen. Die Bassidji waren im islamischen Egalitarismus aufgewachsen. Ihre todesbereiten Vorgänger waren einst mit dem Ruf »Schahid« an der Front gegen Saddam Hussein verblutet. Die weniger heldischen Nachfolger behielten mit Knüppeln die Oberhand gegen die Konterrevolution.

Trotzdem – so empfand ich bei meinem Aufenthalt 2010 in Teheran – war irgendein Damm gebrochen. Wen konnten die sogenannten »Reformer« denn schon als glaubwürdige Heilsgestalt aufbieten? Sie verlangten, daß der schiitische Geistliche und Politiker Mir Hussein Mussawi, der gegen Ahmadinejad im Urnengang angetreten war, von nun an der iranischen Republik einen neuen Kurs verschreiben solle. Doch ich erinnerte mich noch sehr wohl daran, daß besagter Mussawi, dem jede charismatische Ausstrahlung abging, nach dem Rücktritt Bazargans 1979 dessen Amt übernommen hatte. In dieser kritischen Phase hatte er zwar wirtschaftlich recht geschickt taktiert, war aber mit einer Härte sondergleichen gegen die Feinde der Mullahkratie vorgegangen.

Es galt damals ja nicht nur, die privilegierten Anhänger des Schah aufzuspüren und zu exekutieren, sondern auch jene Verschwörungsgruppen zu entlarven, die auf Grund ihrer Ideologie mit dem offiziellen Gottesstaat Khomeinis zwangsläufig in Konflikt gerieten. So wurde die relativ starke Tudeh – eine marxistisch-leninistische Partei – zerschlagen, die ihre rückwärtige Basis in Ost-Berlin ausgebaut hatte. Da gab es auch die zum Terrorismus neigenden Volksfedayin, die einige Jahre später den deutschen Botschafter Jens Petersen zu ermorden versuchten. Vor allem aber galt es, die Mujahidin e-Khalq – Volksmujahidin – auszumerzen. Diese Extremisten hingen einem wirren marxistisch-islamistischen Gedankengut an. Im Überlebenskampf gegen den Irak hatten sie sich sogar als Landesverräter auf die Seite Saddam Husseins geschlagen. Diese Kompromittierung mit dem irakischen Todfeind hatten übrigens selbst die monarchistischen Exilanten, die in Scharen ins Ausland geflohen waren, den Volksmujahidin nie verziehen, obwohl die konspirativ strukturierte Truppe die offene Unterstützung der CIA genoß.

Es mutete ebenfalls seltsam an, daß sich unter den Wortführern des demokratischen Aufruhrs von 2009 eine ganze Reihe jener fanatischen Gefolgsleute des Imam Khomeini wiederfanden, die – damals noch Jünglinge – den Sturm auf die amerikanische Embassy inszeniert hatten. Wie dem auch sei, etwas hatte sich verändert, seit der gewaltige Massenprotest gegen die Wiederwahl von Ahmadinejad ein paar Wochen lang die Straßen von Teheran beherrschte. In der Provinz hingegen war der Zulauf gering. Am tapfersten gegen die religiöse staatliche Gängelung bewährten sich übrigens die jungen Frauen von Teheran, die demonstrativ das Kopftuch so knüpften, daß die Fülle ihrer Haare sichtbar wurde, die sich beinahe provozierend schminkten und den Mullahs mit offener Ablehnung begegneten.

Diese weibliche Aufsässigkeit habe ich später nicht nur in den bürgerlichen, relativ wohlhabenden Vierteln der Hauptstadt konstatiert, sondern auch im Zentrum und im stets konservativen Bazar. Die Zeit schien fern zu sein, als endlose Züge schwarz verhüllter Frauen unter dem Kampfruf »Margbar bi hijab – Tod denen, die keinen Schleier tragen« durch die Verkehrsadern Teherans zogen und Ayatollah Montazeri, auf den sich die jungen Rebellen neuerdings als geistlichen Mentor beriefen, mit seinen Brandpredigten gegen den Westen seinen ursprünglichen Meister Khomeini zu übertreffen suchte. Sobald sich die Frauen der gehobenen Gesellschaft bei Empfängen ausländischer Botschaften auf exterritorialem

Terrain bewegten, fielen die letzten Schranken. Zur Feier des 14. Juli in der französischen Vertretung überboten sich die Schönen von Teheran in der Knappheit ihrer Miniröcke und der Gewagtheit der Ausschnitte, bevor sie sich zur Heimfahrt wieder den Tschador überstülpten.

Entscheidend dürfte zum Scheitern der Pro-Mussawi-Bewegung, die unter der grünen Fahne des Islam antrat, beigetragen haben, daß der benachbarte und religiös verwandte Irak in Bürgerkrieg und Chaos zu versinken drohte. Hier wurde dem Durchschnittsiraner ein Bild der Abschreckung gezeigt, ihm vor Augen geführt, welche grauenhaften Folgen eine »Befreiung« mit Hilfe der US Army nach sich ziehen könnte.

Allen tendenziösen Berichten und Reportagen zum Trotz befindet sich die Islamische Republik Iran – so repressiv sie sich auch verhalten mag – keineswegs in einem Zustand hoffnungslosen Elends. Die Mullahkratie hatte dafür gesorgt, daß kein Hunger aufkam, daß jedes Kind zur Schule ging und die sanitäre Betreuung auch in den dürftigen Landgegenden gut funktionierte. Was nun den unerträglichen Zwang betrifft, den Tschador mehr oder weniger straff überzustreifen, so sei doch festgehalten, daß an den Universitäten Irans die Zahl der Studentinnen höher ist als die ihrer männlichen Kommilitonen. Diese Form der Emanzipation wird auf Dauer nicht ohne Folgen bleiben.

Von all dem war in der lockeren Konversation in der Wohnung Sadeq Tabatabais allenfalls andeutungsweise die Rede. Die enge Verwandtschaft des verstorbenen Imam betrachtete Ali Khamenei wohl schwerlich als einen würdigen Nachfolger in der Rolle des unfehlbaren Faqih. Auch die Possen und Verbalexzesse des Populisten Ahmadinejad waren nicht nach ihrem Geschmack. Insgeheim wünschte sie sich, daß der Iran zu einer gewissen Besänftigung der internen Spannungen und zur Normalisierung des internationalen Umgangs zurückfände. Sadeq hatte bereits zu der Zeit, als er noch Regierungssprecher war, beklagt, daß der Imam sich konsequent weigerte, neben einer iranischen Fahne aufzutreten, und damit betonte, daß sein staatliches Konzept sich nicht auf eine nationale Identität, sondern auf die Gemeinschaft der weltweiten islamischen Umma ausrichtete.

Andererseits entwarf Sadeq ein ungewohntes Bild von seinem großen Patron. »Khomeini war nicht immer so streng und grimmig, wie du ihn an jenem Abend des Jahres 1979 in Qom erlebt hast, als seine bescheidene Residenz gegen ein eventuelles Bombardement der US Air Force nur durch ein paar Vierlings-Flakgeschütze abgeschirmt war. Im Familienkreis gab er sich meist heiter und entspannt, manchmal sogar humorvoll.« Zu seiner Schwiegertochter Fatima, die mir jetzt züchtig, aber durchaus selbstbewußt bei Tisch gegenübersaß, hatte der Imam wohl eine besonders herzliche, väterliche Zuneigung empfunden und mit ihr einen Briefwechsel unterhalten.

Es war späte Nacht, als ich mit der Familie Erbel die Heimfahrt antrat. Die Straßen von Shemiran waren immer noch verstopft durch stattliche Limousinen, in denen die Söhne der Oberschicht rastlos kreisten und auf das frivole Erlebnis einer amourösen Begegnung lauerten.

»Ich bin die Wahrheit«

Im Hotelzimmer kramte ich eine 137 Seiten starke Broschüre aus dem Koffer, die mir ganz offiziell von der Iranischen Botschaft in Berlin überreicht worden war. Der kleine Band trägt den deutschen Titel »Wein der Liebe« und enthält »Mystische Gedichte von Imam Sayyid Ruhollah Khomeini«. Ich muß gestehen, daß mich diese Lektüre in tiefe Ratlosigkeit stürzte, denn der Imam schlägt in seinen Versen Töne an, die mit den »Rubayat« an die ausschweifende, sinnliche Dichtung eines Hafiz oder Omar Khayyam anzuknüpfen scheinen. Khomeini hat hier eine Botschaft hinterlassen, die sich mit dem »Hohen Lied« des Königs Salomon vergleichen ließe. Am meisten faszinierte mich der letzte Brief, den der Ayatollah kurz vor seinem Tod an seine Schwiegertochter Fatima gerichtet hatte. Ich gebe den Text so wieder, wie er von den Übersetzern gestaltet wurde:

»Im Namen Gottes, des Gnädigen, des Barmherzigen.

Meine liebe Fati, es scheint, daß es Dir endlich gelungen ist, trotz meines Widerwillens mich dazu zu bringen, ein paar Zeilen zu schreiben, ohne Rücksicht auf mein Alter, meine Gebrechlichkeit und meinen vollen Zeitplan. Nun will ich meine Rede mit dem Fluch des Alters und der Jugend beginnen, welche mich beide befallen haben. Nun geht es zur Todeszwischenphase zwischen dem Ableben und der Auferstehung. Wenn ich nicht gegen die Hölle ringe, dann ringe ich mit den Schergen des Engels des Todes. Morgen wird mir das schwarz befleckte Buch meiner Taten übergeben, und ich werde für das Konto meines verfehlten Lebens zur Rechenschaft gerufen und darüber befragt werden. Ich habe keine Antwort außer der Hoffnung auf die Barmherzigkeit, die alle Dinge umfaßt, auf Ihn, der seine Barmherzigkeit der Welt offenlegte: ›Verzweifelt nicht an Allahs Barmherzigkeit; denn Allah vergibt die Sünden allesamt.‹« (Koran Sure 39, Vers 53).

Bei dem Büchlein »Wein der Liebe« handelt es sich um eine von höchster geistlicher Stelle autorisierte Übersetzung durch Ghulam Ridaa A'wani und Muhammad Legenhausen. Wer bisher die Figur des Ayatollah Khomeini als einen puritanischen, dem Buchstaben der Scharia strikt verpflichteten Legisten zu erkennen glaubte, reibt sich die Augen, wenn er folgende Zeilen des Imam liest:

»Öffne das Tor des Wirtshauses Tag und Nacht für mich, denn der Moschee und des Seminars überdrüssig bin ich.«

Die Kommentatoren reihen den Ayatollah Khomeini nachdrücklich in die gnostische Welt der kühnsten islamischen Mystiker ein. »Imam Khomeinis Dichtung« – so argumentieren sie – »ist wie die Persönlichkeit dieses großen und großmütigen Mannes, stürmisch und brausend. Obgleich es Liebesgedichte sind, ist die Dichtung übersättigt mit dem Geist von Heldenmut, Adel und Epos. In der Liebe zu Allah ist er galant, tapfer und furchtlos. Er trägt seinen eigenen Galgen und ist wie Mansur el Hallaj, der, obwohl er wußte, daß er dafür gehängt würde, rief: ›Ich bin die Wahrheit – ana el haqq.‹« Dabei muß man wissen, daß Mansur el Hallaj im Jahre 922 von den sunnitischen Rechtsgelehrten des Abbassiden-Kalifats wegen Blasphemie angeklagt wurde. Er wurde verstümmelt, gekreuzigt, enthauptet, verbrannt und gilt seitdem als illustre, aber extravagante und heftig umstrittene Erscheinung der facettenreichen islamischen Theologie.

»Der Ruf ›Ich bin die Wahrheit‹ war der Weg Mansurs. ›Oh Herr, hilf mir, vielleicht einen Weg zu finden!‹« so endet ein Ghazel des Imam. An anderer Stelle heißt es:

»Von Deinen Locken bin ich gefesselt.
Du bist eine Zypresse vom Garten der Vorzüglichkeit,
eine Blume aus dem Blumenbeet der Schönheit.

Ohne auch nur einen verliebten Blick hast du mich verlieren lassen das Interesse an all anderer Schönheit.
Alle, die den Wein gekannt haben, alle verloren ihre Besinnung.
Aber ich kam zur Besinnung durch den Kelch aus Deiner belebenden Hand.
… Deine Koketterie und juwelgefüllten roten Lippen haben dazu geführt, daß ich Dich verehre.
Meines Herzens Liebe hat den Mansur (gemeint ist Mansur al Hallaj) in mich gebracht,
um von meinem Hort aufzusteigen zum Schafott. Deine Liebe hat mich aus dem Seminar getrieben, aus den Sufi-Kreisen und mich zum unterwürfigen Sklaven des Weinkellers werden lassen.«

Die Herausgeber der deutschen Fassung von »Wein der Liebe« haben mit folgender Erklärung die scheinbare Frivolität der Khomeini-Poesie, die skandalös wirken könnte, zu relativieren versucht. Da heißt es:
»Persische Dichtung ist reich an Symbolik, die schockierend für jemanden sein kann und unvereinbar mit dessen Gewohnheiten. In der arabischen Sprache hatten die Sufi bereits die Metapher des Rausches für mystische Erfahrung und der Vereinigung der Liebenden mit der Gegenwart Gottes gleichgesetzt. Diese Themen wurden in der persischen Sprache vertieft, und Elemente der vorislamischen persischen Kultur wurden überführt, um die Verinnerlichung des Glaubens zu symbolisieren. Wenn der Sufi-Dichter Attar sich selbst als Zoroastrier beschreibt, meint er nicht, daß er den Islam verlassen hat, eher ist dies eine Dimension des Islams, die einem oberflächlichen Muslim so seltsam erscheinen könnte, daß man sich vorstellen kann, er gehöre einer anderen Religion an. Wenn Hafiz

von dem Haar der Geliebten spricht, ist es als ein Verweis auf die Gnade Gottes, von der die Vielfalt ausgeht, zu interpretieren, ebenso wie die Haarsträhnen. Die Haarsträhnen sind ein Hinweis auf die Vielfältigkeit Gottes.«

Vom Fenster meines Hotelzimmers blickte ich auf das nächtliche Teheran. Das Riesenrad eines nahen Kinderspielplatzes war noch angestrahlt. Davor erstreckten sich die düsteren Mauern des berüchtigten Evin-Gefängnisses, wo sich mir im Sommer 1984 bei einer offiziellen Besichtigung das grauenhafte Schauspiel einer Masse schwarzgekleideter Männer und Frauen bot, angebliche Feinde der Islamischen Revolution. In schaurigen Sprechchören forderten sie die eigene Hinrichtung wegen ihres unverzeihlichen Frevels. Ehe ich zu Bett ging, kamen mir die Verse des großen Poeten Omar Khayyam in den Sinn:

»Was Weise und was Heilige erdachten,
die diese Welt, Propheten gleich bewegten,
sind Worte nur, die die vom Schlaf Erwachten
verkündeten, ehe sie sich schlafen legten.«

*

Der Iran hört nicht auf, dem Westen unergründliche Rätsel aufzugeben. »Comment peut-on être Persan? – Wie kann man nur Perser sein?« fragte sich der französische Philosoph Montesquieu im 18. Jahrhundert. Die Einwohner von Teheran haben schon immer geschimpft wie die Rohrspatzen. Darin gleichen sie den Kairoten, nur klingen die Äußerungen der Mißstimmung bei den Persern weniger humorvoll als bei den Ägyptern. Anfangs hatte ich diesen Chor der Entrüstung gegen das Mullah-Regime, gegen die Pasdaran, die mit ihren Wirtschaftsimperien zum Staat im Staat wurden, gegen die hemmungslose Korruption der Privilegierten, gegen den steigenden Benzinpreis, gegen die Gängelung der öffentlichen Meinung und vor allem gegen die hohe Arbeitslosenzahl für die List von Provokateuren gehalten, die den Ausländer auf seine Gesinnung und seine Absichten prüfen wollten. Aber das war nicht der Fall. Nein, der Iran ist zutiefst unzufrieden, und die Klagestimmung entspricht wohl auch dem schiitisch-persischen Temperament.

Jedesmal, wenn ich im Foyer des Hotel Esteghlal einen Kaffee oder Tee bestellte, nahm irgendein Unbekannter neben mir Platz, um seine Beschwerden loszuwerden. Unzählige Perser pendeln zwischen Deutschland und Iran hin und her. Den meisten bin ich vom Bildschirm bekannt. Auch bei alten, zuverlässigen Bekannten hatte sich die Wut gegen die Fehlleistungen der Herrschenden erheblich gesteigert seit meinem letzten Aufenthalt in Teheran, der nur zwei Jahre zurücklag. Konsens bestand offenbar nur in dem gemeinsamen nationalen Anspruch zum Ausbau einer eigenen Kernenergie für den zivilen Bedarf und die Verschonung von demütigenden internationalen Kontrollen. Über den Ausbau einer militärischen Nuklearwaffe blieben die Meinungen geteilt.

Ein ganz ungewöhnlicher Gesprächspartner hatte mich neben vielen lästigen Schwätzern beeindruckt. Es handelte sich um einen jungen, gutaussehenden Mann, der fließend Deutsch sprach, obwohl er nie in Deutschland gewesen war, und den wir Hussein nennen wollen. Ein Agent konnte er schwerlich sein, denn er betonte, daß er sich in die präislamische Geschichte Persiens vertieft und sich dem Studium der Safawiden-Dynastie gewidmet habe, die um 1500 unter Schah Ismail I. große Teile Mesopotamiens mitsamt der heiligsten schiitischen Stätten Nedjef und Kerbela seinem Reich vorübergehend einverleibte. Ismail I. hatte mit einem Federstrich die Schiat Ali zur Staatsreligion Persiens deklariert. Bei seinen Recherchen war Hussein zu dem Schluß gekommen, daß die schiitische Variante des Islam zutiefst geprägt bleibe durch die Mythen Zarathustras. Von dem frühen Achämeniden Kyros dem Großen im 6. Jahrhundert vor Christus bis zum letzten Sassaniden-Herrscher Yezdegird, der dem Ansturm des Islam und den arabischen Reiterheeren des Kalifen Omar im Jahr 636 erlag, war diese Lehre die geistliche Richtschnur Persiens gewesen. In der letzten Phase der Sassaniden war die wirkliche Regierungsgewalt mit extremer religiöser Intoleranz durch die zoroastrische Priesterschaft, die Magi, ausgeübt worden, deren hierarchischen Aufbau man durchaus mit gewissen Strukturen der heutigen Mullahkratie vergleichen könne. Es sei doch bezeichnend, daß neuerdings das große historische Epos des Dichters Ferdowsi wieder zu Ehren komme, das »Buch der Könige« oder »Schahnameh«, das die vorislamische Geschichte Irans, die »Jahiliya«, verherrlicht, fuhr Hussein fort. Unter Khomeini wurde das Buch »Schahnameh« auf den Index gesetzt und durfte sogar von den Keulen schwingenden Gymnasten der Zurkaneh nicht gesungen werden. Das hatte sich nach dem Tod des Imam gründlich geändert.

Auch für die Elitetruppe der Islamischen Republik, für die Pasdaran, fand Hussein einen geschichtlichen Präzedenzfall. Er erwähnte den kriegerischen Derwisch-Orden der Kizylbasch, der Rotköpfe. Auf diese fanatisierten schiitischen Glaubenskrieger hatte Schah Ismail I. seine Macht gestützt. Als äußeres Kennzeichen trugen die Angehörigen dieser überwiegend türkisch-aserbaidschanischen Heerschar rote Mützen, die mit zwölf Zipfeln oder Troddeln ihre Verbundenheit mit den zwölf Imamen der Schia ausdrücken sollten. Bis auf den heutigen Tag gibt die eminente Rolle, die die Azeri – ein Turkvolk, das fast ein Drittel der gesamten iranischen Bevölkerung ausmacht und in der Armee stets eine führende Rolle spielte – manches Rätsel auf. Auch der höchste geistliche Führer unserer Tage, Groß-Ayatollah Ali Khamenei, ist ja ein Azeri, also ein Türke, und hält trotzdem das persische Staatswesen mit taktischem Geschick und – wenn nötig – mit kruder Gewalt zusammen.

Was nun die Kizylbasch betrifft, so weitete sich ihr Einfluß unter der erschlaffenden Safawiden-Dynastie ständig aus. Am Ende – unter Schah Hussein – gaben die Kommandeure der »Rotköpfe«, die ihren Puritanismus längst abgestreift hatten, am Hof von Isfahan den Ton an und führten sich als unberechenbare Prätorianergarde auf.

Die persische Anarchie brachte zu Beginn des 18. Jahrhunderts die afghanischen Eroberer ins Land. Diese rauhen sunnitischen Krieger des Hindukusch brandschatzten die Städte Isfahan und Qom. Ihr Anführer Mir Weis veranstaltete eine Massenexekution. Er lud die letzten, insgesamt 114 Sippenangehörigen der Safawiden-Dynastie und 250 prominente Kizylbasch-Anführer zu einem grandiosen Gelage ein. Als seine Gäste betrunken waren, ließ der Afghane diese »Blüte des Reiches« meuchlerisch »pflücken«. Ähnlich sollte Mehmet Ali, der erste moderne Regent Ägyptens, die stets aufsässigen und komplottierenden Mameluken des Niltals hundert Jahre später in die Zitadelle von Kairo zum Bankett locken, um sich ihrer durch ein heimtückisches Gemetzel zu entledigen.

In den westlichen Botschaften von Teheran wurde gelegentlich spekuliert, ob vielleicht aus den Reihen der Pasdaran, deren Offiziere allmählich der ursprünglichen Askese entsagten und wachsende Privilegien genossen, eines Tages der berufene Führer, der neue »Schah Ismail« hervorgehen könnte, ob dem Gottesstaat Khomeinis die Perspektive eines schiitisch motivierten Militärputsches, einer modernen Derwisch-Diktatur drohe. Immerhin hatte sich ein Kommandeur der Revolutionswächter, Mohsen Resai, im Jahr 2009 bei den letzten Wahlen zur Präsidentschaft gegen seinen ehemaligen Mitstreiter Mahmud Ahmadinejad als Kandidat aufstellen lassen. Angesichts der geringen Stimmenzahl, die ihm bei dieser Wahl zufiel, enthält er sich seitdem jeder oppositionellen Tätigkeit.

Bevor wir uns trennten, habe ich Hussein nach seiner Meinung zu Osama Bin Laden gefragt, der bei so vielen sunnitischen Muslimen über Prestige und Bewunderung verfügte. Für die schiitischen Iraner hatte dieses Schreckgespenst westlicher Phantasie sich zwar verdienstvoll gegen die Willkür und den sittlichen Verfall der saudischen Monarchie aufgelehnt, blieb jedoch zutiefst verhaftet im verhaßten, willkürlichen Sektierertum der Wahhabiten. Er gilt als tödlicher Feind der Schiat Ali. – »Wissen Sie, was bei uns über diese unauffindbare Schattenfigur erzählt wird?« antwortete Hussein lächelnd. »Osama Bin Laden, so munkelt das Volk, lebe seit der US-Operation Enduring Freedom unter falscher Identität in den Vereinigten Staaten von Amerika und werde dort in einem prächtigen Anwesen durch die CIA vor jedem Anschlag geschützt.« Der Zugriff der US SEALS gegen die Fluchtburg Osama Bin Ladens in Pakistan im Mai 2011 hat diesen Phantastereien ein jähes Ende gesetzt.

Die Botschaft des Erwählten

Die Temperatur war unerträglich angestiegen, als ich in Begleitung Botschafter Erbels einen Ausflug in Richtung Qom antrat. Die Schulen hatten hitzefrei. Der Autoverkehr der

Hauptstadt war erdrückend wie eh und je. Der Iran hatte sich auf den Bau eigener Personenwagen verlegt, die allen bescheidenen Ansprüchen genügten. Zahllose Perser haben dieses Fahrzeug für den Gegenwert von fünftausend Euro erworben, eine Summe, die in Raten von etwa hundert Euro pro Monat abgezahlt wird. Die Stadtverwaltung bemühte sich, möglichst viel Grün in die Steinwüste der Metropole zu pflanzen und die Backsteinarchitektur der Khadjaren-Dynastie wieder zur Geltung zu bringen. Großzügige Unterführungen erleichterten die Ausfahrt nach Süden, wo die früheren Elendsviertel einer gründlichen Sanierung unterzogen wurden.

Ich hatte gebeten, die kleine Ortschaft Djamkaran aufzusuchen, in der sich die ganze Widersprüchlichkeit des schiitischen Seelenlebens spiegelt. War mir im letzten Jahr der Diktatur Saddam Husseins noch in der irakischen Stadt Samarra der Schacht gezeigt worden, wo der lokalen Frömmigkeit zufolge Mohammed El-Muntazir, der Zwölfte Imam, im Knabenalter in die Okkultation entrückt und dem Zugriff seiner Mörder entzogen wurde – die Grube war mit einem großen, grünen Tuch verkleidet, von dem der wachhabende Mullah auch mir ein Stück als Segnungsgeschenk abschnitt –, so behauptet eine iranische Anhängergruppe des Mehdi, dieser Messias der schiitischen Lehre sei in Djamkaran vor seinen Feinden gerettet worden und dort in einem Brunnen verschwunden.

Zu dieser Legende bekennt sich eine schiitische Gemeinde, die erst 1953 unter dem Namen Hodjatiyeh gegründet wurde, sich jeder Abweichung von ihrer endzeitlichen Interpretation widersetzt und unerbittlich vor allem gegen die Sekte der Bahai zu Felde zieht. Der Ayatollah Khomeini hatte von der Hodjatiyeh nicht viel gehalten und sie sogar im Jahr 1983 verboten. Doch irgendwie hat diese Gemeinschaft, die der Wiederkunft des Zwölften Imam entgegenfiebert, beachtlichen Zulauf gewonnen. Zu ihren heimlichen Förderern sollten der einflußreiche Ayatollah Mesbah Yazdi und vor allem der ehemalige Staatspräsident Mahmud Ahmadinejad zählen. Jedenfalls wurde unter Ahmadinejad über der bislang bescheidenen Gedenkstätte von Djamkaran eine gewaltige Moschee mit drei großen Kuppeln rings um den magischen Brunnen errichtet, aus dem der Verborgene Imam eines Tages entsteigen soll, um seine Herrschaft anzutreten.

Tausende Eiferer dieser radikalen Bewegung versammelten sich regelmäßig jede Woche an der Weihestätte. Sie nahmen eine großzügige Armenspeisung vor und hefteten Zettel mit ihren Wünschen und Hoffnungen am Brunnengitter an. In seltsamem Kontrast zu diesem archaisch anmutenden Brauch stand eine ganze Serie von Steckdosen an der äußeren Moscheemauer, die es den Pilgern des 20. Jahrhunderts ermöglichten, ihre Mobiltelephone aufzuladen. Es gibt wohl keinen Perser, der nicht über ein Handy verfügt und es zu unaufhörlichem Geschwätz benutzt. Den meisten schiitischen Klerikern bleibt die apokalyptische Sekte der Hodjatiyeh zutiefst suspekt. Auch Ayatollah Khamenei hat sich von ihr distanziert. Die Förderung dieser schwärmerischen Volksbewegung durch Ahmadinejad hat ihn heftiger Kritik der Geistlichen ausgesetzt.

Im Norden der Provinz Isfahan nächtigten wir in der Stadt Kashan, wo die Hitze gegen Mittag 49 Grad erreichte. Die Gärten, die Kashan umschloß, erlaubten es den Familien, am Rande sprudelnder Quellen etwas Kühlung und idyllische Ruhe zu genießen. Einer Legende zufolge, deren es hierzulande so viele gibt, sind die Heiligen Drei Könige von dieser Stelle aus nach Bethlehem aufgebrochen. Beim Gang durch die steinernen Wölbungen des Bazars, dessen Bau angeblich auf die Frühzeit der Sassaniden zurückgeht, stellte ich fest, daß Botschafter Erbel, der perfekt Arabisch spricht, auch der persischen Sprache mächtig ist. In der Provinzstadt Kashan war man weit entfernt von der Frivolität und weiblichen Koketterie, die in Teheran um sich greift. Hier trug jede Frau den schwarzen Tschador.

In dem stilvollen historischen Gästehaus Ehsan kam bei mir endlich das Gefühl auf, im tiefen Orient eingetroffen zu sein. Hier war die Zeit stehengeblieben. Bernd Erbel hatte für den folgenden Tag einen kurzen Aufenthalt in dem Dorf Abyaneh eingeplant, das bis zum Religionsedikt des Schah Ismail I. im Feuerkult des Zarathustra verharrte. Die historische Kultstätte war aus roten Lehmziegeln gefügt und sorgfältig restauriert. Die weiblichen Einwohner von Abyaneh trugen grellbunte, blumengeschmückte Umhänge, wie das hier angeblich schon vor Jahrtausenden üblich war.

Unser Abstecher nach Natanz war ursprünglich nicht vorgesehen. Diese banale Ortschaft von elftausend Einwohnern, die den Reisenden durch den üppigen Baumwuchs längs der Straßen erfreut, ist in ein gespenstisches Zwielicht geraten, wird mit apokalyptischen Visionen assoziiert, seit ruchbar wurde, daß die Islamische Republik Iran dort angeblich den Bau ihrer Atombombe betreibt. Es heißt, daß die Oppositionsgruppe der Mujahidin e-Khalq den Amerikanern verriet, daß die entscheidende Urananreicherung Irans nicht in dem ursprünglich von Siemens entworfenen Kraftwerk von Bushehr unmittelbar am Persischen Golf stattfinde, sondern in Geheimanlagen unweit von Natanz.

Seitdem hat die Internationale Kontrollkommission an Ort und Stelle Besichtigungen und Prüfungen vorgenommen. Diese Lizenz wiederum deutete darauf hin, daß der wirkliche Schwerpunkt der iranischen Kernkraftentwicklung sich in ganz anderen unterirdischen Stollen verbirgt, in mindestens hundert Metern Tiefe unter massivem Felsgestein, während die Fabrik von Natanz aus der Luft voll einsehbar ist und leicht zu zerstören wäre. Die ausländischen Geheimdienste bewegen sich weiterhin in einem dichten Nebel von Täuschungen. Der Termin der Fertigstellung der ersten iranischen Atombombe bleibt bei den Experten heftig umstritten, schwankt zwischen einer Dauer von zwei bis fünfzehn Jahren. Den amerikanischen oder israelischen Elektronik-Spezialisten war es gelungen, die nukleare Entwicklung durch Einschleusung des sogenannten »Stuxnet Wurms« empfindlich zu verzögern. Der Cyber War war in Iran längst keine bloße Hypothese mehr.

Zu Beginn des Jahres 2010 wetteten zahlreiche amerikanische und europäische Strategen, daß ein israelischer Präventivschlag gegen Natanz mit amerikanischer Beteiligung oder Unterstützung unmittelbar bevorstehe. Aus den USA hatte die Luftwaffe von Zahal sogenannte Bunker-Buster erworben, die mehr als zehn Meter tief in härtestes Gestein eindringen. Zudem waren die hochmodernen U-Boote, die sich Israel in Deutschland beschafft hatte, auf den Abschuß von Cruise Missiles umgerüstet. Schon kreuzten die Submarines mit dem Davidstern im Golf von Oman. Doch das Pentagon schreckte vor dem Wagnis zurück und hütete sich, den israelischen Verbündeten grünes Licht zu geben.

Für diese Zurückhaltung gab es eine Reihe zwingender Gründe, die von den höchsten amerikanischen Militärstäben vorgetragen wurden und der bellizistischen Stimmung, die vor allem in der Umgebung des einflußreichen Vizepräsidenten Dick Cheney um sich griff, erfolgreich entgegentraten. Wie man später durch die Enthüllungen von Wikileaks erfuhr, hatte sogar König Abdullah von Saudi-Arabien in seinem Haß auf die schiitische Gegenmacht am Golf bei Barack Obama darauf gedrungen, den »Kopf der persischen Schlange« mit einem massiven Vernichtungsschlag zu zertreten. Die Regierung von Israel schürte eine Kriegsstimmung, die manche Veteranen des eigenen Nachrichtendienstes mit bösen Ahnungen erfüllte.

Das extrem schwierige Terrain Persiens sowie eine Bevölkerungsmasse von mehr als achtzig Millionen Menschen, die zwar die Mullahkratie leid sein mögen, aber in der großen Mehrheit glühende Patrioten sind, würden ein terrestrisches Vorgehen der US Army von vornherein zum katastrophalen Scheitern verurteilen. Zudem verfügt die Islamische Republik über ein vernichtendes Gegenpotential im Falle einer Aggression. In Ermangelung einer nennenswerten Kriegsmarine haben sich die Pasdaran auf den Ausbau einer Vielzahl von Raketen- oder Torpedo-bestückten Schnellbooten verlegt, mit denen sie nicht nur den schwerfälligen Tankern im Persischen Golf, sondern auch den Kreuzern, Zerstörern und sogar Flugzeugträgern der Fünften US-Flotte gefährlich werden könnten.

Am südlichen Ausgang des Persischen Golfs, an der Straße von Hormus, wo schon die Portugiesen eine monumentale Festung hinterließen, beträgt die Entfernung zwischen der äußersten Exklave des Sultanats Oman und der gegenüberliegenden iranischen Küste weniger als fünfzig Kilometer. Zusätzlich wird dieses Nadelöhr, durch das sich vierzig Prozent des weltweit verschifften Erdöls bewegt, durch die Inselgruppe von Abu Musa und Tumb verengt. Die Eilande waren bereits von Schah Mohammad Reza Pahlevi in einem illegalen Zugriff seiner Marine okkupiert worden. Im Umkreis dieser für die Energiewirtschaft überlebenswichtigen Schwachstelle dürfte das iranische Oberkommando die Schwerkraft seines relativ hochentwickelten Raketenarsenals eingebunkert haben. Die Versenkung von zwei gigantischen Öltransportern könnte die Straße von Hormus vorübergehend lahmlegen, ganz zu schweigen von der Möglichkeit Irans, die in

Reichweite seiner Lenkwaffen gelegenen Petroleumfelder und Raffinerien Saudi-Arabiens, der Emirate und Kuwaits ins Visier zu nehmen. An Todesmut und Bereitschaft zur Selbstaufopferung würde es den Pasdaran nicht fehlen.

Mit Botschafter Erbel begnügten wir uns damit, das Städtchen Natanz zügig zu durchfahren. Wir hüteten uns, der nuklearen Aufbereitungsanlage zu nahe zu kommen und damit den stets lauernden Spionageverdacht herauszufordern. Auf dem Heimweg nach Teheran kamen wir auf die obsessionelle Animosität zu sprechen, die sich in Israel gegen die Khomeini-Republik angestaut hatte und die von der jüdischen Lobby in den USA auf breite Segmente der amerikanischen Administration und der dortigen Medien übertragen wurde. Wie mir einmal ein einsichtiger hoher Beamter des israelischen Geheimdienstes einräumte, entspricht diese Phobie einer irrigen Einschätzung der realen geostrategischen Situation.

In Wirklichkeit waren die Perser am Schicksal der Juden relativ desinteressiert. Ihre Sympathie für die sunnitischen Araber Palästinas hatte sich stets in Grenzen gehalten. Zur Zeit des Schah war es sogar zu einer engen Kooperation zwischen dem uralten Land Zarathustras und den Zionisten gekommen. In den Jeshivas dürfte man sich daran erinnern, daß der persische Großkönig Kyros nach seinem Sieg über die Assyrer den Hebräern erlaubt hatte, aus der Babylonischen Gefangenschaft nach Judäa und Samaria zurückzukehren. Bernd Erbel bestätigte mir, daß sich weiterhin etwa zwanzigtausend Juden in der Islamischen Republik Iran aufhielten, daß sie zwar dem Zionismus abschwören mußten und wohl unter scharfer Beobachtung standen. Doch vor Pogromen oder Ausschreitungen von Fanatikern waren sie geschützt und gingen – oft recht erfolgreich – ihren Geschäften nach. Im Parlament, in den Majlis, war diese Minderheit pro forma durch einen Abgeordneten vertreten. Der deutsche CSU-Politiker Peter Gauweiler sollte bei seinem Aufenthalt in Teheran den dortigen Oberrabbiner aufsuchen und ihm ein symbolisches Geschenk der damaligen Vorsitzenden des Zentralrates der Juden in Deutschland, Charlotte Knobloch, überreichen.

Wenn auch Khomeini bei seiner Gegenoffensive gegen die Streitkräfte Saddam Husseins die Losung ausgab: »Der Weg nach Jerusalem führt über Kerbela«, so ging es ihm vor allem darum, die Passivität der sunnitischen Araber und ihrer mit Amerika verbündeten Potentaten anzuprangern, die arabischen Massen gegen diesen Verrat ihrer Staatschefs an der heiligen Sache des Islam aufzuwiegeln. Er warf den Vasallen Amerikas vor, die Preisgabe der heiligen koranischen Stätten von El Quds, von Jerusalem, den Verzicht auf die El Aqsa-Moschee zu dulden. Im Grunde lag ihm die Befreiung Nedjefs und Kerbelas, der Grabstätten der Imame Ali und Hussein im schiitischen Mesopotamien von der Unterdrückung durch den »neuen Yazid«, den »Gottesfeind« Saddam Hussein, weit mehr am Herzen.

*

Zur Bekräftigung dieser These konnte ich auf ein Erlebnis aus dem November 1979 zurückgreifen. Zwei Tage vor der Besetzung der amerikanischen Botschaft in Teheran durch exaltierte Fanatiker hatte ich ein Interview mit Khomeini verabredet, das er mir in der heiligen Stadt Qom gewähren wollte. Der Termin war über Ahmed Khomeini, den Schwager meines Freundes Sadeq Tabatabai, vereinbart worden. Aus dem Büro Tabatabais traf ich die letzten Absprachen mit Ahmed, der mich zur Zeit des französischen Exils Khomeinis im ZDF-Studio in der Pariser Rue Goethe häufig aufgesucht hatte. Wie es bei solchen Anlässen üblich ist und auf Grund negativer Erfahrungen, die Khomeini mit westlichen Journalisten, zumal mit der Italienerin Oriana Fallacci gemacht hatte, wollte Ahmed die Fragen kennen, die ich an seinen Vater richten würde.

Tabatabai übersetzte das Telephongespräch. Als es zu meiner Frage kam, was denn mit den in Israel lebenden Juden geschehen solle, falls ihr Staat von seinen arabischen Nachbarn überrannt würde, lachten die beiden Verwandten geradezu herzhaft. Die Frage entbehre doch jeder Komik, wandte ich irritiert ein. Sadeq beschwichtigte mich mit seinem jungenhaften Lächeln. »Wissen Sie, was Ahmed zu dieser Erkundigung nach dem Schicksal der bedrohten Juden in Palästina geantwortet hat? Er habe noch selten eine so törichte Frage gehört. Als ob die Araber jemals in der Lage wären, die Juden zu besiegen.«

Am folgenden Tag fand die Überrumpelung der US-Embassy in Teheran statt. Trotz der dadurch entstandenen internationalen Krise trat ich in Gesellschaft Tabatabais die Reise nach Qom an. Der Termin war nicht abgesagt worden. Wir näherten uns den beiden mächtigen Gold- und Blumenkuppeln, die zu Ehren der »unbefleckten Fatima«, einer mit allen Tugenden gesegneten Schwester des Achten Imam Reza und Märtyrerin des Glaubens, in der blassen Abendsonne leuchteten. Unweit davon befand sich die bescheidene Residenz Khomeinis, die nach der Besetzung der amerikanischen Botschaft eilig zur Festung ausgebaut worden war. Es lastete eine angespannte Atmosphäre über Qom. Ringsum waren bewaffnete Pasdaran in Stellung gegangen. Die Dächer waren mit leichten Flakgeschützen gegen einen Luftangriff der US Air Force bestückt. Als Khomeini den schmucklosen, weiten Raum betrat, wo ich mit dem Kamerateam wartete, wirkte der Achtzigjährige unwirsch und unnachgiebig. An diesem

Schicksalstag war kein Raum für die leiseste Andeutung von Konzilianz. Wir kauerten auf Kissen längs der Wand. Der Imam hielt die Augen auf den Boden gerichtet. Seine Stimme war monoton. Es seien hier nur zwei Auszüge aus unserem Gespräch zitiert.

Auf meine Frage, ob man in der heutigen industriellen Welt noch bei den Gesellschaftsvorstellungen des Propheten Mohammed in Medina oder des Imam Ali in Kufa verharren könne, war die Antwort erstaunlich nuanciert. Die höchsten moralischen Werte, die Lehre vom »Tauchid«, von der Einzigkeit Allahs, die sich in der Einstimmigkeit des Gottesvolkes widerspiegeln sollten – und auch das Ideal der Gerechtigkeit zwischen Individuen und Völkern –, seien unveränderlich und von Ewigkeit her festgeschrieben. Materielle Errungenschaften hingegen seien der Anpassung und der Veränderung unterworfen. Der Ayatollah schien also durchaus geneigt, im Sinne des Ijtihad einer zeitgemäßen Interpretation des Korans einen begrenzten Raum zu gewähren, wie überhaupt die hohen Kleriker der Schiiten berufen sind, als Mujtahid ihren Anhängern den rechten Weg bei der Ausübung ihrer religiösen Pflichten zu weisen.

Er sei doch ein deklarierter Feind des Zionismus, hatte ich Khomeini ferner befragt. Welches Schicksal denn die Juden erwarte, die sich in Palästina niedergelassen hätten? Da holte er – um seine Toleranz zu beweisen – zur Erzählung einer Legende aus dem Leben des Imam Ali aus. Während dessen kurzer Herrschaft in der Oase Kufa vor mehr als 1300 Jahren wurde Ali in einen Rechtshändel mit einem der dort ansässigen Juden verwickelt. Es ging angeblich um den Besitz eines Schutzschildes. Als die Streitenden vor den Qadi traten, um dessen Urteil einzuholen, habe sich der Richter vor Ali, dem Schwiegersohn des Propheten, tief verneigt, während er den Juden mit Nichtachtung strafte. Dagegen habe Ali Einspruch erhoben: »Du schuldest diesem Juden dieselbe Höflichkeit wie mir, denn das Gesetz – obwohl ich Kalif bin – gilt für beide.« Das Urteil sei am Ende in Ermangelung von Beweisen zuungunsten Alis ausgefallen. Hierin sehe er, Khomeini, ein hohes Beispiel für die Duldsamkeit, die der Islam auch den Juden im Heiligen Land entgegenbringen werde. Was der Ayatollah nicht erwähnte, war der erbauliche Abschluß dieses Richterspruchs. Besagter Jude war von dem Edelmut des Imam Ali so beeindruckt, daß er zum Glauben des Propheten Mohammed übertrat.

Mit einer solchen Legende lassen sich die akuten Befürchtungen der Israeli nicht beschwichtigen, das versteht sich von selbst. Doch wenn es den iranischen Wissenschaftlern in absehbarer Zeit gelingen sollte, eine eigene Atombombe zu fertigen – brauchbare Trägerwaffen besitzen sie bereits –, würden die Mullahs von Teheran sich hüten, mit Nuklearschlägen gegen den Judenstaat vorzugehen. Eine solche Aktion käme für die Iraner dem kollektiven Selbstmord gleich, denn Zahal verfügt dank seiner U-Boote über eine »second strike capacity«, und die USA wären dank ihres gigantischen Kernwaffen-Arsenals befähigt und auch berechtigt, die Islamische Republik mitsamt ihren Einwohnern auszulöschen.

Erwähnen möchte ich noch den Abschluß des Interviews in Qom, der so bezeichnend war für die Lust der schiitischen Partei Alis am eigenen Scheitern, für den abgrundtiefen Pessimismus, mit dem dieser Glaubenszweig alle menschlichen Bemühungen bewertet. Mit einer düsteren Prophezeiung beendete denn auch Khomeini unser Gespräch im November 1979: »Wir werden es sehr schwer haben, und der Erfolg unserer Erneuerung ist keineswegs gewiß. Mag sein, daß uns der Sieg beschert wird, aber notfalls bin ich auch bereit, meine Überzeugungen mit ins Grab zu nehmen.« Ebenso brüsk, wie er gekommen war, stand er auf und verließ den Raum.

Ein Becher voll Gift

Im Jahr 1984 war ich im Gefolge von Außenminister Hans Dietrich Genscher nach Teheran gereist und hatte die Gelegenheit genutzt, die erstarrte Front in den Majnun-Sümpfen in unmittelbarer Nachbarschaft des irakischen Golf-Hafens Basra zu inspizieren. Der Gegenangriff der iranischen Pasdaran und Bassidji, der kurz vor dem Durchbruch durch die massiv befestigte Abwehrlinie Saddam Husseins stand, war damals infolge des massiven Einsatzes von Giftgas durch die Iraker in dieser urweltlichen Sumpflandschaft zum Erliegen gekommen. Die iranischen Sturmtruppen waren auf den Einsatz der völkerrechtswidrigen Waffe in keiner Weise vorbereitet. Zu Tausenden erstickten sie in den toxischen Schwaden des Gases, das dem Diktator von Bagdad aus den USA, aber auch aus der Sowjetunion und sogar aus deutschen Laboratorien geliefert worden war.

Die Reise des deutschen Außenministers war mit erheblichen diplomatischen Risiken verbunden. Der übermächtige amerikanische Alliierte fühlte sich brüskiert, fast verraten, von der Reaktion Israels ganz zu schweigen. Aber Genscher handelte im Interesse nicht nur Deutschlands, sondern der gesamten westlichen Allianz. Die Konjunktur für eine Besänftigung des in Hysterie ausartenden Propagandakrieges gegen die Islamische Republik Khomeinis erschien zu jenem Zeitpunkt günstiger denn je. Als Staatspräsident amtierte Ali Akbar Haschemi Rafsandjani. Der extrem wohlhabende Kleriker und Politiker stand einer Entspannung mit dem Westen positiv gegenüber, wie ich in einem Gespräch mit diesem Hodschatul-Islam, der den weißen Turban trug, persönlich feststellen konnte. Washington sann jedoch auf Rache und glaubte damals noch zuversichtlich, den schiitischen Gottesstaat durch verschärfte Sanktionen, militärische Abnutzung und interne Komplotte in die Knie zwingen zu können.

Khomeini selbst, so erfuhr ich aus seiner engsten Umgebung, habe nicht viel von Atomwaffen gehalten, die er als »Teufelszeug« und als »unislamisch« empfand. Im übrigen waren die Kräfte Irans zu jenem Zeitpunkt so extrem auf den langen konventionellen Krieg gegen Irak konzentriert, daß an einen Ausbau von Nuklearwaffen gar nicht zu denken war. Nach dem Tod des Imam soll sogar von höchster geistlicher Stelle eine zwingende Fatwa erlassen worden sein, die nicht die Fabrikation von Kernwaffen, wohl aber deren Einsatz mit striktem religiösem Verbot belegte.

Immer wieder war die eventuelle Fertigstellung dieser ultima ratio belli im Iran den widersprüchlichsten Spekulationen ausgesetzt. So wurden groteske Schreckensszenarien entworfen, wonach die Pasdaran, die diese Waffe unter ihre exklusive Kontrolle brachten, sowohl Europa als auch die USA damit erpressen wollten. Das einzige Land, das sich ernsthaft auf einen iranischen Atomschlag vorbereitete, war Israel.

Die fanatischen Schiiten, so wurde behauptet, würden auf Grund ihres religiösen Märtyrerkults und der in der Hodjati-yeh verbreiteten Endzeitstimmung vor einem kollektiven Suizid nicht zurückschrecken. Doch der Imam Khomeini hatte ja bereits eine Probe aufs Exempel gemacht. Als der Abwehrkrieg gegen Saddam Hussein in sein neuntes Jahr eintrat und in diesem Gemetzel schätzungsweise eine Million Kombattanten umgekommen waren, beschloß der Despot von Bagdad, der unablässig von West und Ost mit neuen Waffen beliefert wurde, die verfeindete Islamische Republik in ihrem Herzen zu treffen. Die Reichweite der aus sowjetischen Arsenalen stammenden Scud-B-Raketen wurde von amerikanischen Technikern so perfektioniert, daß sie in der Hauptstadt Teheran und in Isfahan, dem kulturellen Kleinod Persiens, einschlugen. In der Hauptstadt hatte ich selbst festgestellt, daß die Präzision dieser Trägerwaffen beachtlich war. Plötzlich kam bei den Einwohnern von Teheran die Angst auf, Saddam Hussein beabsichtige demnächst, seine Geschosse mit Giftgas aufzuladen und die iranische Hauptstadt zu verseuchen. Ein Exodus der Bevölkerung hatte begonnen, als der Ayatollah Khomeini zu dem Schluß kam – da ein Sieg über den teuflischen neuen Yazid ohnehin nicht mehr zu erringen war –, den Sicherheitsrat der Vereinten Nationen einzuschalten und einen Waffenstillstand zu akzeptieren. Er hätte lieber einen Becher voll Gift geleert, als diese Kampfeinstellung zu verfügen, soll der Imam gesagt haben.

Jedenfalls war die hohe Mullahkratie von einer verzweifelten Massada-Stimmung weit entfernt. Weshalb sollte der Nachfolger des Imam Khomeini, Ayatollah Ali Khamenei, bereit sein, leichtfertig die Existenz seiner Republik und seines Volkes zu riskieren, um an den Bewohnern des für die Perser relativ unwichtigen Judenstaates einen Massenmord zu begehen? Was nun den unberechenbaren Präsidenten Mahmud Ahmadinejad betraf, den manche Gazetten als »den Irren von Teheran« bezeichneten, so besaß er gar nicht die Autorität und die Befehlsgewalt, einen Genozid im Heiligen Land anzuzetteln. Der streitsüchtige Staatschef war der Autorität des höchsten geistlichen Führers strikt untergeordnet und hätte durch ein Mißtrauensvotum des Parlaments, der Majlis, jederzeit entmachtet werden können.

*

Auf der Rückfahrt nach Teheran unterhielt ich mich mit dem deutschen Botschafter über die politische Zukunft Irans, über die Chancen einer wirklichen Beteiligung des iranischen Volkes an der Gestaltung seines Schicksals, als das im derzeitigen, komplizierten System des Vilayet-e-Faqih, in den relativ offenen Debatten der Majlis oder in den geheimen Intrigenzirkeln der klerikalen Wächter- und Berufungsgruppen vorstellbar war. Dieses Land lebt seit Jahrhunderten in einer schiitischen Abkapselung, die – zumal im Kontakt mit Fremden – die Verleugnung und Verschleierung der eigenen politischen, sogar religiösen Überzeugungen erlaubt. Persien bleibt in einen dichten Nebel der Geheimhaltung gehüllt. Es wäre jedenfalls töricht, auf Grund der jüngsten Unruhen in Teheran von einer Morgenröte der Demokratie zu sprechen.

*

Wir näherten uns der Dunstglocke Teherans. Bernd Erbel machte mich darauf aufmerksam, daß immer noch verstreute Schneefelder auf den Höhen des Elburs der Sonnenglut widerstanden. Wir fuhren am endlosen Heldenfriedhof Behest-e Zara entlang, wo in den frühen hektischen Tagen der islamischen Revolution ein Springbrunnen rotgefärbtes Wasser ausspie, als sei es das Blut der Schuhada, das Blut der Märtyrer. Auf der anderen Straßenseite nahm das Islamische Institut, das das Mausoleum des Imam Khomeini umschließt, gigantische Formen an. Die Grabmoschee selbst, deren bizarre Strukturen anfangs einer Erdölraffinerie glichen, hatte sich seit meinem letzten Besuch vor zwei Jahren stattlich, ja prächtig entwickelt, auch wenn die gewaltige goldene Kuppel mit den weithin sichtbaren Minaretts es mit der zauberhaften Architektur von Isfahan, Qom oder Meschhed nicht aufnehmen konnte.

Im Innern dieses Wallfahrtsortes ist Khomeini unter einem schlichten Block aus grünem Onyx ohne jede Verzierung bestattet. Neben ihm ruht unter einem wesentlich kleineren Onyxstein sein Sohn Ahmed. Das ganze wird von einem Glaskasten wie einem Aquarium abgeschirmt. Das würdige Antlitz des Imam war weiterhin in jeder Amtsstube und auf zahllosen Mauern seiner Islamischen Republik zugegen. Doch an jenem Abend, als die Sonne letzte rote Schatten auf die Felswände des Elbrus zauberte, mußte ich an die kurze »Rubayat«, das Poem Omar Khayyams, denken, das mir der Historiker Hussein ein paar Tage zuvor bei seiner Verabschiedung im Hotel zugesteckt hatte. Dort las ich:

»Alle die Heiligen, die hochgeachtet
philosophierten, sind des Todes Raub.
Auch ihre Stimme wird nicht mehr gehört,
ihr Mund ist vollgestopft mit Sand und Staub.«

Zum Gedenken an unseren Autor drucken wir im Folgenden das Grußwort von Bundeskanzler a.D. Helmut Schmidt zum 90. Geburtstag von Peter Scholl-Latour ab.

Helmut Schmidt

Zum 90. Geburtstag von Peter Scholl-Latour

(Gehalten am 8. März 2014 in Berlin)

Journalisten können auf sehr unterschiedliche Arten den Lauf der Welt kommentieren. Zum Beispiel aus der bequemen Perspektive heimischer Schreibstuben. Oder aber: Sie begeben sich selbst in die Fremde und machen sich ein eigenes Bild. Zweifellos gehört Peter Scholl-Latour eindeutig zur letzten Gattung. Ich freue mich, ihm heute schon zu seinem morgigen 90. Geburtstag gratulieren zu dürfen.

Seit Jahrzehnten beeindruckt Peter Scholl-Latour durch seine Expertise fremder Kontinente und Kulturen. Sie ist begründet durch unzählige persönliche Begegnungen und Erfahrungen. Seine Reportagen sind nicht nur kenntnisreiche Beobachtungen, sondern überzeugen durch ihre geopolitische Scharfsicht. Ich habe Peter Scholl-Latour am Ende der 1980er Jahre persönlich kennengelernt – nach der Lektüre von »Der Tod im Reisfeld«. Später habe ich von seinem umfassenden Verständnis der arabischen und der orientalischen Welt profitiert.

Natürlich weiß ich von den Kritiken, welche dieser Mann auch von Seiten mancher zeitgenossenschaftlicher Wissenschaftler erfährt. Es ist aber gerade sein sehr subjektives Urteil, welches seine Meinungen wertvoll macht. Ich kann mich darauf verlassen: Das, was Scholl-Latour schreibt, ist kritisch geprüft, es ist seine wohl erwogene Wahrheit. Dies ist doch ein entscheidendes Kriterium von Freundschaft: sich darauf verlassen zu können, dass der Freund mir seine Wahrheit sagt – und nichts anderes!

Ich nehme mir die Freiheit, Peter Scholl-Latour als meinen Freund anzureden. Und dies nicht so sehr wegen weitgehender Übereinstimmungen im Urteil über den Orient, über Afrika und über den Islam, sondern vielmehr, weil unser heutiger Jubilar ein halber Franzose ist. Weil er als Deutscher tief eingetaucht ist in die Mentalitäten unserer französischen Nachbarn, weil er ein Anhänger des großen Charles de Gaulle geblieben ist und weil er ein europäisch gesonnener Mann geworden ist.

Meine eigene Neigung zu Frankreich ist eine Sache der Vernunft, obschon meine Freundschaft zu Valéry Giscard d'Estaing ganz echt ist und von Herzen kommt. Für Peter Scholl-Latour dagegen ist es ein wesentlicher Teil seiner Vitalität.

Auch im 21. Jahrhundert werden die Franzosen unsere wichtigsten Nachbarn sein. Ein Gleiches gilt für die Polen. Ein Gleiches gilt für alle unsere unmittelbaren Nachbarn. Es gilt aber ebenso für die Russen, die Völker in der Ukraine, die Völker auf dem Balkan oder in Skandinavien. Mit fast allen unseren Nachbarn auf dem kleinen europäischen Kontinent haben wir Deutschen in der ersten Hälfte des 20. Jahrhunderts Kriege geführt. Das bleibt eine schwerwiegende Hypothek.

Jetzt steht uns Europäern möglicherweise ein weitgehender Konflikt mit einer Vielfalt von islamisch geprägten Kulturen bevor. Denn Europa liegt geographisch in unmittelbarer Nähe zu mehreren islamisch geprägten Staaten; und innerhalb der Europäischen Union ist der Islam inzwischen die zweitgrößte Glaubensgemeinschaft. Deshalb liegt es im vitalen Interesse der Europäer, ein tieferes Verständnis für die religiösen und kulturellen Grundlagen des Islam zu entwickeln. Dies wird – zusammen mit der Überwindung der institutionellen Krise der EU und mit der Definition einer verantwortungsbewussten europäischen Einwanderungspolitik – eine der wichtigen Aufgaben im 21. Jahrhundert.

Gelingen kann der interkulturelle Dialog nur bei gegenseitiger Toleranz. Die Arbeit von Peter Scholl-Latour hat gezeigt, dass es möglich ist, sich gegen den Mainstream der öffentlichen Meinung zu stellen. Ich erinnere zum Beispiel, wie Peter Scholl-Latour dem westlichen Jubeltaumel über den Arabischen Frühling mit berechtigter Skepsis begegnete. Vorausschauend hat er die Erwartung einer raschen Demokratisierung nach westlichem Vorbild als naive Utopie entlarvt.

Lieber Peter Scholl-Latour, Sie haben Ihre journalistische Arbeit als Mittel zum Zweck bezeichnet. Ihr Beruf gab Ihnen die Möglichkeit, Ihren Wissensdurst und Ihre Neugierde auf fremde Länder und Kulturen zu befriedigen. Für dieses Motiv habe ich große Sympathie. In meinem Alter kann ich selbst leider keine Reisen um den Erdball mehr unternehmen. Ihnen aber wünsche ich von Herzen die Kraft und die Konstitution dafür. Alles Gute!

*

Soweit meine Rede zum 90. Geburtstag von Peter Scholl-Latour im März dieses Jahres. Leider haben sich meine abschließenden Wünsche nicht erfüllt. Peter Scholl-Latour ist am 16. August 2014 gestorben. Die Erinnerung an einen großen Journalisten wird bleiben.

Personenregister

Bildnachweis

Laqua, Cornelia: 2, 9, 11, 19, 21
privat: 1, 5
Sipa Press, Darwin Yan: 22
ullstein bild: 3–4, 6–8, 10, 12–16, 18, 20, 23
Website Welayat Salahuddin, zur Verfügung gestellt von AFP: 17

Religiös-ethnische Gliederung in Syrien und dem Irak

TÜRKEI

Adana

Iskenderun

Hatay

Aleppo

Raqqa

Idlib

Lattaqiyé

Deir-es-Zohr

Mittelmeer

Banyas

SYRIEN

Tartuz

Homs

Palmyra

Tripoli

Byblos

LIBANON

Beirut

Damaskus

Tyrus

Euphrat

Mettulah

Sykes-Picot-Linie

Haifa

Deraa

Rutbah

Tel Aviv

West-jordan-land

Amman

Jerusalem

Gaza-Streifen

ISRAEL

JORDANIEN

SAUDI-ARABIEN

ÄGYPTEN

Rotes Meer

Sunniten   **Schiiten**   **Alawiten**

Christen   **Kurden**